南京社科学术文库

企业技术创新中的政府激励研究

郑琼洁◎著

中国社会科学出版社

图书在版编目（CIP）数据

企业技术创新中的政府激励研究／郑琼洁著．—北京：
中国社会科学出版社，2017.12
（南京社科学术文库）
ISBN 978-7-5203-1712-2

Ⅰ.①企…　Ⅱ.①郑…　Ⅲ.①企业管理—技术革新—
激励—政府行为—研究—中国　Ⅳ.①F279.23

中国版本图书馆 CIP 数据核字(2017)第 312722 号

出 版 人　赵剑英
责任编辑　孙　萍
责任校对　胡新芳
责任印制　王　超

出　　版　中国社会科学出版社
社　　址　北京鼓楼西大街甲 158 号
邮　　编　100720
网　　址　http://www.csspw.cn
发 行 部　010-84083685
门 市 部　010-84029450
经　　销　新华书店及其他书店

印　　刷　北京君升印刷有限公司
装　　订　廊坊市广阳区广增装订厂
版　　次　2017 年 12 月第 1 版
印　　次　2017 年 12 月第 1 次印刷

开　　本　710×1000　1/16
印　　张　18.75
字　　数　298 千字
定　　价　78.00 元

凡购买中国社会科学出版社图书，如有质量问题请与本社营销中心联系调换
电话：010-84083683

总　序

2017年的中国迎来了党的十九大，进入了全面建成小康社会的决胜阶段，开启了中国特色社会主义新时代。春江水暖鸭先知，社科腾跃正此时。2014年8月出台的《加快推进南京社科强市实施意见》，明确提出了要“更好地发挥哲学社会科学在南京创成率先大业、建设人文绿都、奋力走在苏南现代化建设示范区前列中的理论支持和思想引领作用”，标志着南京社会科学界正肩负起更加神圣而重大的资政育人历史使命，同时也迎来了南京社会科学学术繁荣、形象腾跃的大好季节。值此风生水起之际，南京市社科联、社科院及时推出“南京社科学术文库”，力图团结全市社科系统的专家学者，推出一批有地域风格和实践价值的理论精品学术力作，打造在全国有特色影响的城市社会科学研究品牌。

为了加强社会科学学科高地建设、提升理论引导和文化传承创新的能力，我们组织编纂了南京社科学术文库。习近平新时代中国特色社会主义思想，是对中国特色社会主义理论体系的丰富和发展，是马克思主义中国化的最新理论成果，是我国哲学社会科学的根本遵循，直接促进了哲学社会科学学科体系、学术观点、科研方法的创新，为建设中国特色、中国风格、中国气派的哲学社会科学指明了方向和路径。本套丛书的重要使命即在于围绕实践中国梦，通过有地域经验特色的理论体系构建和地方实践创新的理论提升，推出一批具有价值引导力、文化凝聚力、精神推动力的社科成果，努力攀登新的学术高峰。

为了激发学术活力打造城市理论创新成果的集成品牌、推广社科强市的品牌形象，我们组织编纂了本套文库。作为已正式纳入《加快推进南京社科强市实施意见》资助出版高质量的社科著作计划的本套丛书，旨在围绕高水平全面建成小康社会、高质量推进“强富美高”新南京建设的目标，坚持马克思主义指导地位，坚持百花齐放、百家争鸣的方针，创建具有南京地域特色的社会科学创新体系。在建设与南京城市地位和定位相匹配的国内一流的社科强市进程中，推出一批具有社会影响力和文化贡献力的理论精品，建成在全国有一定影响的哲学社会科学学术品牌，由此实现由社科资源大市向社科发展强市的转变。

为了加强社科理论人才队伍建设、培养出一批有全国知名度的地方社科名家，我们组织编纂了本套文库。本套丛书的定位和选题是以南京市社科联、社科院的中青年专家学者为主体，团结全市社科战线的专家学者，遴选有创新意义的选题和底蕴丰厚的成果，力争多出版经得起实践检验、岁月沉淀的学术力作。借助城市协同创新的大平台、多学科交融出新的大舞台，出思想、出成果、出人才，让城市新一代学人的成果集成化、品牌化地脱颖而出，从而实现社科学术成果库和城市学术人才库建设的同构双赢。

盛世筑梦，社科人理应承担价值引领的使命。在南京社科界和中国社会科学出版社的共同努力下，我们期待“南京社科学术文库”成为体现理论创新魅力、彰显人文古都潜力、展现社科强市实力的标志性成果。

叶南客

（作者系江苏省社科联副主席、南京市社会科学院院长、
创新型城市研究院首席专家）

2017 年 10 月

前　言

技术创新是企业的生存之道。目前世界上越来越多的国家将强化技术创新、建设创新型国家作为重要的国家战略。我国《国家中长期科学和技术发展规划纲要（2006—2020年）》提出要提高自主创新能力，建设创新型国家，其中特别强调要发挥政府的主导作用。“十二五”规划增强科技创新能力作为主要的任务之一。十八大报告提出实施创新驱动发展战略，强调把科技创新摆在国家发展全局核心位置。党的十八届三中全会进一步将国家创新体系提到了国家基本国策的高度。《国家创新驱动发展战略纲要》提出，到2020年进入创新型国家行列、2030年跻身创新型国家前列、2050年建成世界科技创新强国“三步走”目标。2016年，国家首次在《“十三五”国家科技创新规划》中将“科技创新”作为一个整体进行顶层规划。国家创新体系建设的根本点需要落在企业的技术创新上，然而，在企业的技术创新过程中，由于存在知识的公共产品属性、不确定性和外部性容易带来市场失灵，从而阻碍企业效用最大化实现，并容易影响企业技术创新的积极性与主动性。大多数企业希望“搭便车”（Free Riding），“不思进取”，导致技术创新竞争蜕变成一种“智猪博弈”。因此，第三方政府的外部激励政策有了介入的必要，通过采取一定的激励措施对市场失灵进行干预，从而降低企业技术创新活动的高成本和高风险性，对企业技术创新投资进行引导和激励。

通过对已有技术创新中政府激励的相关文献的研读，本书发现该领域仍有值得探索的空间。第一，纵观技术创新中的政府激励绩效研究，多数文献基于各自的研究目标，单就政府激励的某一种或某几种政策对技术创新进行研究，而政府对企业的技术创新激励方式很多，相互之间有一定的联系，如何将这些激励方式进行系统整合，并有效纳入研究框架中，是值得进一步思考的问题。第二，已有的文献在实证模型方面的重点是检验政府激励对企业 R&D（研究与开发）投入的影响，但是对于社会来说，研发只是一种手段，而不是目标，R&D 活动的目标是通过提高企业的技术创新效率来促进经济增长。这就意味着，需要将 R&D 投入和产出水平相联系。第三，已有的文献虽然对区域或行业层面的政策激励政策有所考察，但是缺乏对区域之间和产业之间技术创新差异的分析，以及不同政府激励对其内在差异的影响作用研究。第四，技术创新已成为制造业发展的重要推动力，然而从当前的发展趋势看，服务业在我国国民经济发展中的作用更加凸显，因此如何通过技术创新提升服务业内在品质，已成为政府部门、学术界及企业各界思考和探索的重要问题。已有的文献还没有见到对于服务业企业技术创新中的政府政策评价和作用效果的研究。

因此，为了系统研究现阶段企业技术创新中的政府激励问题，本书在对国内外有关技术创新与政府激励等相关理论进行研究的基础上，对技术创新中的政府激励方式进行了重新梳理和归类，运用静态博弈和动态博弈相结合的方法对我国政府激励对技术创新的作用机理进行了研究。通过区域和产业层面，综合运用 SFA、SYS-GMM 等方法，围绕政府激励对技术创新效率的影响进行实证验证；以江苏省服务业企业创新发展为例，采集 456 家企业的一手数据，系统研究服务业企业技术创新中政府激励政策的评价与作用，从而提出从政府激励角度如何提升江苏省服务业企业技术创新能力的路径与对策。

本书可能的创新点如下。

（1）在理论分析方面，将政府激励政策研究系统化，以经典的“智猪博弈”模型为基础，运用动态博弈与静态博弈相结合的方式，首次尝试将六种不同种类的政府激励政策纳入技术创新博弈模型中，系统剖析了这些政府激励政策在技术创新过程中的有效性和适用性。

（2）在区域和产业层面，从技术创新效率视角出发，考察政府激励对技术创新的区域和行业异质性，将区域分东中西三个地区，产业层面基于不同要素禀赋划分为六大行业，首先使用了 SFA 对技术创新效率进行测算，然后通过 SYS-GMM 方法从动态的角度来探究区域和行业层面政府激励对技术创新效率所带来的冲击和影响，同时考察了“激励延迟”对技术创新效率的影响。

（3）在企业层面，突破了以往研究的数据局限，尝试在服务业企业领域进行研究，这在一定程度上对微观企业层面政府激励影响技术创新方面做了进一步的补充。具体来说，以江苏省苏南五市的服务业企业发展为例，通过问卷调查获得第一手数据，对技术创新过程中的政府激励政策从重要性、科学性和满意度三个方面进行了评价，在此基础上，验证了政府激励政策对技术创新的作用程度。本书在数据收集、处理和分析上具有原创性，同时为后续研究提供了较为扎实的数据基础。

目　录

图目录

表目录

第一章

绪　论

第一节　研究背景、目的与意义

一　研究背景

技术创新是企业的生存之道，是一个国家维持其较高全球竞争力和保持经济可持续发展的重要推动力。二战以来，发达国家的经济持续发展，技术创新功不可没。如战后的美国之所以保持经济的快速发展，技术创新的贡献占到了50%以上，高新技术产业由此催生。近几年，越来越多的国家把提高技术创新能力、建设创新型国家作为国家发展战略的核心和增强综合国力的关键。2013年，日本和俄罗斯分别通过了《科学技术创新综合战略》和《2013—2020年俄罗斯国家经济发展与创新型经济计划》，明确了未来经济发展的重点和方向。因此，以技术创新为核心的国际竞争变得日益激烈。美国联邦政府也于同年投入了200亿美元创建了“数字制造与设计创新”“轻量级和现代金属制造”“下一代电力电子制造”三个制造业研究机构，实施重点领域创新突破。

不同于一般的市场活动，企业技术创新活动具有外部性、不确定性、公共物品及高风险性，从而容易影响企业在技术创新活动中的积极性。因此，各国政府纷纷采用一定的激励手段对市场失灵进行干预，以降低企业在技术创新活动中的风险和成本。从各国（地区）科技发展的历程可以看到，科技领域的成就几乎都留下了政府激励的烙印。例如，美国政府对国内铁路网发展的支持促进了美国统一大市场的形成，这对于美国企业采用大规模生产技术起到了非常重要的作用。德国的卡特尔发展最为广泛，同其法律制度也有密切的关系，而这些卡特尔在钢铁工业和化学工业的新技术研发方面起到了非常重要的作用。在日本，这种公共政策的作用更为关键。明治维新以后，日本政府建立大学、学院和研究中心等，将技术追赶的重点放到了工程学和应用科学方面。二战以后，日本政府通过积极的经济、产业和贸易政策来调整私人部门的技术追赶路径，首先在钢铁和造船领域成为全球的技术领先者，随后在汽车和消费电子产品方面取得了成功。韩国政府为了加强企业的技术创新能力采取了一系列的政策措施，包括拉动对技术变革的市场需求，加强技术开发供给方的技术能力等。金麟洙写道，“（韩国的）经济奇迹来自政策奇迹，政府预见将要出现一个奇迹，于是提供了一个政策环境”①。近年来，虽然发达国家对企业研发资助的规模有所降低，但是政府研发资助仍然占据非常重要的位置。如表1—1所示，俄罗斯、法国、加拿大、英国和美国的政府资助分别为69.2%（2014年）、35.2%（2014年）、34.6%（2014年）、28.8%（2014年）和27.7%（2013年）。

表1—1　　R&D经费按经费来源和研究类型的国际比较

项目	R&D经费按经费来源分（%）		按研究类型分（%）		
	企业	政府	基础	应用	试验发展
中国（2015）	74.7	21.3	5.1	10.8	84.1
美国（2013）	60.9	27.7	17.6	19.9	62.5
日本（2014）	77.3	16.0	12.6	20.9	66.5
英国（2014）	46.5	28.8	15.5	47.0	37.5
法国（2013）	55.0	35.2	24.2	37.4	38.4
德国（2014）	61.5	16.7	—	—	—
澳大利亚（2010）	62.0	34.5	20.0	38.6	41.4
加拿大（2014）	45.4	34.6	—	—	—
韩国（2014）	75.3	23.0	18.0	19.1	62.9
俄罗斯（2014）	27.1	69.2	19.6	18.8	61.6

资料来源：根据《中国科技统计年鉴2016》整理得到。

由于我国工业行业缺乏技术创新能力，导致产品技术含量低、附加

① ［韩］金麟洙：《从模仿到创新——韩国技术学习的动力》，刘小梅、刘鸿基译，新华出版社1998年版，第142页。

值不高的问题，从而带来了我国工业部门的经济效益普遍低下，严重限制了我国企业的投资能力和研发投入能力[①]，从而抑制了企业技术创新能力的提高，又进一步导致了企业的经济效益低下，由此很容易陷入“创新能力缺乏—经济效益低下—研发投入能力受限—创新能力缺乏”的恶性循环。[②] 我国在改革开放以后才认识到技术创新的重要性，并于20世纪90年代中后期首次提出国家创新系统的概念。我国的“十一五”规划中，也将增强自主创新能力、建设创新型国家作为我国长期科技规划的目标。此后，我国政府把国家创新体系提到了国家基本国策的高度，并在“十三五”规划中明确指出国家的战略任务之一是培育企业成为创新的主体，不断提高企业的技术创新能力。多年来，我国在R&D投入方面始终保持高速增长。2012年，R&D投入为10298.4亿元，首次突破1万亿元大关，占GDP比重的1.98%，逐步接近创新型国家水平。2013年，R&D经费投入强度首次突破2%，在新兴发展国家中居于领先地位。中国科技人才资源总量达到3200万，研发人员也已经超过105万，分别位居世界第一和第二位。2016年，全国研发经费投入总量为1.57亿元，比2012年增长52.5%，年均增长11.1%。按汇率折算，我国研发经费总量在2013年超过日本，成为仅次于美国的世界第二大研发经费投入国家。2016年的研发经费投入强度为2.11%，比2012年提高0.2个百分点。目前我国研发经费投入强度已达到中等发达国家水平，居发展中国家前列。但是，在如此巨大的财力、物力和人力的投入背后，却没有带来技术创新的显著提升。这一点从科技成果转化率和产业化率方面尤为突出。截至2015年，中国发明专利申请量达110.2万件，但同年授权量仅为26万多件，专利转化水平不到20%，大规模产业化实现率不足5%，与日本等发达国家高达70%—80%的专利转化水平相距甚远。从科技进步贡献率看，2010—2015年仅为55.3%。从投入产出的关系来看，技术创新效率的平均水

① 胡春力：《提高我国自主创新能力的产业重点与主要对策》，《宏观经济研究》2006年第11期，第3—10页。

② 张燕杭：《政府干预对企业技术创新的影响》，《现代管理科学》2012年第2期，第84—88页。

平低下。《国家创新指数报告2013》指出，中国创新绩效位居世界中上游水平，但“绩”高“效”低，需要提高创新投入效率。

进一步说，当前中国政府在企业技术创新的激励方面存在很多亟待解决的问题。客观层面的原因如政府和企业之间的信息不对称、整体创新环境亟须改善等，主观层面的原因如相关激励制度缺失、激励机制不健全等问题，都会影响政府对企业技术创新活动扶持的政策效果。OECD①强调，不同国家在企业间合作的程度、性质和激励因素方面都有差别，这些区别会体现在制度框架和公共政策的导向方面，并最终导致不同国家在创新绩效方面也有重要的差别，这表明国家创新系统是异质性的。

因此，在目前中国经济高速增长的背后一定有与之相对应的激励和提供这些激励的制度安排。② 亟须构建良好的制度设计和科学合理的科技激励机制，以保证技术创新活动投入的有效、风险的规避以及成果的保护，对于增强企业的技术创新能力，为我国到2020年进入创新型国家行列、2030年跻身创新型国家前列、2050年建成世界科技创新强国，具有重要的现实意义。③

二　研究目的和意义

改革开放以来，我国在经济建设上取得了巨大的成就，但是同发达国家相比，我国的综合实力还有很大差距，尤其在技术创新方面的能力还比较弱，大量的科研成果不能直接转化，直接制约了我国科技竞争力的提升。企业在技术创新方面的活力不足，导致我国在国际产业分工体系中处于不利地位，面对经济全球化进程不能很好地把握主动权。因此，在当前中国经济正处于转型升级的关键时期，政府如何通过构建科学合理的政策来激励企业开展技术创新活动，增强我国的自主创新能

① OECD, *Innovative Networks Cooperation in National Innovation Systems*, OECD, Paris, 2001.

② 周黎安:《中国地方官员的晋升锦标赛模式研究》,《经济研究》2007年第7期，第36—50页。

③ 杨友文、叶敏:《高校在产学研合作中的地位与作用》,《科学管理研究》2002年第1期，第25—27页。

力，是一个非常值得深入研究和探究的问题。相对于发达经济体，中国这样的转型经济体更需要采用不同的政策工具。① 如何进行有效的政府激励政策引导企业实现技术创新，是一个既有理论意义又有现实意义的课题。在回答这个问题之前，我们必须明确，技术创新中政府激励政策存在的理论依据是什么？技术创新中政府激励的作用机制如何？不同政府激励政策对技术创新的影响效果如何？另外，由于不同区域、不同行业的技术创新效率不同，存在较大差异，政府该如何根据不同地区和不同产业特点制定相应的激励政策？等等。只有把这些问题弄清楚，才能提出科学合理的政策建议。尤其在当前新常态下，中国经济社会转型升级的背景下，针对企业技术创新能力不强、动力不足的问题，更应该强化政府政策安排以期达到激励企业提高技术创新水平的目的。

因此，正是基于上述考虑，在中国“强政府”的背景下，在转型升级的政策约束下，本书选取“企业技术创新中的政府激励”为研究主题，拟从技术创新中政府激励的角度出发，基于已有的理论研究，对中国企业技术创新中政策激励方式进行重新梳理，构建政府激励“投入—整合—产出”分析框架，研究技术创新中的不同政府激励政策的作用机制，从区域层面、产业层面和企业层面分析和验证政府激励政策能否真正提高技术创新效率，能否带来技术创新能力的提高，在此基础上提出完善激励企业技术创新能力政策系统的对策建议。具体来看，本书研究的意义主要体现在以下四个方面：

（1）丰富技术创新中政府激励研究的理论内容，有助于构建逻辑严谨的政府激励理论框架。现有围绕企业技术创新中政府激励的研究尚未形成完整的理论体系，还有待进一步完善。本书通过对技术创新中有关政府激励的理论研究进行梳理，以经典的“智猪博弈”为基础，利用静态博弈与动态博弈相结合的方法，尝试将六种不同种类的政府激励政策纳入技术创新博弈模型中，系统剖析了这些政府激励政策在技术创新过程中的有效性和适用性。政府的运行机制和政策纷繁复杂，各种科技激励方式搭配协调，是技术创新政府激励研究必须考察的问题。在此

① Czarnitzki D., C. L. Bento, “Evaluation of Public R&D Policies: A Cross Country Comparison”, *World Review of Science, Technology and Sustainable Development*, No. 9, 2012, pp. 254 – 282.

基础上，本书立足我国的实际情况，提出政府激励的投入、产出及整合激励的政策框架，在研究我国现行政府激励政策作用效果的基础上，提出相应的优化思路和政策建议。

（2）能够对我国政府政策工具使用效果的现状及其作用发挥的障碍因素有一个清晰的认识。在促进企业成为技术创新主体的过程中，我国政府究竟扮演了一个什么样的角色？其政策工具的使用是否与其预期的效果相符合？是否在真正意义上刺激了企业的技术创新？哪些因素影响了政府激励工具在使用效果上发挥作用？通过实证分析，我们将对此进行系统的回答。

（3）明确政府激励影响技术创新效率的测度问题，有助于全面科学把握技术创新的过程和结果。技术创新是一个复杂的过程。以往的文献大多以研发投入强度或研发产出成果作为企业技术创新的单一维度，而笔者认为，只有将企业技术创新的投入和产出两个维度相结合来度量企业技术创新的效率，才能更全面地反映企业技术创新的过程和结果。[①] 因此，本书提出了技术创新效率的测度方法，并从区域层面和产业层面围绕政府激励对技术创新效率的作用进行了探讨。

（4）通过政策效果检验和政策评价研究，有助于全面了解技术创新中的政府激励的实际作用效果，为我国政府激励工具的科学制定提供重要依据。不同的政府激励对企业技术创新作用机理不同，产生的效果也不同。国内外针对该问题的研究尚不系统，在广度和深度上都有待进一步研究和探讨。因此，本书拟基于已有的研究成果进行新的尝试，从理论和实证、定性和定量、区域和行业、整体和案例分析等方面分析政府激励在技术创新中的作用机理和影响效果。回答好这些问题，不仅可以为企业的技术创新决策提供新的科学证据和理论支持，而且对于评价现有技术创新中的政府激励政策，对于提高企业技术创新能力具有一定的参考价值。同时，通过对政策的评价，有助于全面了解政府激励对技术创新的影响和作用，更好地清除阻碍企业技术创新的障碍因素，从而充分发挥政府对技术创新的激励作用。

---

① Wahal S., McConnell J. J., "Do Institutional Investors Exacerbate Managerial Myopia?", *Journal of Corporate Finance*, No. 6, 2000, pp. 307 – 329.

第二节　文献综述

基于研究框架和具体研究内容的需要，本书对国内外有关文献进行了系统的梳理、归纳和总结，分析并简单评述了现有研究存在的不足。其回顾和整理分为如下三大部分：关于企业技术创新的影响因素研究、关于技术创新中政府激励的政策工具研究以及技术创新中政府激励政策的绩效研究。该部分文献为本书分析企业技术创新中的政府激励提供了重要的理论支持。

一　影响企业技术创新的综合因素研究

国内外学者对影响技术创新的因素做了很多深入的研究，大致可以分为微观因素、中观因素和宏观因素。其中，微观因素包括企业特征、公司治理和所有制结构；中观因素包括市场结构与行业特征；宏观因素包括对外开放度、制度政策和区域经济实力。具体如图1—1所示。

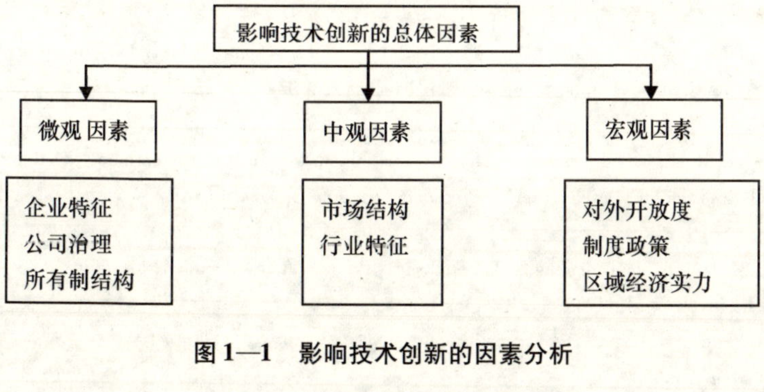

图1—1　影响技术创新的因素分析

（一）微观因素对于企业技术创新的影响研究

1. 企业特征

从企业特征角度，企业规模是一个被关注的影响技术创新的重要因素。“熊彼特假说”（Schumpeter's Hypotheses）认为，企业规模与技术创新呈现出正相关关系，强调大企业在资源禀赋方面更具优势，因此比小企业更有利于创新的提高。[①] 之后的研究形成了三种不同的观点：第一种观点认为，企业规模越大，越有利于提升企业技术实力和创新能力。Chen 等[②]认为企业规模与技术创新呈正相关关系，即规模经济能够促进企业技术创新能力的提升。Comanor[③]、Levin 等[④]、Levin 等[⑤]、Kogut[⑥]、Porter[⑦] 等通过研究认为大企业在市场上有一定的支配能力，才会将 R&D 活动当作攫取超额利润的选择，R&D 活动和技术创新给企业带来的收益与企业的市场地位成正相关。国内学者朱有为等[⑧]、吴延兵[⑨]、周立群等[⑩]的研究表明，企业规模越大，越有利于技术创新效率的提升。

第二种观点认为，小企业的技术创新活动具有更高的灵活性和更快

---

① Schumpeter, J. A., *The Theory of Economic Development: An Inquiry into Profits, Capital, Credit, Interest, and the Business Cycle*, Cambridge MA: Harvard University Press, 1912.

② Chen, Y., Puttitanun, T., "Intellectual Property Rights and Innovation in Developing Countries", *Journal of Development Economics*, No. 78, 2005, pp. 474 – 493.

③ Comanor W. S., "Market Structure, Product Differentiation and Andustrial Research", *Quarterly Journal of Economics*, No. 23, 1967, pp. 639 – 657.

④ Levin R. C., Cohen W. M., Mowery D. C., "R&D Appropriability Opportunity and Market Structure: New Evidence on the Schumpeterian Hypothesis", *American Economic Review*, No. 15, 1985, pp. 20 – 24.

⑤ Levin, R. C., Klevorick, A. K., Nelson, R. R., et al., "Appropriating the Returns From Industrial Research and Development", *Brookings Papers on Economic Activity*, No. 3, 1987, pp. 783 – 820.

⑥ Kogut, B., "Designing Global Strategies: Profiting from Operational Flexibility", *Sloan Management Review*, No. 27, 1985, pp. 27 – 38.

⑦ Porter, M. E., "The Competitive Advantage of Nations", *Harvard Business School Management Programs*, 1993.

⑧ 朱有为、徐康宁：《中国高技术产业研发效率的实证研究》，《中国工业经济》2006 年第 11 期，第 38—45 页。

⑨ 吴延兵：《市场结构，产权结构与 R&D——中国制造业的实证分析》，《统计研究》2007 年第 5 期，第 67—75 页。

⑩ 周立群、邓璐：《企业所有权性质与研发效率——基于随机前沿函数的高技术产业实证研究》，《当代经济科学》2009 年第 4 期，第 70—75 页。

的速度。以 Morton①、Dodgson②、Rothwell③ 和 Mansfield④ 等为代表，认为面临激烈的竞争，小企业虽然在规模方面不具优势，但是其机制灵活，在引入新的产品或新的设计等方面，要比大企业显得更具有效率。企业规模扩张产生的“大企业病”使得企业内部沟通困难、管理复杂、体制僵化⑤，出现所谓的“创新者困境”（the Innovation Dilemma）。

第三种观点认为，大企业和小企业在技术创新方面分别有着不同的优势。⑥ 这两类企业技术创新活动的具体内容差异很大，“熊彼特假说”并不适用。⑦ Scherer⑧、Pavitt⑨ 的研究发现，技术创新能力与企业规模之间表现为“倒 U 形关系”（inverted U shaped relationship），而非简单的线性关系。陈修德等⑩的研究发现，企业规模对专利产出（即研发中间产出效率）和新产品产值（即最终产出效率）的作用不尽一致。小企业更有利于专利的提高，而大企业更有利于新产品产值的提高。

此外，企业的其他特征如企业年龄、企业自身研发水平、企业是否

① Kamien Morton L. , Nancy L. Schwarts, “Self-financing of An R&D Project”, *American Economic Review*, No. 6, 1978, pp. 252 - 261.

② Dodgson, *Technological Collaboration in Industry*, Routledge, 1993.

③ Roy Rothwell, “ Towards the Fifth - generation Innovation Process”, *International Marketing Review*, Vol. 11, No. 1, 1994.

④ Mansfield E. , “The Speed and Cost of Industrial Innovation in Japan and the United States: External vs. Internal Technology”, *Management Science*, Vol. 34, No. 10, 1998.

⑤ Mulherin, J. H. , Boone, A. L. , “Comparing Acquistitions and Divestitures”, *Journal of Corporate Finance*, Vol. 6, No. 2, 2000, pp. 117 - 143.

⑥ Acs, Z. J. , Audretsch, D. B. , “Innovation, Market Structure, and Firm Size”, *Review of Economics and Statistics*, Vol. 78, No. 6, 1987, pp. 567 - 575.

⑦ Acs, Z. J. , Audretsch, D. B. , “Innovation in Large and Small Firms: an Empirical Analysis”, *American Economic Review*, Vol. 78, No. 4, 1988, pp. 678 - 690.

⑧ Scherer, F. M. , “Firm Size, Market Structure, Opportnity, and the Output of Patented Inventions”, *The American Economic Review*, Vol. 55, No. 5, 1965, pp. 1097 - 1125.

⑨ Pavitt, K. , “The Objectives of Technology Policy”, *Science and Public Policy*, Vol. 14, No. 3, 1987, pp. 182 - 188.

⑩ 陈修德、梁彤缨：《中国高新技术产业研发效率及其影响因素——基于面板数据 SFPF 模型的实证研究》，《科学学研究》2010 年第 8 期，第 1198—1205 页。

出口、企业赢利能力等，也是影响技术创新的重要因子。*Hansen*[①]基于1985年2300家美国工业企业数据发现，年龄与企业技术创新水平呈现出正相关关系。Huergo[②]基于1991年至1998年2300家美国企业数据发现，年轻企业的技术创新水平反而比经营期限更长的企业要高。在对外出口方面，很多学者认为企业出口的学习效应可以有效促进企业的技术创新水平[③]，而一些学者也持相反意见。[④] Luca Berchicci[⑤]研究发现，R&D结构影响技术创新效率，越依靠外部R&D活动的企业越有一个更好的创新绩效，但超过一个临界点时，更大的外部R&D活动份额则会降低企业的创新效率。一般认为，企业自身的赢利能力越强，越有可能更多地进行R&D投入（Kin等[⑥]；Helfat C. E.[⑦]；Canto and Gonza' lez[⑧]；罗绍德等[⑨]）。关于企业自身研发水平方面的研究，Jian Cheng

① Hansen, B. E., "Tests for Parameter Instability in Regressions with I (1) Processes", *Journal of Business and Economic Statistics*, No. 33, 1992, pp. 321 – 335.

② Huergo, E., "Selection and the Evolution of Industry", *Econometrica*, No. 50, 1982, pp. 649 – 670.

③ Grossman G., Helpman E., " Innovation and Growth in the Global Economy", MIT Press, Cambridge, MA, 1991, 153 – 201. Painn, Wakelink., "Export Performance and the Role of Foreign Direct Investment", *The Manchester School of Economic and Social Studies*, No. 66, 1998, pp. 62 – 68.

④ 王任飞：《企业R&D支出的内部影响因素研究》，《科学学研究》2005年第2期，第225—231页。

⑤ Luca Berchicci, "Towards An Open R&D System: Internal R&D Investment, External Knowledge Acquisition and Innovative Performance", *Research Policy*, Vol. 42, No. 1, 2013, pp. 117 – 127.

⑥ Kin D. Y., Lee Y. S., "A Study on Corporate R&D Investment Model in Korea", *Economic Study*, Vol. 41, No. 1, 1993, pp. 141 – 159.

⑦ Helfat, C. E., "Know-how and Asset Complementarity and Dynamic Capability Accumulation: the Case of R&D", *Strategic Management Journal*, No. 18, 1997, pp. 339 – 360.

⑧ Canto, J. G. D., Gonza' lez, "I. S. A Resource-Based Analysis of the Factors Determining A Firm's R&D Activities", *Research Policy*, Vol. 28, 1999, pp. 891 – 905.

⑨ 罗绍德、刘春光：《企业R&D投入活动的影响因素分析：基于企业财务资源观》，《财经理论与实践》2009年第1期，第56—60页。

Guana 等①以 1244 家北京公司的资料和数据评估了中国各类公司的创新策略。结果发现，那些获得政府支持、通过高新技术企业认证的制造型企业总体表现较为乐观。Katharine Wakelin② 通过研究，认为公司自身开展研发活动有利于生产率的提高，一般而言，创新型企业的研发收益率要远远高于非创新型企业。Yeonhee Lee 等③分析了 R&D 投入对韩国中小企业信息通信技术的绩效影响，实证结果表明研发管理在众多影响企业技术创新效率的因子中起到非常重要的作用。

2. 公司治理

现有关于公司治理的文献主要集中在如下五个方面。

一是治理模式对技术创新的影响。Levin 等④的研究发现企业股权结构、领导权结构、激励机制以及企业的学习能力是企业技术创新活动的决定因素。Miozzo 等⑤以法国、德国、英国、瑞典和丹麦等欧洲五国为研究对象，发现各国由于存在公司治理模式方面的差异，对技术创新能力的不同带来很大影响。Lee⑥ 比较了日本和美国的公司治理，发现日本企业以内部治理为主，其股权集中对 R&D 投入产生负面影响，而以外部治理为主的美国，其公司治理对企业 R&D 活动产生正面影响。Mu-

① Jian Cheng Guana, Richard C. M. Yamb, Esther P. Y. Tange, Antonio K. W. Laud, "Innovation Strategy and Performance During Economic Transition: Evidence in Beijing", *China Research Policy*, Vol. 38, No. 5, 2009, pp. 802 – 812.

② Katharine Wakelin, "Productivity Growth and R&D Expenditure in UK Manufacturing Firms", *Research Policy*, Vol. 30, No. 2, 2001, pp. 1079 – 1090.

③ Yeonhee Lee, Sooyoung Kim, Hyejin Lee, "The Impact of Service R&D on the Performance of Korean Information Communication Technology Small and Medium Enterprises", *Journal of Engineering and Technology Management*, Vol. 28, No. 1 – 2, 2011, pp. 264 – 277.

④ Levin, R. C. Klevorick, A. K. Nelson, R. R. &S. G. Winter, "Appropriating the Returns From Industrial R&D", *Brookings Papers on Economic Activity*, No. 3, 1987, pp. 783 – 820.

⑤ Marcea Miozzo, Paul Dewick, "Building Competitive Advantage: Innovation and Corporate Governance in European on Construction", *Research Policy*, No. 31, 2002, pp. 989 – 1008.

⑥ Lee, P. M., H. M. O' Neill, "Ownership Structures and R&D Investments of U. S. and Japanese Firms: Agency and Stewardship Perspectives", *Academy of Management Journal*, Vol. 46, No. 2, 2003, pp. 212 – 225.

nari① 认为不同的公司治理结构将对企业 R&D 活动产生影响，私有化带来的委托代理关系的改变可以刺激企业的 R&D 投资，从而影响企业的技术创新效率。

二是不同持股者对技术创新的影响。Graves② 以美国计算机行业为例，发现机构投资者持股不利于该行业的研发投入。Liddle③ 的研究表明，员工尤其是骨干员工持有股份有利于创新激励和约束，对技术创新有一定推动作用。而 John④ 的观点却恰恰相反，他认为员工回避风险的倾向可以使经营者减少对具有风险的 R&D 投入。Popov 等⑤以欧洲 18 个国家为研究对象，结果表明工业创新活动的 8%—12% 由私人股权投资来带动。刘伟等⑥以上市公司为例，研究发现高管持股对提高企业 R&D 投入有一定的促进作用，并且仅在高科技类上市公司中发挥积极作用，而对非高科技企业的影响十分有限。王燕妮⑦也同样支持了高管长期股权激励对企业 R&D 投入的正向作用。她认为高管持股比例越大以及高管短期报酬激励越高，越有利于企业 R&D 投入；并且高管激励在国有企业及高新技术企业所发挥的作用比非国有企业、非高新技术企业的 R&D 投入具有更显著的影响。对这一原因的解释，张业韬等⑧认为高管人员中具有较高的技术背景起到关键的作用。

---

① Frederico Munari, "Does Ownership Affect Innovation: Assessing the Impact of Privatization Processes on Innovation Activities", *European Business Organization Law Review*, No. 4, 2003, pp. 553 - 571.

② Graves, S. B., "Institutional Ownership and Corporate R&D in the Computer Industy", *Academy of Management Journal*, Vol. 31, No. 2, 1988, pp. 417 - 428.

③ Liddle, B. T., "Privatizaiton Decision and Civil Engineering Project", *Journal of Management in Engineering*, No. 3, 1997, pp. 73 - 86.

④ John, E. G., "Management Commitment to Innovation and Esop Stock Concentration", *Journal of Business Venturing*, No. 15, 2000, pp. 433 - 447.

⑤ Popov Alexander, Peter Roosenhoom, "Does Private Equity Investment Spur Innovation? Evidence from Europe", European Central Bank, WP 1063, 2009.

⑥ 刘伟、刘星：《高管持股对企业 R&D 支出的影响研究——来自 2002—2004 年 A 股上市公司的经验证据》，《科学学与科学技术管理》2007 年第 10 期，第 172—175 页。

⑦ 王燕妮：《高管激励对研发投入的影响研究——基于我国制造业上市公司的实证检验》，《科学学研究》2011 年第 7 期，第 1071—1078 页。

⑧ 张业韬、王成军、刘渐：《高管持股对企业创新投入的影响研究——来自创业板上市公司的经验证据》，《财会通讯》2012 年第 1 期，第 132—136 页。

三是股权集中度对技术创新的影响。主要有三种结论，其一是股权集中度与技术创新呈正相关关系，如 Hill 等[①]、任海云[②]、苏文兵等[③]等的研究认为，正是大股东具有较为稳定的股权结构，发展战略更具长远性和前瞻性，对 R&D 的投入更为重视，因此股权集中度高有利于企业的技术创新。其二是股权集中度与技术创新呈负相关关系。如魏峰等[④]、杨建君等[⑤]认为股权越集中，风险越大，大股东的投资意愿越低，越不利于技术创新的投入。其三是认为两者之间存在非线性关系。如文芳[⑥]的研究表明，控股股东持股比例与企业 R&D 投入强度之间呈"N"形关系，两个转折点分别为 25% 的优势表决权和 50% 的绝对控制权，股权集中度对创新的区间效应显著。

四是董事会规模与结构对企业技术创新的影响。一方面，董事会规模的扩大，可以获得企业技术创新所必需的管理经验、专业技术知识以及相关财务投资知识等，有利于技术创新的提高。[⑦] 另一方面，董事会规模的扩大，也会对企业技术创新产生负面效应。[⑧] 因此，如何保持一个最优的董事会规模对促进技术 R&D 十分重要。此外，董事会结构如

---

① Hill C. W. L. , Snell S. A. , "External Control, Corporate Strategy and Firm Performance in Research-Intensive Industries", *Strategic Management Journal*, No. 9, 1988, pp. 577 - 590.

② 任海云：《股权结构与企业 R&D 投入关系的实证研究》，《中国软科学》2010 年第 5 期，第 126—135 页。

③ 苏文兵、李心合、徐东辉、许佳：《经理自主权与 R&D 投入的相关性检验》，《研究与发展管理》2010 年第 8 期，第 65—72 页。

④ 魏峰、刘星：《国有企业内部机制对企业技术创新的研究》，《重庆大学学报》2004 年第 3 期，第 143—147 页。

⑤ 杨建君、盛锁：《股权结构对企业技术创新投入影响的实证研究》，《科学学研究》2007 年第 8 期，第 54—60 页。

⑥ 文芳：《股权集中度、股权制衡与公司 R&D 投资》，《南方经济》2008 年第 4 期，第 41—52 页。

⑦ Zahra, et al. , "Entrepreneurship in Medium-size Companies: Exploring the Effects of Ownership and Governance System", *Journal of Management*, No. 26, 2000, pp. 947 - 976.

⑧ Yermack D. , "Higher Market Valuation of Companies With A Small Board of Directors", *Journal of Financial Economics*, Vol. 40, No. 2, 1996, pp. 185 - 211.

内部董事和外部董事对创新的影响不尽一致。Baysinger 等[①]的研究表明，内部董事有利于企业加大研发投入，促进技术创新提升，而 Kosink[②] 的研究表明外部董事的重要性。王怀宇[③]认为，合理配置董事会结构有利于技术创新的提高。Boone 等[④]通过实证研究，得出了高质量的董事会结构有助于提高研发投入效率的结论。赵旭峰等[⑤]以 2004—2008 年沪深上市公司为研究对象，结果表明小规模、独立董事占比较高和两职分离等因素，都有利于企业的技术创新。

五是企业家对技术创新的影响。亚当·斯密[⑥]讨论了“机器的改进”和“劳动分工促进专业化发明的方式”等问题，并指出工业革命的萌芽时期，上层贵族中的许多成员十分热衷于从事开凿以及其他生产性和创新性的活动。Say[⑦] 指出企业家是能把经济资源由较低的生产力水平转变为较高生产力水平的人。熊彼特[⑧]指出，在技术创新过程中企

① Baysinger, B. D. , Kosnik, R. D. , Turk Thomas A. , “Effects of Board and Ownership Structure on Corporate R&D Strategy”, *Academy of Management Journal*, Vol. 34, No. 1, 1991, pp. 205 - 214.

② Kosink, R. D. , “Greenmail: A Study of Board Performance in Corporate Governance”, *Administrative Science Quarterly*, No. 32, 1987, pp. 163 - 185.

③ 王怀宇：《公司治理理论视角下的企业技术创新行为研究》，博士学位论文，北京交通大学经济管理学院，2006 年。

④ Boone, A. L. , Casares, Field, L. , Karpoff, J. M. , et al. , “The Determinants of Corporate Board Size and Composition: An Empirical Analysis”, *Journal of Financial Economics*, Vol. 85, 2007, pp. 66 - 101.

⑤ 赵旭峰、温军：《董事会治理与企业技术创新》，《当代经济科学》2011 年第 3 期，第 110—116 页。

⑥ Smith, Adam, *The Wealth of Nations*, Edited by Edwin Cannan, London: Methuen, 1904.

⑦ ［法］萨伊：《政治经济学概论》，商务印书馆 1963 年版。

⑧ Schumpeter, J. A. , “The Instability of Capitalism”, *Economic Journal*, Vol. 18, No. 4, 1986, pp. 694 - 695.

业家起着关键作用。Romer①、Grossman 等②、Aghion 等③在继承了熊彼特思想的基础上提出了一组以 R&D 为基础的内生技术创新模型，并一致认为技术创新是内生的，是源于企业家利润最大化的 R&D 努力的结果。Marx④ 指出，资本主义导致了受尊敬的行为标准发生了变化，即资本主义诞生了值得尊敬的企业家生产性活动，资本主义企业家在这种经济形式中别无选择。Barker 等⑤通过研究得出结论：在公司内部影响技术创新的各种因素中，CEO 的个人背景比其他因素对公司 R&D 投入产生的影响更大。国内学者在相关研究中也论证了该命题，认为企业家是技术创新的发动者，企业家精神对企业的发展壮大有直接影响（孙诚等⑥；焦斌龙等⑦）。但是无论是熊彼特模型抑或是内生技术创新模型，都是假定企业家活动是生产性的创新活动，忽视了企业家活动中的如寻租等非生产性活动，甚至是犯罪等破坏性活动。因此，Veblen⑧ 最早提出了企业家为了实现私人目的，在许多情况下从事一些“系统性阴谋”活动，扮演了一个破坏者的角色。此后，国内学者从定性和定量两个方面展开了研究，如黄泰岩等⑨、张含宇等⑩分析了企业家非生产性行为

① Romer, P., “Endogenous Technological Change”, *Journal of Political Economy*, Vol. 98, No. 5, 1990, pp. 71 - 102.

② Grossman, G. M., Helpman, E., “Trade, Innovation, and Growth”, *The American Economic Review*, Vol. 80, No. 2, 1990, pp. 231 - 232.

③ Aghion, Bolton, “An Incomplete Contracts Approach to Financial Contracting”, *The Review of Economic Studies*, Vol. 59, No. 3, 1992, pp. 473 - 494.

④ Marx Karl Capital, “A Critique of Political Economy”, *Chicago*, Vol. 51, No. 1, 1867, pp. 849 - 864.

⑤ Barker, V. L., Mueller, G. C., “CEO Characteristics and Firm R&D Spending”, *Management Science*, Vol. 48, No. 6, 2002, pp. 782 - 801.

⑥ 孙诚、冯之浚：《企业技术创新与企业家精神》，《中国科技论坛》2006 年第 7 期，第 3—5 页。

⑦ 焦斌龙、冯文荣：《企业家转型与经济增长方式转变》，《当代经济研究》2007 年第 2 期，第 34—37 页。

⑧ Veblen, T., *The Theory of Business Enterprise*, New York: Scribner, 1998.

⑨ 黄泰岩、郑江淮：《企业家行为的制度分析》，《中国工业经济》1998 年第 2 期，第 56—60 页。

⑩ 张含宇、韩巍：《中国企业家资源非生产性配置的制度分析》，《人文杂志》1999 年第 6 期，第 48—52 页。

的制度基础及原因。朱春生等[①]、申小林[②]、陈保根[③]、徐玉华等[④]、吴敬琏[⑤]、庄子银[⑥]等从寻租的视角研究了企业家的非生产性活动。刘剑雄[⑦]通过 Logistic 回归模型实证表明私营企业家管理和领导经验对于私营企业技术创新有显著影响。

3. 所有制结构

在所有制结构与企业技术创新研究方面，大部分学者认为在市场经济中，私有企业与国有企业相比有更多的创新动力和更高的工作效率，而国有企业存在产权不明细、制度僵化等问题（姚洋等[⑧]），从而抑制了技术创新效率的提高。孙早等[⑨]认为不同所有制企业的研发投入对创新绩效的影响是不同的，与国有企业相比，民营企业 R&D 投入与创新绩效之间的正相关关系更为显著。当然，也有学者认为，国有股权主导的企业更有可能通过内部创新实现技术水平的提升（徐二明等）[⑩]。李博等[⑪]认为，只有当所有制结构，即国有经济比重低于门限值水平的时候，经济发展水平对于技术创新效率才具有显著的促进效应。当国有经

① 朱春生、郝群：《寻租与企业家精神》，《南方经济》2005 年第 5 期，第 76—78 页。

② 申小林：《企业家寻租行为及特征分析》，《中国工业经济》2001 年第 4 期，第 52—58 页。

③ 陈保根：《经济转型与企业家才能配置的变迁过程》，《审计与经济研究》2005 年第 5 期，第 83—87 页。

④ 徐玉华、谢承蓉：《政府规制与企业家寻租行为》，《特区经济》2006 年第 6 期，第 328—329 页。

⑤ 吴敬琏：《边生产边寻租》，《中国经济研究信息》2006 年第 8 期，第 24—25 页。

⑥ 庄子银：《创新、企业家活动配置与长期经济增长》，《经济研究》2007 年第 8 期，第 82—83 页。

⑦ 刘剑雄：《企业家人力资本与中国私营企业制度选择和创新》，《经济研究》2008 年第 6 期，第 107—118 页。

⑧ 姚洋、章奇：《中国工业企业技术创新效率分析》，《经济研究》2001 年第 10 期，第 13—19 页。

⑨ 孙早、宋炜：《企业 R&D 投入对产业创新绩效的影响——来自中国制造业的经验证据》，《数量经济技术经济研究》2012 年第 4 期，第 78—84 页。

⑩ 徐二明、张晗：《中国上市公司国有股权对技术创新方式的影响》，《经济管理》2008 年第 1 期，第 42—46 页。

⑪ 李博、李启航：《经济发展、所有制结构与技术创新效率》，《中国科技论坛》2012 年第 3 期，第 29—35 页。

济比重超过门限值水平时，经济发展水平对于技术创新能力的影响将发生陡降并且不再显著。

（二）中观因素对于企业技术创新的影响研究

1. 市场结构

市场结构是学者研究企业技术创新的一个重要视角。卡曼和施瓦茨认为，市场竞争程度和市场垄断程度都在一定程度上影响技术创新。前者决定了技术创新的必要程度，因此技术创新能获得比竞争对手更多的利润，后者决定了技术创新的持久性，因为垄断程度越高，对市场的控制越强，越不容易被模仿，技术创新越持久。因此，他们认为介于完全竞争和垄断之间的市场结构是最有利于技术创新的。熊彼特最早提出市场竞争对企业技术创新的影响，其后的熊彼特主义者也都特别强调垄断在企业技术创新中的作用和优势，认为垄断有利于企业开展研发活动并以此获得超额利润。Arrow① 建立了一个基于不同市场环境下的理论模型，发现竞争环境下的创新收益大于垄断环境下的创新收益。Demsetz②通过一个理论模型发现垄断条件下的创新产出水平将大于竞争条件下的创新产出水平。Blundell 等③基于 1972—1982 年英国 184 家企业数据发现，高市场占有率企业倾向于进行超前的技术创新活动。Aghion 等④认为市场竞争与技术创新之间呈现 U 形关系，即竞争能够增加来自创新的额外利润，同时也会削弱落后者的创新激励，因此他主张规模适中最有利于创新。Chen 等⑤的研究表明，垄断企业可能更有动力进行产品创

---

① Arrow, K. J., "The Economic Implications of Learning by Doing", *The Review of Economic Studies*, Vol. 44, No. 5, 1962, pp. 109 – 114.

② Demsetz, H., "Information and Efficiency: Another Viewpoint", *Journal of Law and Economics*, Vol. 12, No. 1, 1969, pp. 1 – 22.

③ Blundell, R., Griffith, R., Van Reenen, J., "Market Share, Market Value and Innovation in A Panel of British Manufacturing Firms", *The Review of Economic Studies*, Vol. 66, No. 3, 1999, pp. 529 – 554.

④ Aghion Philippe, Bloom Nicholas, Blundell Richard, Griffith Rachel, Howitt Peter, "Competition and Innovation: An Inverted U Relationship", *Quaterly Journal of Economics*, Vol. 20, No. 2, 2005, pp. 701 – 728.

⑤ Chen Y., Schwartz M., "Product Innovation Incentives: Monopoly vs. Competition", *Journal of Economics and Management Strategy*, Vol. 22, No. 3, 2013, pp. 513 – 528.

新。国内学者对市场结构与技术创新的关系也展开了一定研究，更多学者支持市场竞争程度与技术创新呈反比的观点（闫冰等[1]；陈泽聪等[2]；陈修德等[3]）。周立群等[4]则认为，市场竞争对于企业研发效率虽具有正向促进作用，而国有企业带有较强的政府指导控制色彩，不利于技术创新。

2. 行业特征

企业所处行业的特征是学者研究企业技术创新的一个重要视角。Shefer 和 Frenkel[5] 基于以色列企业数据发现，高科技行业企业的创新能力比传统行业的要高。Acs Zoltan 等[6]认为，行业的资本密集程度、集中程度、是否组建联盟对于该行业企业的技术创新活动具有重要影响。Cohen 等[7]通过研究发现，企业创新投入强度差异中约 50% 是由行业技术差异带来的。技术密集型行业与劳动密集型行业在研发投入方面的差异较大（Frenkel 等[8]）。国内学者魏后凯[9]根据 1995 年我国的工业普查数据，对我国 28 个制造业企业进行研究，通过分析发现：R&D 投资经

---

① 闫冰、冯根福：《基于随机前沿生产函数的中国工业 R&D 效率分析》，《当代经济科学》2005 年第 6 期，第 14—18 页。

② 陈泽聪、徐钟秀：《我国制造业技术创新效率的实证分析》，《厦门大学学报》（哲学社会科学版）2006 年第 6 期，第 122—128 页。

③ 陈修德、梁彤缨：《中国高新技术产业研发效率及其影响因素——基于面板数据 SFPF 模型的实证研究》，《科学学研究》2010 年第 8 期，第 1198—1205 页。

④ 周立群、邓路：《企业所有权性质与研发效率——基于随机前沿函数的高技术产业实证研究》，《上海交通大学学报》2006 年第 9 期，第 1—4 页。

⑤ Shefer, D., Frenkel, A., "R&D, Firm Size and Innovation: An Empirical Analysis", *Technovation*, Vol. 25, No. 1, 2005, pp. 25 - 32.

⑥ Acs, Z. J., Audretsch, D. B., " Innovation, Market Structure, and Firm Size", *Review of Economics and Statistics*, Vol. 78, No. 6, 1987, pp. 567 - 575.

⑦ Cohen, W. M., Levin, R. C., "Empirical Studies of Innovation and Market Structure", *Handbook of Industrial Organizaiton*, No. 2, 1989, pp. 1059 - 1107.

⑧ Frenkel A., Shefer D., Koschalzky K., et al., "Firm Characteristics, Location and Regional Innovation: A Comparison Between Israeli and German Industrial Firm", *Regional Studies*, Vol. 35, No. 5, 2001, pp. 413 - 427.

⑨ 魏后凯：《企业规模、产业集中与技术创新能力》，《经济管理》2002 年第 4 期，第 4—10 页。

费占销售收入的比重与产业集中度之间存在着显著的正相关性。安同良等①以江苏省制造业企业为样本，研究发现行业是影响企业 R&D 活动的最主要因素之一，无论是 R&D 的分配与方向，还是 R&D 的强度与频率，都表现出明显的行业间差异。谢兰云和曲永义②以我国 31 个省、市、自治区为例，研究表明我国各省份在研发投入强度方面的差异与其产业结构存在着密切的关系，其中第一产业对 R&D 强度的影响最小，而高科技产业对 R&D 强度的影响最大。

（三）宏观因素对于企业技术创新的影响研究

1. 对外开放度

有关对外开放度的研究，学者们主要集中在国际贸易和 FDI 两个方面。

在国际贸易研究方面，大多的研究结果证实为促进论。因为出口贸易不仅能够增加企业规模，增加技术创新所能获得的报酬（Krugman③），而且在进入出口贸易市场后得到外国购买商有关生产过程改善的建议（Grossman 和 Helpman④），使企业能从竞争对手和合作伙伴中获取更多的知识，从而提高技术创新（Bernard 等⑤）。Temple 等⑥、Griliches⑦、Benhabiband 等⑧及 Yanling Wang⑨ 的研究证实，贸易技术溢

① 安同良、施浩、Ludovico Alcorta：《中国制造业企业 R&D 行为模式的观测与实证：基于江苏省制造业企业问卷调查的实证分析》，《经济研究》2006 年第 2 期，第 21—30 页。

② 谢兰云、曲永义：《我国区域 R&D 强度与产业结构的灰色关联分析》，《中国人口·资源与环境》2010 年第 1 期，第 118—123 页。

③ Krugman，"Increasing Returns，Monopolistic Competition and International Trade"，*Journalof International Economics*，1979，pp. 469 – 479.

④ Grossman G.，Helpman E.，*Innovation and Growth in the Global Economy*，MIT Press，Cambridge MA，1991，pp. 153 – 201.

⑤ Bernard A.，Jensen B.，"Exceptional Exporter Performance：Cause，Effect，or Birth?"，*Journal of International Economics*，Vol. 47，No. 1，1999，pp. 1 – 25.

⑥ Temple，J. H. J. Voet，"Human Capital，Equipment Investment and Industrialization"，*European Economic Review*，Vol. 41，No. 4，1998，pp. 464 – 476.

⑦ Griliches Z.，*R&D. Patents，and Productivity*，Chicago：University of Chicago Press，1984.

⑧ Benhabiband，J.，Mark M. Spiegel，"Human Capital and Technology Diffusion"，*Working Papers in Applied Economic Theory*，*Federal Reserve Bank of San Francisco*，2003.

⑨ Yangling Wang，"Trade，Human Capital，and Technology Spillover：An Industrial-Level Analysis"，*Journal of International Economics*，Vol. 15，No. 2，2007，pp. 269 – 283.

出受东道国人力资本的影响，即只有人力资本达到一定水平时，贸易技术溢出才能实现。国内学者李平等①、周经等②、余官胜③的研究均表明，出口贸易对技术创新有促进作用。许培源④的研究发现，贸易结构的变化是我国技术创新能力的关键影响因素，但主要体现为实用新型和外观设计专利的数量提升，对发明专利的影响并不显著，并且这种贸易溢出的技术创新效应必须以国内技术吸收能力的同时提升为条件。

在 FDI 研究方面，存在促进论和抑制论两种流派。持肯定态度的有 Borensztein 等⑤实证验证了 FDI 对促进技术转移具有正面效果。国内学者李晓钟等⑥、李晓钟等⑦、余秀江等⑧的研究也表明 FDI 对技术创新的提升具有明显的促进作用。持相反观点的学者，如 Damijan⑨ 以 1994—1998 年间八个转型经济国家制造业企业为例，研究发现出口贸易对技术不存在明显的溢出效应。之所以出现争议，是由于这一过程还受到其

① 李平、田朔：《出口贸易对技术创新影响的研究：水平溢出与垂直溢出——基于动态面板数据模型的实证分析》，《世界经济研究》2010 年第 2 期，第 44—48 页。

② 周经、刘厚俊：《国际贸易、知识产权与我国技术创新——基于 1998—2009 年省际面板数据的实证研究》，《世界经济研究》2011 年第 11 期，第 58—62 页。

③ 余官胜：《我国出口贸易和技术创新关系实证研究——基于联立方程组》，《科学学研究》2011 年第 2 期，第 300—305 页。

④ 许培源：《贸易结构与贸易溢出的技术创新效应》，《亚太经济》2012 年第 1 期，第 47—52 页。

⑤ Borensztein E., Gregorio J. D., Lee J-W., "How Does Foreign Direct Investment Affect Economic Growth?", *Journal of International Economics*, No. 45, 1998, pp. 115 - 135.

⑥ 李晓钟、张小蒂：《外商直接投资对我国区域技术创新能力提升影响的分析》，《国际贸易问题》2007 年第 12 期，第 34—45 页。

⑦ 李晓钟、张小蒂：《外商直接投资对我国技术创新能力影响及地区差异分析》，《中国工业经济》2008 年第 9 期，第 77—87 页。

⑧ 余秀江、胡冬生、何新闻等：《我国技术创新影响因素的动态分析——基于 SVAR 模型的实证研究》，《软科学》2010 年第 8 期，第 11—16 页。

⑨ Damijan, J. P., Knell, M. &Majcen, B. Rojec, M., "The Role of FDI, R&D Accumulation and Trade in Transferring Technology to Transition Countries: Evidence from Firm Panel Data for Eight Transferring Technology to Transition Countries: Evidence from Firm Panel Data for Eight Transition Countries", *Economic Systems*, No. 27, 2003, pp. 189 - 204.

他因素的制约，如人力资本结构；薄文广等[①]）、研发投入的比重（Kinoshita 等[②]）、合作化开放度（陈劲等[③]）、本地企业吸收能力的影响等（郑慕强[④]）。

2. 制度政策

政府作为制度政策的制定者，具有重要的作用。政府可以通过公共支出、产权保护体系和技术规制等方式，为创新活动提供基础平台（Cropper 等[⑤]）。政府对企业技术创新的保护和帮助行为，有利于保护创新产生的超额收益等手段，有利于弥补创新过程中的市场失灵，改善创新环境（Patel 等[⑥]）。尤其随着政府对经济和社会管理手段的不断调整，已经逐步对社会技术活动产生了重要影响（葛建新[⑦]）。陈润君[⑧]指出应当将政府纳入创新系统，因为技术创新是一个相关社会群体共同参与的社会过程。具体来看，政府在技术创新的三个阶段（基础研究、中间试验和产业化）应作为奠基者和引导者。在基础研究阶段，政府的作用是规划和资助；在中间试验和产业化阶段，企业是技术创新的主体，

① 薄文广、马先标、国明：《外国直接投资对于中国技术创新作用的影响分析》，《中国软科学》2005 年第 11 期，第 45—51 页。

② Kinoshita, Yuko, "R&D and Technology Spillovers via FDI: Innovation and Absorptive Capacity", *William Davidson Institute*, *Working Papers*, No. 349, 2000. (http://www.decin.com/p-2936425//.html)

③ 陈劲、吴波：《开放式创新下企业开放度与外部关键资源获取》，《科研管理》2012 年第 3 期，第 10—21 页。

④ 郑慕强：《FDI 技术外溢与本地企业技术创新：吸收能力的影响》，《科研管理》2011 年第 3 期，第 1—8 页。

⑤ Cropper, M. L., Oates, W. E., "Environmental Economics: A Survey", *Journal of Economic Literature*, Vol. 30, No. 2, 1992, pp. 675-740.

⑥ Patel, P., Pavitt, K., "National Innovation Systems: Why They are Important, and How They Might Be Measured and Compared", *Economics of Innovation and New Technology*, Vol. 3, No. 1, 1994, pp. 34-54.

⑦ 葛建新：《对我国经济增长与技术进步关系的思考》，《中央财经大学学报》1999 年第 3 期，第 45—53 页。

⑧ 陈润君：《基于利益相关者理论的企业技术创新激励机制研究》，硕士学位论文，湖南师范大学，2009 年。

而政府的功能只是引导。Kyung-Nam Kang 等[①]以中小型企业数据为例，分析得到政府支持的项目资金直接或间接地刺激内部研发和国内上下游合作影响企业创新的结论，这表明政府 R&D 经费和网络对国外大学和研究机构以及下游合作伙伴的重要性。周五七等[②]分析了知识产权保护政策、节能减排政策、政府采购政策、低碳技术国际转让政策对低碳技术创新的作用，并论述了典型国家低碳技术创新激励政策实践及其对中国的启示。林忠等[③]对中、日、韩三国中小企业的技术创新环境进行比较，发现法制不健全、公共支持体系发展滞后、金融发展水平不足等问题抑制了中国中小企业技术创新。秦雪征等[④]利用 2009 年四川德阳地区地震后中小型企业调查数据，发现参与国家科技计划将使企业进行产品创新和方法创新的概率平均提高 20%。陈晓红等[⑤]以中小板上市企业为样本，发现制度环境的动态性对财务冗余与研发投资之间的关系产生了正向调节效应。政府作为公共品的供给方和提供者，有责任对创新的风险进行弥补（张龙平等[⑥]），政府应重点在创造有利于“创新驱动”的体制机制上发挥作用（张群等[⑦]）。盛亚等[⑧]对浙、粤、苏、京、沪五省（市）的创新政策从政府目标、政策力度进行赋值打分，结果发现，各省市的创新政策目标各有特色，江苏省是公共服务、信息支持政策比重

① Kyung-Nam Kang, Hayoung Park, “Influence of Government R&D Subsidies and the Performance of High-tech Start-ups”, *Economics Letters*, Vol. 112, No. 1, 2011, pp. 1347 - 1366.

② 周五七、聂鸣：《促进低碳技术创新的公共政策实践与启示》，《中国科技论坛》2011 年第 7 期，第 18—23 页。

③ 林忠、鞠蕾、孙灵希：《中日韩中小企业技术创新环境比较研究》，《经济社会体制比较》2009 年第 6 期，第 54—65 页。

④ 秦雪征、尹志锋、周建波、孔欣：《国家科技计划与中小型企业创新：基于匹配模型的分析》，《管理世界》2012 年第 4 期，第 70—81 页。

⑤ 陈晓红、王艳、关勇军：《财务冗余、制度环境与中小企业研发投资》，《科学学研究》2012 年第 3 期，第 1537—1545 页。

⑥ 张龙平、谭园园：《我国产业集聚升级路径及政府作用分析》，《经济研究》2011 年第 8 期，第 141—143 页。

⑦ 张群、孙志燕：《加快经济发展方式转变应着力转变政府职能》，《经济纵横》2013 年第 6 期，第 17—19 页。

⑧ 盛亚、孙津：《我国区域创新政策比较——基于浙、粤、苏、京、沪五省（市）的研究》，《科技进步与对策》2013 年第 3 期。

最高的地区。

3. 区域经济实力

企业所处地区的经济实力是一个影响企业 R&D 投入的重要因子。很多学者在研究中用虚拟变量将地区差异考虑在分析中（Czarnitzki 等）①。何强等②的研究表明，企业研发投入的强度与董事创新偏好强度密切相关，并且这种关系与所在地区的经济实力相关。他们指出，在创新发展水平较高的地区具有的创新资源较为丰裕，私有企业可以通过较低的成本来获得，因此其所有者更倾向于委托创新偏好高的人来行使其 R&D 决策代理权，从而有利于促进企业 R&D 投入；相反，在创新发展水平较低的地区，其自身拥有的创新资源较为欠缺，因此即便私有企业有较高的董事创新偏好，也无法获得充裕的创新资源来刺激企业进行研发投入。王锐淇等③的研究发现，不同的经济结构和发展模式带来区域技术创新的差异性。

二 技术创新中政府激励的政策工具研究

为了激励企业更好地进行技术创新，政府通过采用一系列政策组合为技术创新提供必要的支持，通过降低企业在技术创新过程中的风险来提高企业进行技术创新的热情。这类政府用于激励企业技术创新的政策措施，被称为技术创新政策工具（张雅娴等④）。国内外学者就技术创新政策工具开展了诸多研究。Andrew Davies 等⑤认为政府的技术创新政

① Czarnitzki Dirk, Andreas Fier, "Do Innovation Subsidies Crowd Out Private Investment: Evidence from the German Service Sector Konjunkturpolitik", *Applied Economic Quarterly*, Vol. 48, No. 1, 2002, pp. 1 - 25.

② 何强、陈松：《创新发展、董事创新偏好与研发投入——基于中国制造业上市公司的经验证据》，《产业经济研究》2013 年第 6 期，第 99—110 页。

③ 王锐淇、张宗益：《区域创新能力影响因素的空间面板数据分析》，《科研管理》2010 年第 5 期，第 17—26 页。

④ 张雅娴、苏竣：《技术创新政策工具及其在我国软件产业中的应用》，《科研管理》2001 年第 4 期，第 65—72 页。

⑤ Andrew Davies, Tim Brady, "Policies for A Complex Product System", *Futures*, No. 30, 1998, pp. 293 - 304.

策在企业的技术创新活动中具有不可替代的地位。Gaudin[①]认为技术创新政策是一种社会的、经济的和文化的政策，主要包括三个方面，即对创新的支持、对技术文化的培养以及对创新阻碍的消除，由此他提出了技术创新政策的“三极模式”，见图1—2。

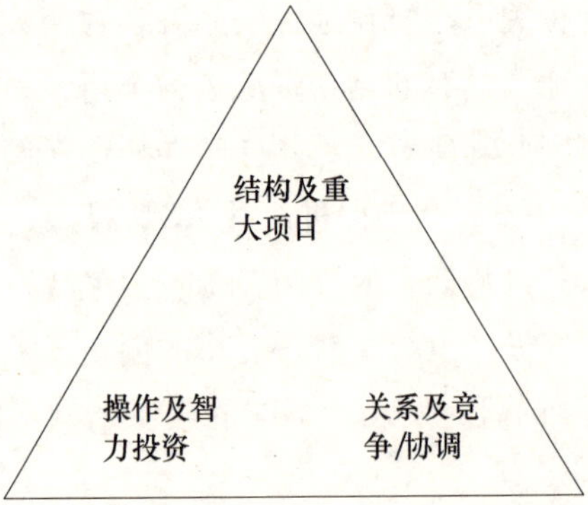

图1—2　技术创新政策的三极模式

Rothwell 等[②]将技术创新的政策工具分为供给面、需求面和环境面三大类，见图1—3。其中，供给面的政策工具分为财政支持、人力支持及技术支持等；需求面的政策工具包括创造需求与介入市场的政策工具；环境面的政策工具包括建立产业基础结构、激励创新意愿及导引创新的规执性。

Stefan Folster[③]将创新政策工具分为资助与税收优惠、教育、高校与政府R&D、公共部门管理、法律与管制、国外贸易政策类。他还按照上述分类计算了美国、瑞典、英国、日本和爱尔兰这几个发达国家的创新政策工具中各类政策工具的数量占总政策工具数量的比重，发现除

① Thierry Gaudin, *The Definition of Innovation*, Franves Printer Publisher Ltd., 1985.

② Rothwell R., Zegveld W., *Reindustrializaiton and Technology*, Logman Group Limited, 1985.

③ Stefan Folster, "The Art of Encouraging Innovation, A New Approach to Government Innovation Policy", *Stockholm*: *The Industrial Institute for Economic and Social Research*, 1991, pp. 23 – 26.

了日本外，政府资助和税收优惠在其他国家使用最广泛。因此，可以把政府的科技政策分为两类：一类是直接投入政策，主要包括政府资助、政府采购和政府风险担保；一类是间接投入政策，主要是指税收优惠政策，包括税率优惠、加速折旧、税收抵免。

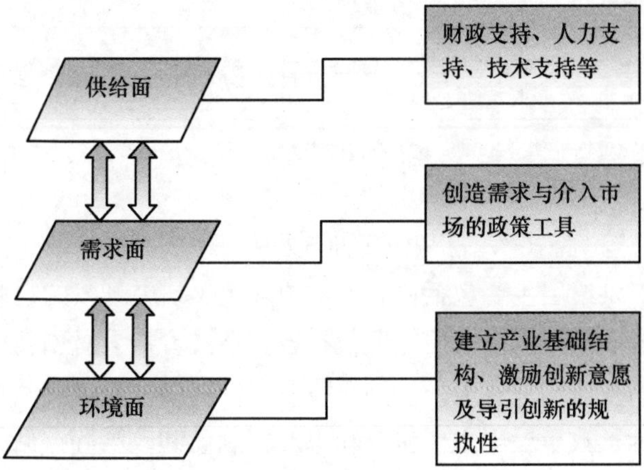

图 1—3 科技政策工具的分类

国内学者也围绕技术创新的政府政策进行了一定研究。杜伟[①]认为，发达国家在企业技术创新的激励政策安排上，主要有三种模式，即美国模式、日本模式和欧洲国家模式。美国模式主要依靠市场机制去创新，政府的主要作用是营造良好的环境。日本模式是政府通过制定很多专门的政策来直接干预技术创新活动。以法国、英国和德国为代表的欧洲国家模式介于上述两种模式之间。他将世界各国的技术创新政策工具归纳为六大类，见表 1—2。

① 杜伟：《激励企业技术创新的政策工具分析》，《科学管理研究》2001 年第 4 期，第 9—14 页。

表 1—2 技术创新政策工具

序号	政策内容	作用
1	政府补贴和税收优惠政策	政府对企业技术创新提供激励和诱导
2	政府采购	
3	风险资本和风险投资政策	
4	鼓励技术创新扩散的中小企业政策	
5	政府管制政策	政府为技术创新营造良好的外部环境
6	反托拉斯政策	

资料来源：根据杜伟（2001）的资料整理得到。

柳卸林等[①]将技术创新中的政府政策工具分为供给层、需求层和政策层三类。供给层主要包括税收优惠或减免、研究开发的财政拨款或补贴等财政激励政策；需求层主要包括以创造或者扩大对创新产品市场需求为目标的政府购买政策、鼓励风险投资发展的风险投资政策以及中小企业政策等；政策层则主要包括知识产权制度和政策等，见图 1—4。

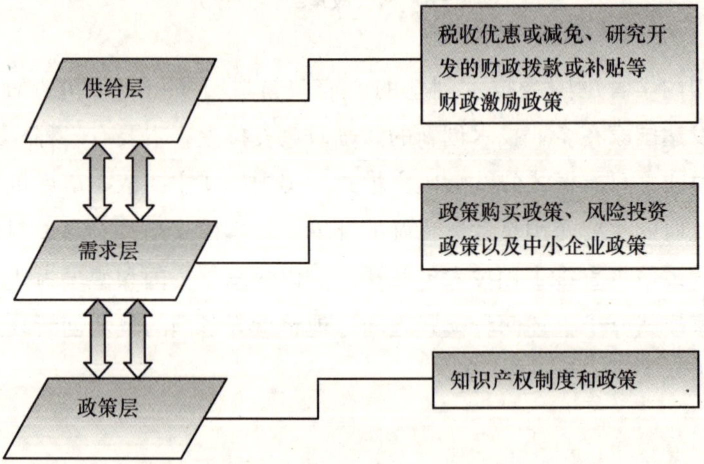

图 1—4 技术创新政策工具

① 柳卸林、刘建兵、贾蓉：《新时期促进自主创新的政策》，载中国科技发展战略研究小组主编《中国科技发展报告（2005—2006）》，科学出版社 2006 年版。

陈劲等[1]将政府激励政策分为金融政策、财政政策、税收政策、分配政策、价格政策、信息政策、专利政策和其他政策，具体见表1—3。

表1—3　政府激励政策

政策	内容
金融政策	设立企业创新风险基金；外贸外汇方面的支持；优先贷款和优惠贷款
财政政策	对R&D的投入拨款；对创新的奖励
税收政策	给予新产品减免税；给予R&D活动税惠
分配政策	从利润中提取创新基金
价格政策	自主定价
信息政策	建立国家信息化基础结构；提供创新企业及时准确的信息
专利政策	保护创新成果和知识产权
其他政策	对创新者奖励；提供创新所需的基础设施；消除既得利益集团对创新的阻力；减少创新过程中政府官僚程序；劳动力的培训（包括再就业者的培训）

资料来源：根据陈劲等（2005）的资料整理得到。

另外一些学者将技术创新中的政府政策划分为直接支持和间接支持，如程华[2]、娄贺统[3]、左勇[4]等。其中洪琳琳[5]将政府科技政策结构分为财政支持（包括财政科技拨款和政府研发投入）、金融支持（包括财政担保和贴息）、税收优惠（包括税前列支、加速折旧、免税和税率优惠）以及政府采购。从广义上讲，政府支持、金融支持和税收优惠是从技术供给的角度发生的激励行为，而政府采购是从技术需求角度发生的激励行为，见图1—5。

---

① 陈劲、王飞绒：《创新政策：多国比较和发展框架》，浙江大学出版社2005年版。

② 程华：《直接资助与税收政策优惠促进企业R&D比较研究》，《中国科技论坛》2006年第3期，第78—81页。

③ 娄贺统：《我国企业技术创新的税收激励效应研究》，博士学位论文，复旦大学，2007年。

④ 左勇：《政府科技激励政策对企业R&D投入的影响研究》，硕士学位论文，大连理工大学，2008年。

⑤ 洪琳琳：《政府科技政策对企业R&D投入的影响研究》，博士学位论文，厦门大学，2012年。

刘和东[①]将技术创新中地方政府激励政策分为三大类，即投入激励、产出激励和整合激励。还有一些学者对技术创新中的政策工具并未进行归类，而是列出了一定范围。如杜伟[②]将激励企业技术创新的政策工具分为知识产权保护政策、产业管制政策、财政支持政策、公共采购政策和科技发展政策。王志坚[③]概括了政府激励包括补贴、信贷、风险资本、教育、培训、公共企业、研发机构、信息、契约研究、公共采购、技术标准、税收、公共服务、专利、奖励等多种方式。龚荒[④]认为政策工具主要包括政府采购、人才激励、税收优惠、金融信贷政策、中介服务体系建设以及中小企业发展相关政策等。此外，赵莜媛等[⑤]、杨刚[⑥]、刘立[⑦]等也对技术创新中的政策工具给出定义和阐述，并认为有关技术创新政策需要做整体上的规划和设计。

经合组织认为，政府制定的政策工具是否合理，主要看是否降低了市场失灵、系统失灵以及是否符合战略的需要。系统失灵是指由于创新系统结构上的缺陷，而使创新体系内知识的生产、利用和扩散不畅，需要政府采取适当的组织与管理措施和制度保证促进知识的生产、利用与扩散。而战略的需要主要是指对于涉及国防和能源安全等领域的研发活动，必须由政府出面安排。马丁等（Martin[⑧]）认为，政府对研发的干预应该与技术创新市场失灵相匹配，而创新市场失效的普遍存在和企业在研发和技术上的投入不足，意味着政府需要建立起长期支持基础研

---

① 刘和东：《转轨时期地方政府行为与企业技术创新研究》，安徽人民出版社2009年版。

② 杜伟：《激励企业技术创新的政策工具分析》，《科学管理研究》2001年第4期，第9—14页。

③ 王志坚：《企业技术创新中政府作用的理论与实证研究》，博士学位论文，浙江大学，2002年。

④ 龚荒：《后发地区创新体系中政府政策工具的选择》，《经济体制改革》2003年第4期，第56—62页。

⑤ 赵莜媛、苏竣：《基于政策工具的公共科技政策分析框架研究》，《科学学研究》2007年第1期，第2—56页。

⑥ 杨刚：《政府科技研发投入激励机制研究》，《工业技术经济》2008年第5期，第99—104页。

⑦ 刘立：《科技政策学研究》，北京大学出版社2011年版。

⑧ Martin，Stephen，John J. Scott，“The Nature of Innovation Market Falure and the Design of Public Support for Private Innovation”，*Research Policy*，Vol. 29，2000，pp. 437 – 447.

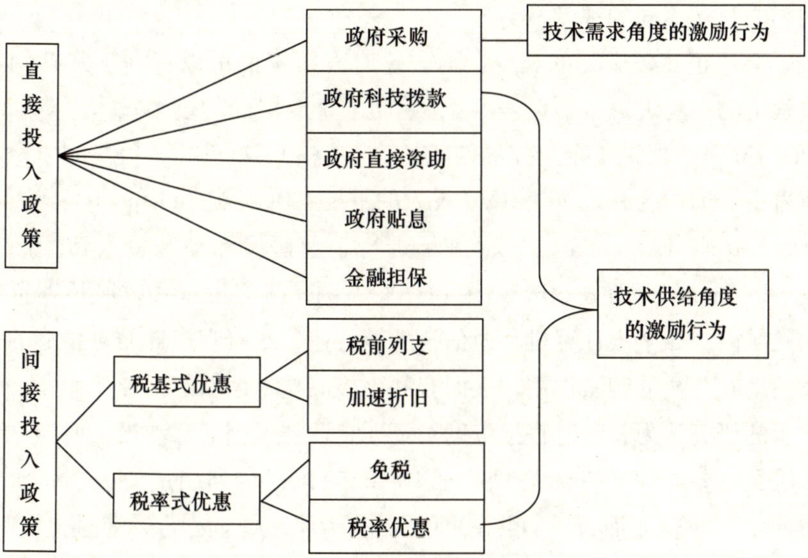

图1—5　政府激励政策结构

究、共性技术研究和商业化的制度结构。而纵观国内外学者对政策工具的探讨，最后基本上落点于对政策工具选择的研究以及对政策工具绩效的评价，而这正是政策工具研究与实践相结合最为紧密的地方，其研究成果能够直接用来服务公共行政与政府政策实践（陈振明等[①]）。

三　技术创新中政府激励的绩效研究

学术界围绕政府激励能否起到激励企业技术创新的作用研究有了较为丰富的成果。本书围绕技术创新中政府激励的主要政策工具，分别概述政府直接资助、税收优惠、金融支持、知识产权保护、政府采购及产学研合作六种方式对企业技术创新效果的实证研究结论。

（一）政府直接资助

政府直接资助对技术创新的影响是否存在促进作用，是政府是否进

① 陈振明、经纬：《政府工具研究的新进展》，《东南学术》2006年第6期，第22—29页。

行直接资助的重要理论依据。目前，学术界就政府直接资助对技术创新的影响存在不同的观点。

持“正面效应”的观点认为，政府直接资助可以有利于弥补创新过程中的市场失灵（Patel 等①），带动了企业层面的创新投入（Guangzhou Hu②），促进了企业技术创新互动（Hewitt-Dundas 等③）。同时，政府直接资助作为私人企业 R&D 投入的重要参考因素（Lichtenberg④；Lichtenberg⑤；Leyden 等⑥），促进了进行企业研发活动和重大新产品开发。Carpron⑦ 以西方七国集团（G7）为例，研究发现在政府长期资助的领域内，如个人计算机和通信技术等行业，政府直接资助对企业的研发活动有明显的刺激作用，从而有利于提高技术创新能力。然而，一些学者的研究认为，政府直接资助对不同企业技术创新活动投入所产生的影响具有差异性（Gorg 等）⑧，如 Lach 等⑨以以色列制造业为例，研究表明对于小企业而言，直接资助政策较为明显，而对于大企业而言并

① Patel, P., Pavitt, K., " National Innovation Systems: Why They are Important, and How They Might Be Measured and Compared", *Economics of Innovation and New Technology*, Vol. 3, No. 1, 1994, pp. 34 – 54.

② Guangzhou Hu, A., "Ownership, Government R&D, Private R&D and Productivity in Chinese Industry", *Journal of Comparative Economics*, Vol. 29, No. 1, 2001, pp. 136 – 157.

③ Hewitt-Dundas, N., Roper., S., "Output Additionality of Public Support for Innovation: Evidence for Irish Manufacturing Plants", *European Planning Studies*, Vol. 50, No. 1, 2009, pp. 107 – 122.

④ Lichtenberg, Frank R., "The Effect of Government Funding on Private Industrial Research and Development: A Re-assessment", *The Journal of Industrial Economics*, No. 36, 1987, pp. 97 – 104.

⑤ Lichtenberg, Frank R., "The Private R&D Investment Response to Federal Design and Technical Competitions", *American Economic Review*, No. 78, 1988, pp. 550 – 559.

⑥ Leyden, D. P., Link, A. N., "Why are Governmental R&D and Private R&D Complements", *Applied Economics*, Vol. 23, No. 10, 1991, pp. 1673 – 1681.

⑦ Carpron, H., Van Pottelsbergue, B., "Public Support to Business R&D: A Survey and Some New Quantitative Evidence", OECD Working Paper, 1998.

⑧ Gorg H., Strobl E., "The Effect of R&D Subsidies on Private R&D", *Economica*, No. 294, 2007, pp. 215 – 234.

⑨ Lach, Saul, "Do Subsidies Stimulate or Displace Private R&D?", *Evidence from Israel*, No. 4, 2002, pp. 369 – 390.

不显著。国内学者吴芸[①]以40个国家1982—2010年的面板数据为研究样本，考察了政府科技投入对科技创新的影响研究，认为政府科技投入显著促进科技创新。杨洵等[②]、简兆权等[③]、徐伟民[④]、解维敏等[⑤]的研究也表明政府直接资助对企业的研发投入具有显著的诱导效应，有助于企业技术创新能力的提高。

持“负面效应”的观点则认为，政府直接资助政策对企业的创新投入产生了挤出效应（Goolsbee[⑥]；Wallsten[⑦]），甚至企业通过释放虚假信号来获得政府资助的目的（安同良等[⑧]；史安娜等[⑨]），从而严重降低了政策的预期效果（Rodrik[⑩]）。Mamuneas 等[⑪]、Dominique 等[⑫]、Da-

① 吴芸：《政府科技投入对科技创新的影响研究——基于40个国家1982—2010年面板数据的实证检验》，《科学学与科学技术管理》2014年第1期，第16—22页。

② 杨洵、师萍：《中国政府科技投入对企业研发支出的影响》，《云南社会科学》2006年第1期，第62—65页。

③ 简兆权、刘荣：《财政投入对企业创新的宏观效应研究——基于广东的案例》，《科学学与科学技术管理》2009年第8期，第59—64页。

④ 徐伟民：《科技政策与高新技术企业的R&D投入决策：来自上海的微观实证分析》，《上海经济研究》2009年第5期，第57—64页。

⑤ 解维敏、唐清泉、陆姗姗：《政府R&D资助、企业R&D支出与自主创新——来自中国上市公司的经验证据》，《金融研究》2009年第6期，第87—99页。

⑥ Goolsbee A.，“Does Government R&D Policy Mainly Benefit Scientists and Engineers”，*American Economic Review*，Vol. 88，No. 2，1998，pp. 298 - 302.

⑦ Wallsten，S. J.，“The Effects of Government-Industry R&D Programs on Private R&D：The Case of the Small Business Innovation Research Program”，*Rand Journal of Economics*，Vol. 31，2000，pp. 82 - 100.

⑧ 安同良、周绍东、皮建：《R&D补贴对中国企业自主创新的激励效应》，《经济研究》2009年第10期，第87—98页。

⑨ 史安娜、李兆明、黄永春：《工业企业研发活动与政府研发补贴理念转变——基于演化博弈视角》，《中国科技论坛》2013年第5期，第12—17页。

⑩ Rodrik，D.，“Industrial Policy for the 21st Century”，OECD Working Paper，2004.

⑪ Theofanis P. Mamuneas，M.，“Ishaq Nadiri，Public R&D Policies and Cost Behavior of the US Manufacturing Industries”，*Journal of Public Economics*，No. 1，1996，pp. 57 - 81.

⑫ Dominique Guellec，Bruno Van Pottlesberghe，“The Impact of Public R&D Expenditure on Business R&D”，OECD Working Paper，2000.

vid[①]、Wallsten[②]、Busom[③] 等研究证明了政府财政投入对企业研发投入产生替代作用。冯宗宪等[④]基于中国 30 个省区市大中型工业的数据发现，政府投入并没有发挥出对于企业技术创新的促进作用。也有学者对政府在创新扶持方面的遴选机制提出质疑，认为政府出于对财政资金负责的考虑，在扶持对象遴选方面，更倾向于风险小、回报率高、市场前景好的项目，这样的选择机制忽视了一大批长期对社会发展有益但短期回报较低的项目（Wallsten[⑤]）。当申请项目在没有获得政府扶持的情况下，企业通常的反应是会选择缩小投入规模或者直接撤销项目（Lach 等[⑥]）。

因此，一些学者建议政府直接投资需要掌握“适度”的原理。Jones[⑦] 认为政府介入研究开发并不意味着政府要将资金投入所有领域，如果政府干预过度，可能会产生替代作用，不利于企业间的公平竞争。为了弥补市场失灵，政府科技投入一般应重点投向公共研究开发平台，如公共实验室的建设，以及数据资源共享资源系统或其他科技基础设施，在具体领域选择上，侧重环境保护、医疗、农业等公益性高以及涉及国防等公益或者战略性科学技术领域的研究开发活动（赵建强[⑧]）。

---

① Paul A. David, Brounwyn H. Hall, Andrew A., “Toole, Is Public R&D A Complement or Substitute for Private R&D? A Review of the Econometric Evidence”, *Research Policy*, No. 3, 2000, pp. 497 – 529.

② Wallsten, S. J., “The Effects of Government-Industry R&D Programs on Private R&D: The Case of the Small Business Innovation Research Program”, *Rand Journal of Economics*, No. 31, 2000, pp. 82 – 100.

③ Busom, L., “An Empirical Evaluation of the Effects of R&D Subsidies”, *Economics of Innovation and New Technology*, No. 9, 2000, pp. 111 – 148.

④ 冯宗宪、王青、侯晓辉：《政府投入、市场化程度与中国工业企业的技术创新效率》，《数量经济技术经济研究》2011 年第 4 期，第 3—17 页。

⑤ Wallsten, S. J., “The Effects of Government-Industry R&D Programs on Private R&D: The Case of the Small Business Innovation Research Program”, *Rand Journal of Economics*, No. 31, 2000, pp. 82 – 100.

⑥ Lach, Saul, “Do Subsidies Stimulate or Displace Private R&D?”, *Evidence from Israel*, No. 4, 2002, pp. 369 – 390.

⑦ Jones, C., “R&D-based Models of Economic Growth”, *Journal of Political Economy*, No. 103, 1995, pp. 759 – 784.

⑧ 赵建强：《中国地方政府科技投入行为研究》，中国社会科学出版社 2012 年版。

刘穷志[①]建立了激励企业创新的最优政府支出规模的模型，并运用我国数据实证研究表明，我国政府支出显著地激励了企业的自主创新行为，但政府公共支出的激励贡献度始终不超过20%。在此基础上，刘穷志[②]又测算出激励我国自主创新的公共财政支持最优规模。由此可见，现有文献对政府补贴与企业技术创新之间的关系尚未取得一致结论，存在较大争议。

（二）税收优惠

国内外学者就技术创新中的税收优惠政策的作用效果结论迥异，认为起到显著激励效果的学者有：Mansfield 等[③]以加拿大的政府税收抵扣政策为对象，发现其对国内企业的 R&D 投入有很大的影响。Hines[④] 以美国的跨国公司为例，研究发现税收政策对跨国公司的 R&D 投入有较大的推动作用。Swenson[⑤] 研究了 20 世纪 80 年代美国税收激励制度对企业技术创新活动的影响，结果发现税收激励政策对高成长型企业的 R&D 支出影响十分显著。此外，Bloom 等[⑥]、Tadahisa[⑦] 等学者通过研究，也都持相同结论。OECD[⑧] 对 OECD 成员国内部的 R&D 投入税收政策进行了研究，发现很多国家在 R&D 投入方面制定了优惠的税收政策，这些税收政策整体上起到了推动企业开展科技创新的作用。国内学者程

① 刘穷志：《激励自主创新：公共支出效应与最优规模》，《数量经济技术经济研究》2007 年第 3 期，第 81—90 页。

② 刘穷志：《财政激励的理论模型与实证研究》，武汉大学出版社 2009 年版。

③ Mansfield, Schwartz, Wagner, "How Effective are Canada's Direct Tax Incentives for R&D", *Canadian Public Policy*, Vol. 11, No. 2, 1985, pp. 241 - 246.

④ Hines, J. R., "On the Sensitivity of R&D to Delicate Tax Changes: The Behavior of US Multinationals in the 1980s", NBER Working Paper, 1991.

⑤ Swenson, C. W., "Some Tests of the Incentive Effects of the Research and Experimentation Tax Credit", *Journal of Public Economics*, No. 49, 1992, pp. 203 - 218.

⑥ Bloom, N. Griffith, R. Van Reenen, J., "Do R&D Tax Credits Work? Evidence from A Panel of Countries 1979 - 1997", *Journal of Public Economics*, No. 85, 2002, pp. 1 - 31.

⑦ Tadahisa, Koga, "Firm Size and R&D Tax Incentives", *Technovation*, No. 23, 2003, pp. 643 - 648.

⑧ OECD, "Tax Incentives for Research and Development: Trends and Issues", Paris: OECD, 2003.

华[①]通过研究发现，税收优惠政策的短期激励效果比较弱，长期激励效果较好。夏力[②]认为税收优惠在一定程度上促进了企业R&D的投入强度和专利数量的增加。但进一步的研究表明，只有在制度环境较好的地区和高管没有政治联系的企业，税收优惠政策才能对技术创新有显著的促进作用。

认为效果不显著的有：Eisner等[③]检验了美国1981—1982年的税收抵扣对企业技术创新活动产生的影响，结果表明并不显著。夏长杰等[④]以中国企业在1996—2003年间的数据为例，研究发现使用所得税优惠政策对R&D的支出激励效应并不十分显著。阎维洁[⑤]指出企业所得税应该能够对技术创新起到较为明显的激励和刺激作用，然而在实际情况中，我国的企业所得税除了在活跃技术市场方面起到的作用较为明显外，在其他方面影响却差强人意。蒋建军等[⑥]以北京中关村科技园高新技术企业为研究对象，研究表明税收优惠政策有助于提高企业研发支出，其影响因素包括不合理的税收优惠政策设计以及税收优惠政策引起的替代效应和由此带来的寻租行为。刘楠等[⑦]、郑琼洁[⑧]的研究也支持政府补贴对企业创新的激励并不总是有效的这一结论。

国内外学者的研究范围较为宽泛，多采用比较分析法和实证分析法

---

① 程华：《直接资助与税收政策优惠促进企业R&D比较研究》，《中国科技论坛》2006年第3期，第37—45页。

② 夏力：《税收优惠能否促进技术创新：基于创业板上市公司的研究》，《中国科技论坛》2012年第12期，第56—61页。

③ Eisner, R., Albert, S., Sullivan, M., "The New Incremental Tax Credit for R&D: Incentive or Disincentive?", *National Tax Journal*, Vol. 37, No. 2, 1984, pp. 171-185.

④ 夏长杰、尚铁力：《技术创新与税收政策：理论分析、实证分析与对策建议》，《税务研究》2006年第6期，第6—10页。

⑤ 阎维洁：《浅析企业所得税对技术创新的激励作用》，《科学学与科学技术管理》2007年第10期，第62—67页。

⑥ 蒋建军、齐建国：《激励企业R&D支出的税收政府效应研究》，《中国软科学》2007年第8期，第65—84页。

⑦ 刘楠、杜跃平：《政府补贴方式选择对企业研发创新的激励效应研究》，《科技进步与对策》2005年第11期，第18—19页。

⑧ 郑琼洁：《政府科技激励与技术创新效率研究》，《技术经济与管理研究》2014年第9期，第32—36页。

进行研究，特别是数理研究方法在研究中的应用，使研究更具有科学性。但由于样本的选择有区域的局限性，因此有较大的偶然性。即便是同一学者由于研究的视角和采用的国家样本数据不同，都会得到不同的结论。

（三）金融支持

国外学者较早关注金融对技术创新的作用，熊彼特[①]开创了金融对技术创新作用研究的先河，他在《经济发展理论》中强调了金融通过对技术创新的作用继而对经济增长产生重要影响。国内外学者围绕政府在金融支持与技术创新方面做了大量研究，一是认为政府金融支持有助于技术创新的提高。持这种观点的学者认为，政府介入风险资本市场的主要原因是弥补市场失灵（Vytautas Snieskal 等[②]），降低企业技术创新的融资成本（Kaplan 等[③]）。Josh Lerner 等[④]指出政府介入风险资本市场，可以增加风险资本家的投资信息，减少创业企业与风险资本家之间的信息不对称，从而具有较好的外部性和外溢性。国内学者贝政新[⑤]以高科技产业为研究对象，认为风险投资和创业板对高科技企业起到很好的资金支持，在创新过程中发挥积极作用。张景安[⑥]、邓平[⑦]、朱欢[⑧]、戚勇等[⑨]的研究也表明，得到政府风险资本支持的企业，技术创新绩效更高。

---

① 熊彼特：《经济发展理论：对于利润、资本、信贷、利息和经济周期的考察》，商务印书馆 1990 年版。

② Vytautas Snieskal, Vitalija Venckuviene, "The Rationality for Government Sponsored Venture Capital Funds in Lithuania: Innovation Perspective", *Economics and Management*, Vol. 17, No. 1, 2012, pp. 230 – 236.

③ Kaplan, Stromberg, "Financial Contracting Theory Meets the Real World: Evidence from Venture Capital Contracts", *Review of Economic Studies*, No. 70, 2003, pp. 281 – 315.

④ Josh Lerner, Brian Watson, "The Public Venture Capital Challenge: The Australian Case", *Venture Capital*, No. 1, 2008, pp. 1 – 20.

⑤ 贝政新：《高科技产业化：融资问题研究》，复旦大学出版社 2008 年版。

⑥ 张景安：《风险投资与中小企业技术创新研究》，科学出版社 2008 年版。

⑦ 邓平：《中国科技创新的金融支持研究》，博士学位论文，武汉理工大学，2009 年版。

⑧ 朱欢：《我国金融发展对企业技术创新作用效果的实证分析》，《科技管理研究》2010 年第 14 期，第 26—30 页。

⑨ 戚勇、丁刚、魏继鑫：《创业投资促进产业技术创新的实证研究》，《中国科技论坛》2014 年第 1 期，第 16—27 页。

二是认为政府介入金融支持，并没有起到促进技术创新的作用。Marco Da Rin 等①、Krists Avots 等②通过研究表明，政府对企业金融方面的支持，并没有对创新效率带来影响。国内学者隋广军等③指出，国有企业投资机构因带有很强的政府主导色彩，存在双重委托代理、委托者责任不明晰、管理人员专业素质缺乏等问题，从而对企业进行技术创新有一定的抑制作用。刘志阳等④的研究也表明，政府主导型风险投资在投资阶段，政府"政治人"特性容易造成投资行为变异以及投资速率降低等问题。因此，更多学者从技术创新视角建议政府要加快完善金融体系（黄国平等⑤），制定有利于技术创新活动开展、有利于科技成果转化的信贷、投资、融资等方面的政策，包括建立和完善技术交易市场和风险资本市场（李后建等⑥），发展风险投资、支持创新企业发行债券等（公衍照⑦；曹麒麟等⑧）。

（四）知识产权保护

大部分学者的研究表明，知识产权保护对于企业技术创新活动的开展极为重要（贺贵才等⑨），知识产权保护有利于改善技术保护环境，

---

① Marco Da Rin, Giovanna Nicodano, Alessandro Sembenelli, "Public Policy and the Creation of Active Venture Capital Markets", *Journal of Public Economics*, Vol. 90, No. 9, 2006, pp. 1699 - 1723.

② Krists Avots, Rihards Strenga, Anders Paalzow, "Public Venture Capital in Latvia", *Baltic Journal of Econmics*, Vol. 13, No. 1, 2013, pp. 3 - 30.

③ 隋广军、陈和：《中国创业投资国有模式的缺陷及政策建议》，《科学学与科学技术管理》2006 年第 10 期，第 76—80 页。

④ 刘志阳、施祖留：《我国政府主导型风险投资机理分析——兼论与市场主导型的比较》，《经济体制改革》2006 年第 6 期，第 103—106 页。

⑤ 黄国平、孔欣欣：《金融促进科技创新政策和制度分析》，《中国软科学》2009 年第 1 期，第 28—37 页。

⑥ 李后建、张宗益：《金融发展、知识产权保护与技术创新效率——金融市场化的作用》，《科研管理》2014 年第 12 期，第 160—167 页。

⑦ 公衍照：《技术创新的金融支持体系研究》，《科技管理研究》2009 年第 8 期，第 397—399 页。

⑧ 曹麒麟、蒋维、吴红军：《创业投资对创业企业创新行为的影响分析——基于创业板上市企业研究数据》，《四川大学学报》（哲学社会科学版）2013 年第 1 期，第 113—120 页。

⑨ 贺贵才、于永达：《知识产权保护与技术创新关系的理论分析》，《科研管理》2011 年第 11 期，第 148—156 页。

促进企业研发投入（Branstetter 等[①]）。Lai[②] 构建了一个一般均衡模型，发现严格的知识产权保护有利于吸引外商直接投资，来自外商直接投资的技术溢出促进地区创新能力。Chen 等[③]建立了一个基于国家知识产权保护水平和国家技术能力的理论模型，并利用 64 个国家的面板数据发现，知识产权保护促进了企业的技术创新。Léger[④] 以墨西哥 18 家企业的调研数据为样本进行研究，发现知识产权保护政策对企业技术创新的激励作用受到法律体系的质量和交易成本的调节作用，在当地企业吸收能力弱的地区，知识产权保护政策没有发挥出促进技术创新的作用。Lin 等[⑤]用世界银行 2003 年对中国 18 个城市的 2400 家企业调查的数据作为样本，考察了制度环境对企业研发投资的影响，研究发现产权保护和政府支持对于企业研发活动（包括方法创新和产品开发）具有显著的正面促进作用。Qiu 等[⑥]采用历时 21 年来自 33 个国家的知识产权保护制度改革数据发现，其他国家的知识产权保护显著促进了美国的技术创新，表明跨国知识产权领域的合作对于技术创新有着重要影响。Schneider[⑦] 采用 1970—1990 年 47 个国家的平衡面板数据发现，知识产权保护环境影响了创新速率，并且这种效应在发达国家表现得更加明显。

---

① Branstetter, L. G., Fisman, R., Foley, C. F., "Do Stronger Intellectual Property Rights Increase International Technology Transfer? Empirical Evidence from US Firm-Level Panel Data", *The Quarterly Journal of Economics*, Vol. 121, No. 1, 2006, pp. 321 – 349.

② Lai, E. L. -C., "International Intellectual Property Rights Protection and the Rate of Product Innovation", *Journal of Development Economics*, Vol. 55, No. 1, 1998, pp. 133 – 153.

③ Chen, C. J., Li, Z., Su, Z., "Rent-seeking Incentives, Corporate Political Connections, and the Control Structure of Private Firms: Chinese Evidence", *Journal of Corporate Finance*, Vol. 17, No. 2, 2011, pp. 1130 – 1141.

④ Léger, A., "Intellectual Property Rights in Mexico: Do They Play A Role?", *World Development*, Vol. 33, No. 11, 2005, pp. 1120 – 1132.

⑤ Lin, C., Lin, P., Song, F., "Property Rights Protection and Corporate R&D: Evidence from China", *Journal of Development Economics*, Vol. 93, No. 1, 2010, pp. 49 – 62.

⑥ Qiu, L. D., Yu, H., "Does the Protection of Foreign Intellectual Property Rights Stimulate Innovation in the US?", *Review of International Economics*, Vol. 18, No. 5, 2010, pp. 882 – 895.

⑦ Schneider, P. H., "International Trade, Economic Growth and Intellectual Property Rights: A Panel Data Study of Developed and Developing Countries", *Journal of Development Economics*, Vol. 78, No. 2, 2005, pp. 51 – 61.

然而，一些学者的研究表明，知识产权并没有发挥促进技术创新的作用（Qian，Y.①），主要是因为知识产权保护能否对技术创新起到一定作用是需要一定条件的。Parello② 建立了一个由发达国家和发展中国家组成的理论模型，发现严格的知识产权保护制度对于技术创新速率产生了短暂的促进效应，但对于模仿行为产生了长期的负面影响。综合来看，模仿行为的抑制对于国家技术水平产生了长期的负面影响，进而阻碍了国外资本的流入。从这个角度来看，在技术水平较低的国家，严格的知识产权保护不利于国家技术水平的提升。Furukawa③ 建立了一个动态一般均衡模型，发现知识产权保护与技术创新呈倒 U 形曲线关系。当保护强度低于某一临界值时，知识产权制度显著促进了企业技术创新；当保护强度超过临界值时，知识产权制度对企业技术创新的抑制效应开始显现。王华④基于 27 个发达国家和 57 个发展中国家的面板数据，研究了知识产权保护对技术创新的作用，发现知识产权保护能够促进一国技术创新能力的提高，但更严格的知识产权保护对技术创新的影响效果取决于该国的初始保护力度。史安娜等⑤认为知识产权保护制度在过于宽松的法律框架下，无法保障知识产权权利人的经济利益，反而创新活动具有阻碍作用。而在过于严格的法律框架下会对技术和知识产权的扩散效应起到阻碍作用，同样降低了技术创新能力的提高。因此，他们认为只有适度的知识产权保护对区域技术创新投入才是有益的。

（五）政府采购

自 20 世纪 70 年代以来，国外出现了一批研究政府采购与企业自主

---

① Qian, Y., "Do National Patent Laws Stimulate Domestic Innovation in a Global Patenting Environment? A Gross-country Analysis of Pharmaceutical Patent Protection, 1978 - 2002", *The Review of Economics and Statistics*, Vol. 89, No. 3, 2007, pp. 436 - 453.

② Parello, C. P., "A North-South Model of Intellectual Property Rights Protection and Skill Accumulation", *Journal of Development Economics*, Vol. 85, No. 1, 2008, pp. 365 - 376.

③ Furukawa, Y., "Intellectual Property and Innovaiton: An Inverted-U Relationship", *Economics Letters*, Vol. 109, No. 2, 2010, pp. 77 - 92.

④ 王华：《更严厉的知识产权保护制度有利于技术创新吗?》，《经济研究》2011 年第 2 期，第 124—135 页。

⑤ 史安娜、张慧君：《基于知识产权保护的区域技术创新研究与对策》，《山东社会科学》2012 年第 6 期，第 102—108 页。

创新的文献，代表人物有默尔瑞和罗森伯格（Mowery and Rosenberg，1979）、罗斯维尔和热格瓦德（Rothwell and Zegveld，1981）、盖瑞斯克（Geroski，1990）、格瑞格森（Gregersen，1992）等。Mowery[①] 比较了政府采购与政府补贴两种政策工具的效果。结果表明，从长期看，政府采购对创新的激励效果要高于政府补贴。Geroski[②] 使用定性和定量两种方法说明了政府采购是激励企业自主创新的非常有效的政策工具，但是他认为政府采购只有在一定条件下才能激励创新。Edler[③] 系统地总结了政府采购对创新的促进作用，他们指出，首先，政府采购形成了重要的"本地需求"，而且政府采购很可能就是收购者，起到市场示范的作用。其次，政府采购起到了降低市场失灵的作用，克服买卖双方的信息不对称。最后，政府采购还能降低交易成本，因为政府采购向社会发出信号，引起消费者对产品的关注，减少消费者信息搜寻等方面的交易成本。

国内学者对政府采购也进行了大量研究。大部分学者认为政府采购对技术创新有着其他经济手段不可替代的作用，因为通过政府采购，可以创造和增加市场需求，产生"市场拉动效应"（杜伟等[④]；龚荒[⑤]），尤其对于在市场化初期的企业来说，政府采购可以降低产品早期进入市场的风险（韩霞[⑥]）。贾明琪等[⑦]对我国 1998—2012 年的政府采购规模、开放程度与技术创新能力的时间序列进行了 Granger 检验，结果表明，

---

① Mowery，D. C.，"Langlois R. N. Sprinning off and Spinning on：The Federal Government Role in the Development of the US Computer Software Industry"，*Research Policy*，Vol. 25，1996，pp. 947 – 966.

② Geroski，P. A.，"Procurement Policy as a Tool of Industrial Policy"，*International Review of Applied Economics*，Vol. 4，No. 2，1990，pp. 182 – 198.

③ Edler，J.，"The Co-evolution of Innovation Policy-innovation Policy Dynamics，System and Governance"，Edward Elgar，2007.

④ 杜伟、魏勇：《技术创新的不确定性与政府激励政策安排》，《科学学与科学技术管理》2001 年第 7 期，第 69—71 页。

⑤ 龚荒：《后发地区创新体系中政府政策工具的选择》，《经济体制改革》2003 年第 4 期，第 66—73 页。

⑥ 韩霞：《政府采购与高技术产业的发展》，《财贸经济》2003 年第 11 期，第 2—5 页。

⑦ 贾明琪、朱亚宁、辛江龙、刘双双：《技术创新与政府采购关系实证研究——基于开放性视角》，《科技进步与对策》2014 年第 10 期，第 7—12 页。

政府采购规模对技术创新能力的作用具有长期正向效应。但是也有学者指出，政府采购与技术供应商存在信息不对称，技术供应商通过对私有信息的掌握谋取利益，从而直接损害政府采购效果（叶伟巍等①）。因此，不少学者建议要规范政府采购制度，提高财政资金投入的使用效率，防止暗箱操作和寻租现象，从而更好地促进企业进行技术创新（王丛虎②）。肖迪等③主张中国可以学习国际上政府采购的三种模式，即招标采购模式、政府引导模式和合作伙伴模式，如在我国文化、环保、教育、体育、卫生等公共事业部门采用招标采购模式，在国家有重大意义的技术研发方面采用政府引导模式，在国有大中型企业采用合作伙伴模式。田仪顺④指出政府采购力度要根据技术创新的不同阶段先增后减。在初始研发阶段，政府要有选择性扶持，预先订购；在连续的研发阶段，政府采购要重点扶持；在商业化阶段，政府采购逐渐退出扶持。

（六）产学研合作

国内外学者对政府在对产学研合作的激励问题上做了诸多研究，大部分学者认为，官产学研结合是科技创新之路，强调了政府在产学研合作中的重要性（吴勇等⑤）。政府在推进产学研合作中扮演着宏观决策者、服务者、监督者和管理者的角色（李丹等⑥），在推动资本市场的发展、构建技术平台和服务平台等方面起到了重要的推动作用（郭

---

① 叶伟巍、郑锦宜：《激发高技术企业自主创新的政府采购制度研究》，《科学学研究》2007年第25期，第34—37页。

② 王丛虎：《论我国政府采购促进自主创新》，《科学学研究》2006年第6期，第67—69页。

③ 肖迪、郝云宏、吴波：《政府技术采购促进技术创新的模式研究》，《科技进步与对策》2010年第4期，第86—89页。

④ 田仪顺：《扶持自主创新产品的政府采购制度研究》，硕士学位论文，武汉理工大学，2009年。

⑤ 吴勇、陈通：《产学研合作创新中的政策激励机制研究》，《科技进步与对策》2011年第9期，第109—111页。

⑥ 李丹、陈雅兰：《浅析我国政府在推进产学研合作中的角色扮演》，《引进与咨询》2003年第10期，第33—35页。

斌[①]；黄庆德等[②]）。关志民等[③]基于辽宁省企业和高校或科研机构的问卷调查数据，研究发现政府在政策性支持和引导性支持两个方面对产学研合作起到了积极的作用。

由于各国在经济发展水平、历史文化和商业传统的差异，大学、产业和政府间的关系出现某些不同的特点（Fagerberg[④]；Faulkner 和 Senker[⑤]）。Annamária Inzelt[⑥] 将政府与产学研合作的模式分为隔离型、垂直型、距离型、介于距离型和水平型之间的类型以及水平三重螺旋型，相应地，政府、企业、大学和科研院所之间的关系越趋紧密，政府作为规划制定者与合作创新推动者的作用越发明显。顾建华等[⑦]按照产学研合作创新过程中政府发挥作用的强度及市场与政府的关系程度，认为产学研合作创新模式有三种，即市场主导型、政府引导型和政府主导型。目前，我国产学研合作处于快速发展时期，政府在产学研合作中的角色定位和功能发挥已经成为理论研究的重点。

因此，更多的学者对政府产学研合作模式和机制进行了探讨，并对政府在产学研合作中遇到的问题提出了对策思路。王雪原等[⑧]在分析政府引导下的产学研战略联盟类型的基础上，设计了基于科技计划和园区建设形成产学研战略联盟的运行机制，并给出了相应策略，为促进产学

---

① 郭斌：《知识经济下产学研合作的模式、机制与绩效评价》，科学出版社 2007 年版。

② 黄庆德、戴强、胡登峰：《基于政府角色定位的我国产学研合作促进机制研究》，《科技进步与对策》2012 年第 22 期，第 137—139 页。

③ 关志民、吴浩、陶瑾、曹忠鹏、杨洁、王帆：《产学研合作中政府支持作用于成功因素的探索性研究——基于辽宁省企业和高校/科研机构的调查数据》，《科技进步与对策》2014 年第 4 期，第 43—47 页。

④ Fagerberg, J., "Technology and International Differences in Growth Rates", *Journal of Economic Literature*, Vol. 32, 1994, pp. 1147 - 1175.

⑤ Faulkner, W., Senker, J. Making, "Sense of Diversity: Public-Private Sector Research Linkage in Three Technologies", *Research Policy*, Vol. 23, 1994, pp. 673 - 695.

⑥ Annamária Inzelt, " The Evolution of University-Industry-Government Relations Hips during Transition", *Research Policy*, No. 33, 2004, pp. 975 - 995.

⑦ 顾建华、陈辉华、杨军将：《政府引导型产学研合作创新中政府对企业的激励——基于江苏省的统计数据》，《科技进步与对策》2014 年第 6 期，第 23—26 页。

⑧ 王雪原、王宏起：《政府引导下的产学研战略联盟运行机制及策略研究》，《科技进步与对策》2009 年第 3 期，第 1—4 页。

研战略联盟的顺利运行提供了理论与方法支持。骆品亮等[①]研究了我国产学研合作的制约因素，提出完善官、产、学、研各方推进的体系建设。白庆华等[②]分析了现有国家和地方法规及政策在促进产学研合作方面遇到的瓶颈，并提出了解决思路。林洲钰等[③]认为政府在产学研合作中并未发挥很好的作用。很多产学研合作项目由于过度重视形式，产生了很多难以消化与应用的“半成品”技术。因此他指出，政府应当通过有效的政策引导，积极推动科技成果转化。张钦朋[④]基于“2011 计划”实施背景，认为产学研系统创新中要加强政府的引导机制研究，其中包括创新激励机制、利益实现机制、风险控制机制、政策协调机制和绩效评估机制。

四 文献述评

本节从三个维度对已有的文献进行了综述，第一个维度从微观因素、中观因素和宏观因素系统梳理了技术创新的影响因素，为本书研究技术创新中的政府激励做了铺垫，在实证部分的控制变量选择上重点参考了技术创新的其他影响因子。从已有的研究来看，学者们已经意识到政府层面对技术创新的影响，并将其作为影响技术创新的重要因子进行分析。第二个维度重点放在技术创新中政府激励的政策工具研究方面，对国内外学者对技术创新中的政府激励政策工具进行了梳理并加深了认识。第三个维度对技术创新中政府激励的绩效进行了文献回顾，国内外学者使用了很多实证方法进行分析，大致观点可以分为三种：一是认为政府激励能够促进技术创新。主要有三个方面的作用：（1）政府通过多种激励政策降低了企业技术创新成本，提高项目的投资收益率，促进企业研发投入；（2）政府通过实施对企业技术创新的激励政策，在指

---

① 骆品亮、周勇、郭峰：《独立董事制度与公司业绩的相关性分析：来自沪市 A 股的实证研究》，《上海管理科学》2004 年第 2 期，第 20—23 页。

② 白庆华：《产学研合作法律与政策瓶颈问题分析》，《科学学研究》2007 年第 2 期，第 62—68 页。

③ 林洲钰：《中国企业技术创新的制度安排研究》，企业管理出版社 2013 年版。

④ 张钦朋：《产学研协同创新政府引导机制研究——基于“2011 计划”实施背景》，《科技进步与对策》2014 年第 3 期，第 96—99 页。

引产业技术创新方向、优化产业结构上发挥了间接作用，从而达到提高国家竞争力的目的；（3）由于政府资助的研究项目大多属于有高溢出效果，如基础研究，因此资助项目产生的知识溢出将增大其他项目成功的可能性，产生相当的社会收益。二是政府激励对技术创新作用不明显甚至为负。持这种观点的原因主要有：（1）价格机制作用，如政府资助可能只是提高了研发人员的工资，使得企业研发投入总量增加的部分是因为价格上升引起的，而不是真正意义上的R&D总量增加；（2）政府往往在政策上青睐于研发成功率高或者投资回报率高的项目，而当这些项目刚好又是企业原本打算开展的，由于获得了政府资助或享受了税收优惠，对企业自身的研发投入产生了挤出效应；（3）对于类似的研发项目，得到政府支持的企业降低了研发成本，而未得到资助的其他竞争企业由于成本相对提高，收益率相对降低，以致大大降低了投资该类研发项目的积极性。三是认为政府激励需要把握“适度”原则。虽然政府政策在一定程度上能够起到激励企业技术创新的作用，但一旦超过某一界限，这种激励作用就会转变为负面作用。因此，政府在进行激励时特别要注意“度”的把握。

纵观已有文献，国内外学者在政府激励与技术创新领域的研究中取得了较为丰硕的研究成果。但是，该领域仍然有值得探索的空间，具体来说，主要在以下方面可以进一步突破。

第一，纵观技术创新中的政府激励绩效研究，多数文献基于各自的研究目标，单就政府激励的某一种或某几种政策对技术创新进行研究，而政府对企业的技术创新激励方式很多，相互之间有一定的联系。如何将这些激励方式进行系统整合，并有效纳入研究框架中是值得进一步思考的问题。而极少数学者如Guellec等[①]虽然对所有政策工具的有效性以及政策工具之间的关系进行了检验，但是他们研究的是跨国问题，由于不同国家在国别、文化、环境和政策方面存在较大差异，从而对结果产生影响，这是在模型中加入固定差异所无法消除的。因此，这也是国内外现有文献关于技术创新的政府激励政策结果尚未达成共识的一个主

① Guellec, D., B. Van Pottelsberghe, “The Effect of Public Expenditure to Business R&D”, *OECD STI Working Papers*, No. 4, 2000, pp. 1120 - 1124.

要原因。因此，本书首先要解决的问题是控制大环境，仅检验中国当前的发展环境下，不同政府激励政策对企业技术创新的影响。

第二，已有的文献在实证模型方面的重点是检验政府激励对企业R&D投入的影响，但是对于社会来说，研发只是一种手段，而不是目标，R&D活动的目标是通过提高企业的技术创新效率来促进经济增长。这就意味着，需要对R&D投入和产出水平相联系。因此，基于对技术创新投入产出过程的考虑，引致了本书对技术创新效率测度的分析，在此基础上进一步研究政府激励对技术创新效率的影响，以此对现有文献做一个必要补充。

第三，已有的文献虽然对区域或行业层面的政府激励政策有所考察，但是缺乏对区域之间和产业之间技术创新差异的分析，以及不同政府激励对其内在差异的影响作用研究，只见树木，不见森林。因此，本书将区域分东中西三个地区，产业层面基于不同要素禀赋划分为六大行业，从技术创新效率视角考察和分析了政府激励政策的作用效果和影响差异。

第四，已有的文献对于服务业企业技术创新中的政府政策研究凤毛麟角。技术创新已成为制造业发展的重要推动力，然而从当前的发展趋势看，服务业在我国国民经济发展中的作用越加凸显，因此如何通过技术创新提升服务业的内在品质，已成为政府部门、学术界及企业各界思考和探索的重要问题。已有的文献还没有对于服务业企业技术创新中的政府政策评价和作用效果的研究。技术创新是服务业企业生存和发展的关键，而如何通过政府激励更有效地提高服务业企业的技术创新能力是本书的重点之一。

基于上述考虑，本书在借鉴国内外相关文献的基础上，以技术创新中的政府激励为研究对象，从理论和实证、定性和定量、区域和行业、整体和区域样本分析等方面研究了技术创新中政府激励的作用机制、作用效果和影响程度，并以江苏省服务业为例，获取456家服务业企业的第一手数据，为服务业企业技术创新中的政府激励政策评析提供了微观层面的经验证据。这些问题的回答和研究，不仅可以为企业的技术创新决策提供新的科学证据和理论支持，而且对于完善技术创新中的政府激励理论基础、作用机理和效果评价具有一定的参考价值。

第三节 研究内容、逻辑思路与技术路线

本节将首先提出全书的逻辑思路，构建全书的技术路线图，进而简要描述本书的主要内容与方法，最后提出本书的可能创新点。

一 研究内容

本书共分为七章，各章的主要内容具体阐述如下。

第一章：绪论。这一部分为本书的逻辑起点。首先论述了选题的背景及意义；其次为相关文献综述，从技术创新的影响因素研究、技术创新中政府激励的政策工具研究以及技术创新中政府激励的绩效研究三部分入手，为本书奠定了研究基础。在此基础上，介绍了本书的研究框架、主要内容和主要方法，最后提出了本书可能的创新点。

第二章：主要概念界定及理论框架。本章首先对一些基本概念进行辨析和厘定，比较和阐述了创新、技术创新、R&D 活动、技术创新中政府激励等相关概念。其次对技术创新中政府激励的理论基础进行分析，从新古典经济学派、新制度经济学理论到国家创新体系中有关政府激励的思想进行了梳理并对之进行评价。最后，提出了本书的理论研究框架及相关理论假说

第三章：我国企业技术创新中政府激励的基本认知。首先，对我国企业技术创新的现状与问题进行了分析；其次，将改革开放后我国企业技术创新中政府激励政策的发展演进划分为四个阶段；最后，对我国企业技术创新中政府激励政策进行评价，分别对促进企业技术创新的政府资金支持、税收政策、服务体系建设、知识产权保护和政府采购政策进行了现状分析，以及对它们存在的问题进行了阐述，同时对新常态下企业技术创新中政府激励的发展要求做了总结。

第四章：技术创新中政府激励的作用机制研究。该部分首先提出了本书所研究的政府政策的“投入—整合—产出”激励的总体框架和六种主要政府政策的重点选择。在此基础上，对技术创新中政府激励政策

的功能和作用进行了阐述。最后通过动态和静态相结合的博弈论模型对本书重点研究的六种政府激励政策对技术创新的作用机理进行依次分析研究。

第五章：企业技术创新中政府激励作用的实证研究——基于技术创新效率视角。本章从区域和产业层面对技术创新中政府激励的作用进行了实证研究。首先，介绍了区域和产业层面技术创新投入和产出的基本情况；其次，介绍了技术创新效率的测算方法、变量说明和数据来源，在此基础上，测算得出区域层面和产业层面的技术创新效率值，并进行了比较分析；最后，基于SYS-GMM模型对技术创新中的政府激励进行了作用分析。区域层面以2001—2012年中国大陆30个省、自治区和直辖市（西藏除外）为研究对象，考察了我国东、中、西三个地区的技术创新效率空间差异及变化趋势。在此基础上，尝试从政府投入激励、产出激励和整合激励三个方面，通过构建动态面板数据模型，运用系统广义矩估计方法，全面度量不同地区之间政府激励对企业技术创新效率的影响。行业层面同样采用SFA方法测度了1999—2011年中国37个行业的技术创新效率，运用SYS-GMM方法从整体和分行业对政府激励的作用效果进行了分类对比验证。

第六章：企业技术创新中政府激励作用的区域样本分析——基于企业层面的问卷调查。本章以江苏省服务业为例，通过问卷调查获得456家企业的第一手数据，从微观角度对服务业企业在技术创新过程中的政府政策从重要性、科学性和满意度三个方面进行了效用评析。同时采用二元逻辑斯蒂回归，围绕政府激励对技术创新的作用效果进行了实证验证。

第七章：研究结论及展望。本书对研究结果进行了总结概括，在此基础上，从区域层面、行业层面与企业层面提出有针对性的对策建议，以期对已有技术创新与政府激励政策研究有一定的政策启示。最后，本书对研究局限以及未来需要进一步研究的问题进行了展望。

二 逻辑思路

本书按照“文献阅读与梳理—问题界定与命题提出—作用机制分析

—实证研究—区域样本分析—形成结论—提出建议”的基本研究思路，对相关议题进行了逐一研究。开展研究的前提是对大量相关文献的阅读与梳理，并结合自身实践和实地考察，从而形成了理论框架与实证研究两个主要板块。沿着研究目标和要解决问题的途径，对国内外现有文献和研究成果进行全面检索、查阅，再进行总结、归纳和提炼，进而构成了本书的研究构架、技术路线，为全面开展调研指引了方向，奠定了基础。具体来说，主要有：首先，通过对研究背景和意义的分析，提出了本书研究的问题，在此基础上通过大量相关文献的梳理，进一步确立研究开展的必要性；其次，围绕研究目标，对涉及的有关术语的内涵和理论依据进行了分析；再次，运用博弈论方法探讨了政府激励对技术创新的作用机理；又次，通过实证研究和问卷调查，从区域、产业和企业三个层面围绕政府激励对技术创新的作用效果进行了评价和验证；最后，得出了相关结论与启发。

三　技术路线

本书的整体研究思路与框架可以用图 1—6 的技术路线进行描述。

第四节　研究方法与可能的创新点

一　研究方法

Grupp① 指出，没有哪一门学科像创新研究一样，包含了丰富多样的研究方法。本书力求广泛借鉴并综合运用管理学、技术经济学、宏观经济学等领域的相关研究方法，尝试对技术创新中政府激励作用进行多方位、多层次、多维度的研究，主要采用了文献研究、博弈论分析方法、计量研究和问卷调查等方法。

① Grupp, H., *Foundations of the Economics of Innovation: Theory, Measurment and Practice*, E. Elgar, 1998.

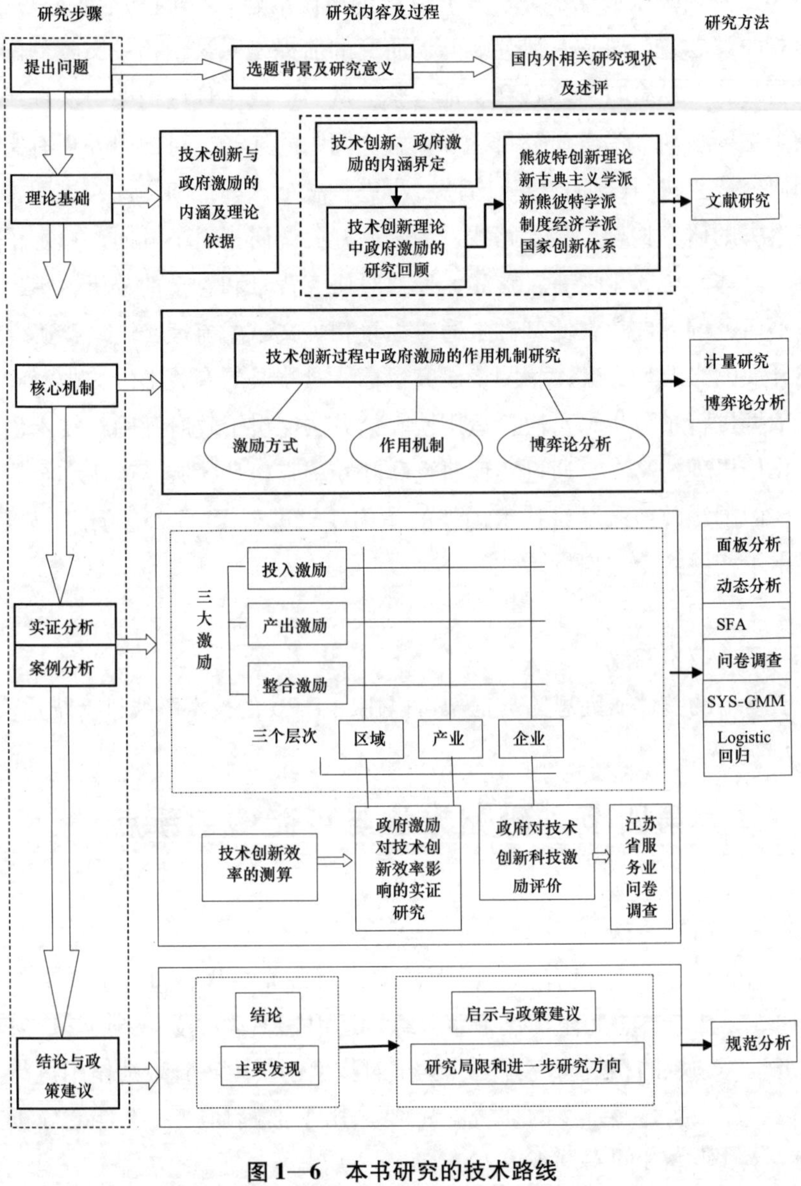

图 1—6 本书研究的技术路线

（1）文献研究。本书在系统研读国内外相关文献并充分理解文献核心观点的基础上，以技术创新和政府激励为关键词对相关文献进行了梳理，并提炼出技术创新和政府激励的本质特征和作用关系。

（2）博弈论分析方法。博弈论是现代经济分析经常运用的方法，本书运用静态和动态博弈论方法，将政府激励与企业行为进行模型化分析，建立不同类型企业的技术创新博弈模型，探讨不同种类的激励政策对企业技术创新的激励机制，使理论分析更加接近政策实施的实际情况。

（3）计量研究。在区域和行业层面的实证研究，运用随机前沿方法（SFA）对技术创新效率进行测度，然后通过动态广义矩估计（SYS-GMM）方法，对政府直接资助、金融支持、税收优惠、知识产权保护、政府采购和产学研合作激励等六种政府政策对技术创新效率的影响展开计量检验。在企业问卷方面的数据，运用二元逻辑斯蒂（Logistic）模型，围绕六种政府激励对技术创新的影响展开实证研究。

（4）问卷调查。基于公开数据的实证研究具有一定的客观性，但难以探究企业对技术创新科技激励政策的实际看法。因此，本书以江苏省现代服务业456家企业为例，采用问卷调查的方式了解企业对技术创新科技激励政策的实际看法。

二 可能的创新点

本书的可能创新点概况如下。

（1）在理论分析方面，已有的文献对技术创新中的政府政策研究大多仅限于单一的制度分析，很少有学者将政府激励政策研究系统化。本书以经典的“智猪博弈”模型为基础，运用动态博弈与静态博弈相结合的方式，首次尝试将六种不同种类的政府激励政策纳入技术创新博弈模型，系统剖析了这些政府激励政策在技术创新过程中的有效性和适用性。

（2）在区域和产业层面，本书从技术创新效率视角出发，考察政府激励对技术创新的区域和行业异质性，将区域分东中西三个地区，产业层面基于不同要素禀赋划分为六大行业，首先使用了SFA对技术创新效率进行测算，然后通过SYS-GMM方法从动态的角度来探究区域和行业层面政府激励对技术创新效率所带来的冲击和影响，同时考察了“激励延迟”对技术创新效率的影响。

（3）本书尝试在服务业企业获取数据并进行深入研究。技术创新已成为制造业发展的重要推动力，然而从当前的发展趋势看，服务业在我国国民经济发展中的作用越加凸显，因此如何通过技术创新提升服务业的内在品质，已成为政府部门、学术界及企业各界思考和探索的重要问题。虽然已有的研究指出技术创新不仅仅发生在工业产业中，而且可以发生在服务业和其他经济部门中。但是目前国内外对于服务业及其他非工业部门中技术创新的研究还非常不充分，因此国外一些研究者呼吁要加强对服务业技术创新的研究并已经开始了这方面的尝试。因此，本书突破了以往研究的数据局限，在微观企业层面政府激励影响技术创新方面做了进一步的补充，以江苏省苏南五市的服务业发展为例，通过问卷调查获得第一手数据，对技术创新过程中的政府激励政策从重要性、科学性和满意度三个方面进行了评价，在此基础上，验证了政府激励政策对技术创新的作用程度。本书在数据收集、分析及处理上具有一定的原创性，为后续研究提供了较为扎实的数据基础。

第二章

主要概念界定及理论框架

本书是以企业技术创新中的政府激励为研究对象，系统探究不同的政府激励政策对企业技术创新的作用机制和影响效果。随着经济的发展，研究中涉及的一些主要概念也发生了一定程度的变化，需要做明晰的界定。本章首先对技术创新与技术创新中的政府激励概念进行辨析和厘定，还对创新、R&D 活动等相关概念进行界定。在文献梳理和认真研读的基础上，进一步明确了技术创新中政府激励政策的内涵，以新古典经济理论、新制度经济学理论和国家创新体系理论为支撑，厘清本书的理论研究框架。

第一节　主要概念界定

一　创新与技术创新

“创新”（Innovation）这一概念最早由经济学家熊彼特（Schumpeter, 1912）提出。他在《经济发展理论》（*The Theory of Economical Growth*）中指出，创新就是建立一种新的生产函数体系，包括一种新产品的开发、一种新技术的应用、一个新市场的开辟、一种新供应来源的获取、一种新工业组织的实现。随后，熊彼特（1928）在《资本主义的非稳定性》（*Instability of Capitalism*）中提出了“创新是一个过程的概念”，此后在《商业周期》（*Business Cycles*）（1939）中比较全面地提出了创新理论。事实上，熊彼特提出的创新具有广泛的含义，将所有生产要素的新组合都称为创新。尽管如此，其强调创新中的应用新产品与引用新技术，则是凸显了技术创新对经济发展的作用。

由于“凯恩斯革命”的兴起，熊彼特的创新理论在当时并没有引起广泛的关注。直到20世纪50年代，由于技术创新对经济社会的影响越来越大，学术界才进行了更为深入的研究，并构建起技术创新的理论体系。索洛（Solow）对技术创新的界定具有里程碑意义，他认为技术创新成立的两个条件是新思想的来源和以后阶段的实现发展。在此基础上，Edwin Mansfield①、Freeman②、Mueser③、Stoneman④、Burgelman⑤、Freeman Christopher 等⑥对技术创新的内涵有了更清晰的理解，美国国会图书馆研究部和 OECD 也给出了技术创新的定义。西方创新理论被引入中国后，引起了国内学者的广泛关注，如许庆瑞⑦、汪应洛⑧、柳卸林等⑨、傅家骥等⑩等学者结合我国实际情况，对技术创新的内涵进行了界定，具体内容见表2—1。可以看到，国内外学者虽然从不同的角度来定义技术创新，但是在认识上有一点是共同的，即技术创新必须实现商业化应用。

① Mansfield, E., *Industrial Research and Technological Innovation*, NewYork: Norton, 1968.

② Freeman, C., *The Economics of Industrial Innovation*, 2nd ed, London: The MIT Printer, 1982, pp. 4 -7.

③ P. R. Mueser, "Identifying Technical Innovations", *IEE Transactions on Engineering Management*, Vol. 32, No. 4, 1985, pp. 164 -168.

④ Stoneman P., "Innovation and Growth: Schumpeterian Perspectives", *Journal of Economic Behavior & Organization*, Vol. 7, No. 2, 1986, pp. 220 -222.

⑤ Burgelman R. A., et al., *Strategic Management of Technologies Cause Great Firms to Fail*, China Machine Press, 1998.

⑥ Freeman Christopher, *Technolgoy Policy and Economic Performance: Lessons from Japan*, Pinter Pub. Ltd., 1987.

⑦ 许庆瑞：《技术创新管理》，浙江大学出版社1990年版。

⑧ 汪应洛：《充分发挥大学在技术创新中的作用》，《中国科技论坛》1990年第4期，第14—16页。

⑨ 柳卸林、简明钰：《如何通过国际兼并提高技术创新效率——京东方的并购与创新》，《河北科技大学学报》2007年第12期，第73—82页。

⑩ 傅家骥等：《技术创新学》，清华大学出版社1998年版。

表 2—1　技术创新的定义

学者	年份	定义
曼斯菲尔德	1968	第一次引进一个新产品或新过程所包含的技术、设计、生产、财务、管理和市场诸步骤
斯通曼	1986	首次将科学发明或研究成果进行开发并最后通过销售而创造利润的过程
美国国会图书馆研究部	1989	一个从新产品或新工艺商业化到市场应用的完整过程，包括设想的产生、研究方法、商业化生产到扩散过程的一系列活动
OECD	1992	技术创新是指产品和工艺的创新，包括实现了技术上新的产品和工艺，以及技术上有重大改进的产品和工艺
缪尔赛	1985	当一种新思想和非连续性的技术活动，经过一段时间后，发展到实际和成功应用的程序
弗里曼	1997	技术创新是将新产品、新工序系统和新装备从实验室向商业转化的过程
《辞海》	1999	把一种或若干种新设想（新概念）发展到实际和成功应用的阶段，或一个从新产品或新工艺的设想产生到市场应用的完整过程
《中共中央　国务院关于加强技术创新、发展高科技、实现产业化的决定》	1998	企业应用创新的知识和新技术、新工艺，采用新的生产方式和经营管理模式，提高产品质量，开发生产新的产品，提高新的服务，占据市场并实现市场价值
傅家骥等	1992	企业家抓住市场的潜在盈利机会，以获取商业利益为目标，重新组织生产条件和要素，建立起效能更强、效率更高和费用更低的生产经营系统，从而推出新的产品、新的生产（工艺）方法、开辟新的市场、获取新的原材料或半成品供给来源或建立企业的新的组织，它是包括科技、组织、商业和金融等一系列活动的综合过程
胡哲一	1992	技术创新是以创造性和市场成功实现为基本特征的周期性技术经济活动的全过程

续表

学者	年份	定义
徐肇翔	1998	从新概念开始直至形成生产力并成功地进入市场这样一个过程
贾蔚	1998	一个以市场为导向，以提高国际竞争力为目标，从新产品或新工艺设想的产生，经过研究与开发、工程化、商业化生产，到市场推广应用整个过程一系列活动的总和
汪应洛	1990	就是建立新的生产体系，使生产要素和生产条件重新组合，以获得潜在经济效益；就是从新概念的建立到形成物质生产力，并成功地使创新产品成批地进入市场的整个过程
史世鹏	2003	狭义的技术创新就是新技术产品的创始、演进和开发；广义的技术创新则与高技术产品流通过程相重叠。它高于高技术产品流通过程，由技术创新（狭义）、创新商业化、高技术产品扩散三个功能和商流、物流、信息流三个支柱及高技术产品、高技术体制和高技术意识三个要素构成

资料来源：根据相关文献整理得到。

在上述有关"技术创新"的概念阐述中，最有代表性的当属 OECD（1993）在《技术创新手册》给出的定义，即技术创新是指产品和工艺的创新，包括实现了技术上新的产品和工艺，以及技术上有重大改进的产品和工艺。它还特别强调产品和工艺被列入市场或应用生产。因此可以看到，技术创新包括了科学、技术、组织、金融和商业等一系列活动。[①] 同时，OECD 还指出，在任何经济部门中都能发生创新，甚至包括了环保和教育部门这类政府服务机构。本书采用 OECD 对技术创新的定义。

① OECD, *OECD Frascati Manual*, Fifth Edition, 1993, pp. 116 – 121.

二　R&D 活动与技术创新

R&D 活动是技术创新活动中最为核心的组成部分。OECD 在《弗拉斯卡迪手册》中将 R&D（Research and Development，研究与开发，简称研发）定义为：R&D 是在一个系统性的基础上，为了丰富人类、文化和社会的知识存量而进行的创造性工作，并使用这些知识存量实现新的应用。[①] OECD 认为，研发活动是实现技术创新的一个投入环节，主要体现在知识积累和新应用。

目前国内基本采用 OECD 对 R&D 活动的定义，按照创新链条的不同，将研发活动划分为基础研究、应用研究和试验发展三类。R&D 投入整体上包括人、财、物等方面的投入，其中最重要的是资金投入，决定了 R&D 项目的成败和研究水平的高低。R&D 投入按照投入的主体可以分为政府、企业、高校和非营利性组织（主要是政府与企业）；按照投入资金的来源，可以分为政府资金、企业资金和其他资金。其中，根据 OECD 成员国的经验，企业的 R&D 投入占整个 R&D 投入的比重较高。政府作为 R&D 投入和宏观调控的主体，对国家的创新活动起到促进、调节和引导的作用。

OECD（2000）认为，R&D 活动仅仅是影响创新的因素之一。本书也秉承这一理念，笔者认为，R&D 活动总是与技术创新紧密相关，但并不是所有 R&D 活动都能带来较高的回报率。也就是说，并不是所有的 R&D 活动都能达到促进技术创新提高的结果。

然而，长期以来，有关 R&D 与技术创新的差异似乎并没有得到重视和严格区分，学界和实务界人多将 R&D 与技术创新等同，认为高 R&D 投入就意味着强技术创新能力。实际上，由于 R&D 自身具有失败高风险的特征，因此不是所有的 R&D 活动都能够带来技术创新。技术创新也并不一定需要 R&D 活动，完全可以通过其他方式如以技术交易的方式实现新产品或新工艺的获取来获得。仅仅比较研发投入而不考虑

① OECD，*OECD Factbook Environmental and Social Statistics*，2008.

国家的具体产业结构，不可能真正体现一个国家的技术创新水平。Sahal[①]对农用拖拉机、内燃机车、油轮、飞机和数字计算机的技术创新进行的经验分析表明，技术进步最主要的决定因素不是研发投入而是“干中学”，技术上持续地改善来自大量微小的增量变化，表现为技术创新过程的积累。Fagerberg[②]指出了欧洲一些小的发达经济体如瑞士、荷兰等，其技术创新特征是将高度专业化的生产、贸易结构以及同高度专业化匹配的知识基础和研发基础设施结合在一起。虽然这些国家的研发强度无法与美国、日本等国家相比，但是他们同样是具有高技术创新水平的国家。因此，由于每个国家的专业化生产类型存在差异，单纯依靠研发投入来判断技术创新的能力有失偏颇。我国的大量实证调查研究也表明，一方面，创新经费投入中研发费用所占的比重较小（梁琦[③]；胡珑瑛等[④]）；另一方面，技术创新的知识和信息的主要来源也并非企业内部研发部门和外部的科技机构，而是源于用户、竞争者等（朱新轩等[⑤]；王大洲等[⑥]；秦宇[⑦]）。当然，需要指出的是，R&D 活动的确是企业实现技术创新最具创造性和创新性的部分，为持续的技术创新提供了坚实的物质和技术基础，是技术创新的重要来源，但并非唯一来源。

三 技术创新中政府激励政策的界定

到目前为止，关于技术创新中政府激励政策的内涵，学术界尚未形成统一的定论。国内外学者对技术创新中的政府激励政策的内涵主要有

---

① Sahal Devendra, *Patterns of Technological Innovation*, London, Don Mills, Ontario; Amsterdam, Tokyo: Addison - Wesley, 1981, pp. 34 - 42.

② Fagerberg J., Manuel Mira Godinho, *Innovation and Catching-up*, Oxford: Oxford University Press, 2004.

③ 梁琦：《江苏省企业技术创新研究》，《江苏社会科学》1997 年第 5 期，第 182—188 页。

④ 胡珑瑛等：《大中型大工业企业技术创新分析》，《科学学与科学技术管理》2000 年第 12 期，第 43—45 页。

⑤ 朱新轩等：《上海国有大型工业企业技术创新综合评价》，《华东科技》1998 年第 3 期，第 16—18 页。

⑥ 王大洲、关士续：《我国国有大中型企业技术创新与制度创新现状分析》，《中国软科学》2000 年第 4 期，第 32—37 页。

⑦ 秦宇：《中国工业技术创新经济分析》，科学出版社 2006 年版。

如下三种。

第一种观点认为，技术创新中的政府激励政策是科技政策和产业政策的结合。持此观点的主要代表是英国学者诺斯维尔（Rothwell，1994）。他认为，20世纪70年代中期以前，西方国家在不同程度上实行了某种科技政策和产业政策。其中，科技政策包括知识产权保护、基础理论研究、应用研究和职业教育等，而产业政策主要包括税收优惠、投资鼓励、产业改组和公共所有制等。但是，科技政策和产业政策由不同政府部门独立实施，因此缺乏有效的协调与联系，在政策实施过程中往往会遇到因决策部门的不同而导致目标和对象在结果上的差异。20世纪70年代中期以后，随着市场经济的发展，越来越多的发达国家政府开始意识到产业中技术创新的刺激能够在一定程度上促进新产品和新技术的产生，因此，政府越来越多地介入制定针对技术创新的政策上来，并使技术创新政策对象涵盖了从研究到市场乃至销售的全过程。国内学者夏国藩也赞同这一观点。

第二种观点认为，技术创新中的政府激励政策是政府的经济政策与科学技术政策的相互协调。OECD（1982）指出，“政府的技术创新政策一方面与政府在经济政策问题上的认识密切相关，另一方面与它的总体科学技术政策密切相关”。此后，巴托恰、库姆斯、科茨等学者也都将技术创新的政府政策定义为经济政策与科学技术政策相互协调的产物。

第三种观点认为，技术创新中的政府激励政策是政府为了促进技术创新水平而采取的各种政策的综合。持此观点的主要代表人物是欧洲学者Dodgson。他指出，技术创新政策是一个综合性的概念，包括对企业、产业、网络以及整个经济体创新能力改进的目标，不仅涉及技术的种种问题，而且关乎组织与管理问题。甚至在某种程度上，创新的组织和管理问题可能要比技术性问题重要得多。因此，这种观点所定义的技术创新中的政府政策要包括上述两种观点的内涵。

因此，本书所指技术创新中的政府激励政策主要采用第三种观点。它具体包含如下内涵。

首先，政府激励政策的主体应是政府。通过政府制定、颁布和实施与科技激励相关的措施、法律和法规，这里的政府包括中央政府和地方政府。

其次，政府激励政策具有国家政治目的。这是因为，政府激励需要采取一定的政策工具。而政策工具是国家机关、政党及其他政治团体在特定时期为实现或服务于一定经济、文化目标、社会政治所采取的政治行为或规定的行为准则，它是一系列的谋略、办法、法令、条例、措施等的总称。①

再次，政府激励具有"激励"的效果。"激励"一词是外来语，译自英文单词 Motivation，含有激发动机、鼓励行为、形成动力之义，也可以包括约束和归化之义。管理学中定义的"激励"，主要是指在一个经济系统内，能够使激励对象有动力去实现系统的目标。政府激励政策，就是政府采用一定的刺激和鼓励的手段和工具，通过激发企业相关人员在技术创新活动中的潜力和主观能动性，以为实现组织或系统的目标而努力。政府对技术创新的激励机制，指的是在一个组织系统中，政府这个激励主体通过各种激励方式和手段作用于激励客体，从而产生相互作用的方式。

最后，政府激励政策是一个体系。所有采取的政策工具都应是自成体系而且所有的政策之间必须是相容的，涉及科技、经济、社会、文化和政治等各领域与技术创新活动相关的政策，因此需要一个统管全局的机构来统一看待政府激励这一有机整体。

第二节　理论基础

自 1776 年亚当·斯密在《国富论》中提出"看不见的手"以来，有关政府与市场关系的各种讨论乃至争论就没有停过。20 世纪 30 年代的全球性经济危机打破了"市场完美论"的神话，凯恩斯（Keynes）提出了政府干预的政策主张。然而，进入 20 世纪 70 年代以后，西方国家经济运行先后出现了"滞胀"现象，凯恩斯主义的国家干预政策在解决"滞胀"问题时则完全失灵，"政府失灵"的概念由此出现。随着

① 陈振明：《政策科学》，中国人民大学出版社 1998 年版。

经济形势的变化，直接导致各种经济理论的兴起与衰落。20 世纪 90 年代之后，在关于技术创新过程中政府与市场的关系问题上，争论重点落在是需要更多的政府干预还是更少的政府干预。在厘清市场与政府关系演变的同时，本书系统梳理和回顾了技术创新理论中有关政府激励作用的思想。随着学者对政府在技术创新中地位和作用的认识逐渐加强，其内在机制也被详细勾勒出来，也为清晰认识技术创新与政府作用关系提供了重要的思想源泉和启示。

一 新古典经济理论

传统理论的研究将政府因素作为外生变量排除在企业的技术创新体系之外，古典主义学派甚至认为市场具有自我调节的功能，因此政府对企业技术创新的过度干预是不合理的。新古典经济理论认为，政府干预经济或市场的理论解释是“市场失灵”，认为正是因为技术创新具有外部性、不确定性、公共物品及高风险性，因此需要政府公共手段对市场失灵进行纠偏。政府通过三种潜在的机制来矫正 R&D 活动的“市场失灵”，第一，通过研究机构或者国家实验室来进行研发；第二，通过知识产权保护来实现；第三，通过税收优惠等激励机制来实现。

阿罗（Arrow）① 提出技术创新存在外部性、公共产品特性以及不确定性，因此研发活动生产的新知识的获益并不能被创新企业所独有，研发主体的收益往往要小于社会总体收益。因此，市场激励容易出现问题，导致 R&D 活动的资源投入不足，远远低于社会所需的最佳水平。在罗默（Romer）② 的知识溢出模型中，知识产出是厂商利润最大化决策的产物，是经济系统内生决定的变量。他认为知识存在溢出效应，从而提高了全社会的生产率，进而来促进经济增长。由于存在溢出效应，资本的边际生产率递增，导致厂商的私人收益率低于社会收益率。在分散经济的条件下，通过政府干预来避免厂商的知识生产投资减少。而政

① Arrow, K. J., “The Economic Implications of Learning by Doing”, *The Review of Economic Studies*, Vol. 44, No. 5, 1962, pp. 109 - 114.

② Romer, P., “Endogenous Technological Change”, *Journal of Political Economy*, Vol. 98, No. 5, 1990, pp. 71 - 102.

府干预方式较多，政府可以通过激励厂商知识生产的政策，可以向生产知识和技术的厂商提供补贴，或在提供补贴的同时进行课税，来降低私人企业研发成本，从而对技术创新起到一定的激励效果。

戴维（David）[①] 认为，一般性的基础知识的生产往往比商业性的技术知识的生产具有更大的不确定性和外溢性，企业对基础知识的研发收益很难给出判断，即企业很难预期对于基础知识的研发投入在什么时候以及通过什么样的方式获取满意的回报率，因而很容易导致企业对该领域的投入不足，因此需要政府干预，通过政府公共投资来解决和满足经济中必要的公共信息产品的供应问题。

新古典经济理论的另一位重要代表巴罗（Barro）也从公共产品供应的角度解释了政府提供公共知识的理由。他通过建立公共产品模型，证明了在经济增长过程中政府的重要作用，通过政府税收提供公共服务（提供包括知识在内的基础设施）可以使生产规模收益递增，使经济沿着最优增长轨道增长（Barro）。[②]

从阿罗（1962）等的文献中可以看到，“市场失灵”的分析是以基层研究为基点，政府资助的对象是大学和科研机构（纳尔逊，1959[③]）。他并不主张政府对产业内部开展的应用研究以及技术创新进行干预，认为政府仅仅只需要扮演“守夜人”的角色。因此我们可以说，新古典经济学对技术创新“市场失灵”的认识，带有典型的“二分法”思想。同时，新古典经济学尽管对基础研究和企业内部研发存在的差异进行了区分和解释，然而并没有从创新发生的微观机制来探究是否需要政府干预的问题，因此，新古典经济理论不能回答政府对各种技术如何进行干预的问题以及具体干预的机制，因此他们的研究仍然停留在“黑箱”

① David, P. A., Mowery, D., Steinmueller W. E., “Analyzing the Payoffs from Basic Research”, *Economics of Innovation and New Technology*, No. 2, 1992, pp. 73 – 90.

② Barro, R. J., “Government Spending in a Simple Model of Endogenous Growth”, *Jouranl of Political Economy*, Vol. 98, No. 2, 1990, pp. 103 – 125.

③ 查理德·R. 纳尔逊:《美国支持技术进步的制度》, G. 多西等编:《技术进步与经济理论》，经济科学出版社 1992 年版。

理论。①

二　新制度经济学理论

为弥补新古典经济学理论范式抽象掉“制度”的缺陷，新制度经济学以社会制度安排为研究对象，以交易成本概念为基础，以产权制度研究为核心，一方面研究制度产生的经济后果，另一方面研究制度自身的变迁。新制度经济学区别于以凡伯伦（Veblen）②、康芒斯（Commons）③ 等为代表的旧制度经济学。两者的主要区别在于，后者往往对主流经济学持批评否定态度，在分析方法上更接近社会学方法而不是经济学方法。而新制度经济学基本上认同主流经济学的分析方法，遵循了新古典经济学的成本—收益分析范式，同时将这一方法运用于分析制度。

德姆塞茨（Demsetz）④ 在《关于产权的理论》中从纯经济原因出发，认为产权的存在旨在内在化的收益大于其成本时使外部效应内在化。也就是说，从纯经济分析的角度看，产权的产生和变迁是效率要求的结果，是为了使社会净财富最大化。然而在人类历史上，有效的产权制度并没有普遍出现。

贝茨（Beze，1983）⑤ 通过将社会习俗和宗教信仰视为外部约束的方式，解释了人类社会可以从相互侵犯产权的“囚徒困境”中摆脱出来。例如，在道德约束和社会惯例的帮助下，技术创新者的知识产权可能会得到一定的尊重。但贝茨将社会习俗和宗教信仰等社会意识形态处理成外部因素，具有很大的局限性，因为社会意识形态是社会存在的产物，更宏观地看，有利于产权保护的社会意识形态往往是有效产权制度

① 郑琼洁：《政府科技激励与技术创新效率研究——基于行业要素禀赋的分析视角》，《南方经济》2014 年第 12 期，第 66—81 页。

② Veblen, T., *The Theory of the Leisure Class: An Economic Study of Institution*, Aakar Books, 1899.

③ Commons, J. R., "Institutional Economics", *The American Economic Review*, Vol. 6, No. 26, 1931, pp. 35－45.

④ Harold Demsetz, "Toward a Theory of Property Rights", *The American Econmic Review*, Vol. 57, No. 2, 1967, pp. 13－20.

⑤ 参见胡代光《西方经济学说的演变及其影响》，北京大学出版社 1998 年版。

的产物而非其原因。因而，从社会意识形态的角度来解释产权制度的演进具有很大的局限性。

新制度经济学主张“有限理性”，认为新古典经济学的最大化均衡无法实现。诺斯（North）作为新制度经济学家，借助由科斯（Coase）①、阿尔钦（Alchian）等②和德姆塞茨③所建立的产权理论来解释人类历史上交易费用降低以及各种经济组织形式的交替，阐明了交易成本和产权在制度安排中发挥的重要作用，认为一切制度的安排、产生、使用和变更都需要成本，始终受高交易费用的影响。诺斯（North）等④认为资本积累、技术创新、教育等因素都不是经济增长的原因，而应该是经济增长的结果，而真正起决定性作用、处于核心地位的是制度。他认为如果一项技术创新的制度安排能够有效激励更多资源更有效地配置于创新性的生产活动中，就能够起到促进创新经济增长、提高技术创新效率的目的。总体来看，新制度经济学认为政府激励的作用主要体现在产权结构的改革、法律规范的建立、新道德和新观念形成的倡导等方面。

新制度经济学存在一定的局限性，认为制度是具体的政治经济制度，如公司制度、金融组织等，并没有包括社会政治环境。同时，诺斯的逻辑思想是以一国内部政治结构的变动来解释产权制度的演进和技术创新制度的变迁，进而解释技术创新和经济增长，但并没有对政治结构发生变化的原因进行解释。此外，作为基本分析单位的交易成本和产权在概念上较为模糊，在经验实证方法上的运用有一定的难度。

三　国家创新系统理论

随着学者们对技术创新赖以产生的社会制度和历史环境因素的认

① Coase, R. H., “The Nature of the Firm”, *Economica*, Vol. 4, No. 16, 1937, pp. 386 – 405.

② Alchian, A. A., Demsetz, H., “Production, Information Costs, and Economic Organization”, *American Economic Review*, Vol. 62, No. 5, 1972, pp. 777 – 795.

③ Demsetz, H., “Information and Efficiency: Another Viewpoint”, *Journal of Law and Economics*, Vol. 12, No. 1, 1969, pp. 1 – 22.

④ North, D. C., Thomas, R. P., *The Rise of the Western World: A New Economic History*, Cambridge: University Press, 1973.

识，创新体系这一概念逐渐被提出，并用来解释技术创新的整体制度安排。直至20世纪80年代，很多学者注意到不同国家的创新体系在制度安排及其绩效方面存在的巨大差异，因此创新体系的概念逐渐被发展为，用来描述和解释各国技术创新整体制度安排的差异和由此带来创新效率的差异。"国家创新体系"这个概念最早由弗里曼（Freeman）等[①]提出，旨在解释日本的创新体系相对于其他发达国家的高绩效。他认为国家创新体系中包含的四大因素要特别给予关注，即政府政策、产业结构、企业研究开发和教育培训，见图2—1。

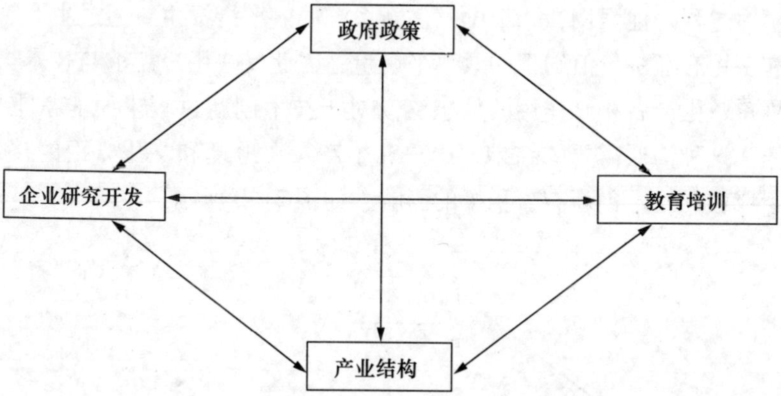

图2—1　弗里曼的国家创新体系结构

纳尔逊（Nelson）[②]从技术知识的公共属性和私人属性的矛盾出发来讨论国家系统中的制度问题。他在《国家创新体系——一个比较分析》中指出，现代国家的创新系统在制度上纷繁复杂，既包括各种制度因素以及技术行为因素，同时也包括致力于公共技术知识的大学和研究机构，以及政府的基金和规划之类的机构。他认为制度设计的任务关键

① Freeman, C., Christopher, F., *Technology Policy and Economic Performance: Lesson from Japan*, Pinter Publishers London, 1987.

② Nelson, R., "National Innovation Systems: A Comparative Analysis", *University of Illinois at Urbana-Champaign's Academy for Entrepreneurial Leadership Historical Research Reference in Entrepreneurship*, Vol. 8, No. 3, 1993, pp. 35-45.

在于，如何在技术的私有和公有两个方面寻求适当的平衡，既保持足够的私人刺激来鼓励创新，又能保持足够的共有性促进技术的广泛应用。他在美国和日本的国家创新系统的比较也是从这一角度出发，认为日本创新系统的特色是政府通过计划和协调主要技术的开发对技术创新活动进行直接干预。而美国国家创新系统的特色是产业部门和大学的合作研究，政府介入的程度要低得多。

以本特阿克·伦德瓦尔（B. A. Lundvall）[①] 为代表的一批学者从微观视角入手，通过考察用户和厂商的相互作用来研究政府在国家创新体系中的作用。他指出，技术创新就是用户与生产者之间的相互作用过程或学习过程。他强调，一个国家创新系统的效率指标主要通过生产、扩散和使用有经济价值知识的效率来衡量，因此反映用户需求与技术机会的用户—生产者相互作用的信息流动对于技术创新过程来说非常重要，而作为这种沟通需要的结果，用户和生产者在地理和文化方面的接近，对于成功的技术创新有着积极的影响，如图2—2所示。

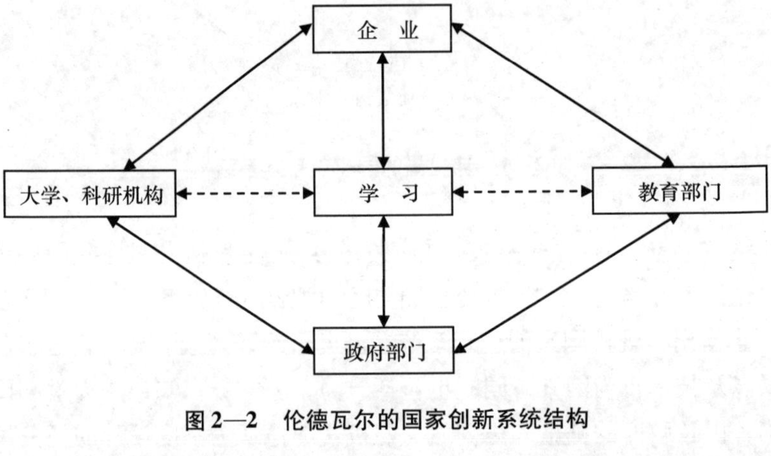

图2—2　伦德瓦尔的国家创新系统结构

波特在《国家竞争优势》（1990）中认为，在国家产业竞争力方面，政府应该为企业营造一个适宜的、鼓励创新的环境。由此，波特提

① Lundvall, B. A. (Ed.), *National Systems of Innovation-Towards a Theory of Innovation and Interactive Learning*, London, 1992, pp. 129 - 145.

出了四个决定国家优势的重要因素，并且每一个因素都受政府的影响。这四个决定因子包括：要素条件、需求条件、相关产业和支持产业以及企业的战略、结构与竞争状态。此外，他认为对竞争力影响最大的是科学技术的重要突破等带来的重大机遇以及国家的作用。图 2—3 为波特提出的国家创新系统的钻石理论模式。

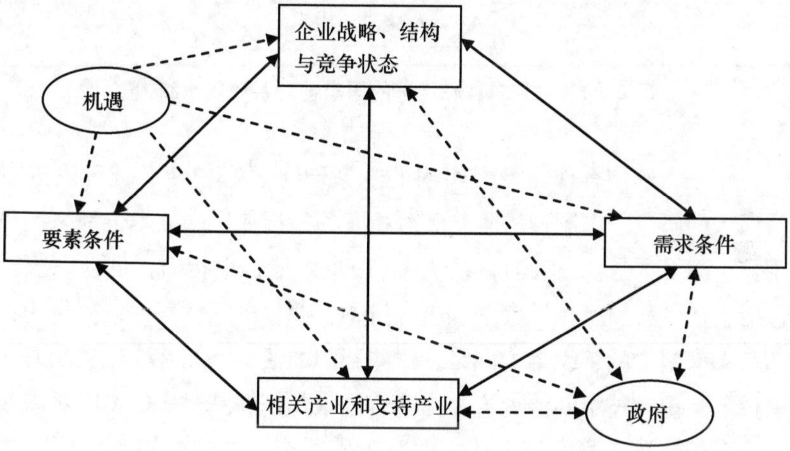

图 2—3　波特的钻石模型

帕特尔（Patel）等①从激励机制、激励结构的视角入手，认为政府的激励机制能够很好地促进企业技术创新水平的提高，主要表现在：首先，政府对企业提供基础研究和相关培训的大学和机构，可以有效刺激技术创新；其次，政府提供一般教育和职业培训的公共和私有部门，可以促进技术创新水平的提高；最后，政府对企业技术创新短期垄断利润的刺激与激励可以起到推动经济增长的目的，具体见图 2—4。需要指出的是，国家创新体系虽然在一定程度上解释了技术创新中政府干预的重要性和必要性，但是针对政府对技术创新的作用机理、不同激励方式的作用效果等方面的研究还没有解决。

---

① Patel, P., Pavitt, K., "National Innovation Systems: Why They Are Important, and How They Might Be Measured and Compared", *Economics of Innovation and New Technology*, Vol. 3, No. 1, 1994, pp. 34 - 54.

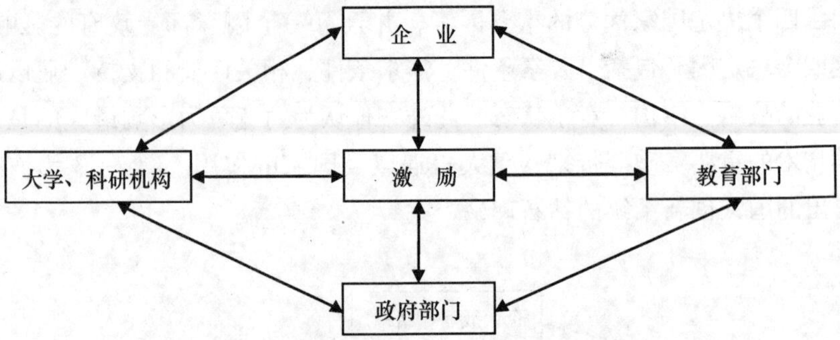

图 2—4　帕特尔和帕维蒂的国家创新系统理论结构

近年来，经济合作与发展组织的专家们对国家创新系统理论进行了更为深入的研究，试图通过收集和分析各种指标使国家技术创新系统更加实用化。OECD 在《国家创新系统》（1996）报告中指出，创新系统的主体包括企业、科研机构、大学和中介机构，并将国家创新系统界定为：公共和私人部门中的组织结构网络，这些部门的活动和相互作用决定着一个国家扩散知识和技术的能力，并影响着国家的创新绩效。OECD 对国家创新系统运行绩效的测度与评估主要基于不同企业之间的相互作用（主要是合作研究活动和其他技术合作）、公私相互作用（指企业、大学与公共研究机构之间的相互作用）、知识和技术的扩散（新技术的工业采用率和通过机器设备等途径的扩散）和人员流动（技术人员在公私部门内部以及两者之间的流动）。在此基础上，OECD 进一步揭示了国家创新系统的政策意义，认为政府主要通过纠正技术创新中的系统失效和市场失效从而达到激励企业技术创新的目的，纠正企业因过于看重眼前利益而忽视了对技术创新投入的增加。基于产学研合作的创新计划、网络计划等建立创新中介机构，用来纠正创新的系统失效。政府通过加强各个创新环节的联系，以发挥各个创新主体的创新作用，如图 2—5 所示。

国家创新体系理论不仅深入企业内部，而且将政府及其政策作为国家创新体系的重要组成部分。国家创新体系认为政府政策不但可以通过不同的方式影响技术创新过程，而且能够对创新发生所依赖的大学、教育机构等各个部门的关系进行协调。此外，政府政策还对企业的技术学习、技术扩散等多个子系统的运作产生影响。

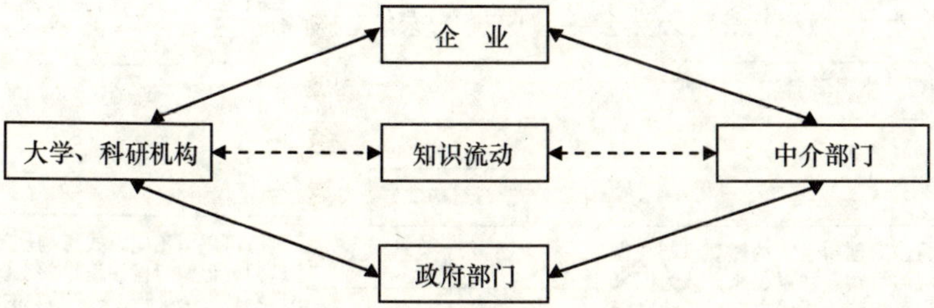

图 2—5 OECD 国家创新系统理论结构

四 简要述评

本节对技术创新中有关政府激励的理论基础进行了回顾，从新古典经济学派到国家创新体系中有关政府激励的思想进行了总结，具体见图 2—6。上述各理论有关政府激励在技术创新过程中的研究尽管还没有形成一定的体系，但是都在一定程度上为研究政府激励在技术创新中的作用提供了新的分析思路和框架，奠定了政府干预企业技术创新活动的基础。

新古典学派把技术创新视为与资本、劳动力和自然资源一样的经济增长要素。新古典理论把"市场失灵"理论用于技术创新的分析，为政府干预技术创新理论提供了理论依据。新制度创新学派从产权、技术创新的外部环境等方面来分析制度对技术创新的影响，在方法上更具现实性和社会性。

国家创新系统学派揭示了政府在企业技术创新中所发挥的重要作用，通过国家制度的安排和政府政策效应的发挥，可以有效推动知识的创新、流动、引进、扩散和应用，从而使整个国家的技术创新取得良好的绩效。但是国家创新系统观点主要是解释发达国家技术创新问题，对我国在内的发展中国家无疑具有一定的借鉴意义，但也存在一定的缺陷。因为对于发达国家而言，已经具有良好的制度挤出，而在发展中国家却面临着如何建立制度基础设施的问题。换句话来说，发达国家的创新系统面临的是如何从"制度蓄水池"中汲取并改善制度的问题，而发展中国家面临的是如何建设这一"制度蓄水池"的问题。[①] 此外，发展中国家与发达国家在技术水平、具有的技术能力和面临的技术机会上也有相当

① 秦宇：《中国工业技术创新经济分析》，科学出版社 2006 年版。

大的差异，这些差异必然会导致两类国家的创新系统存在很大的区别。

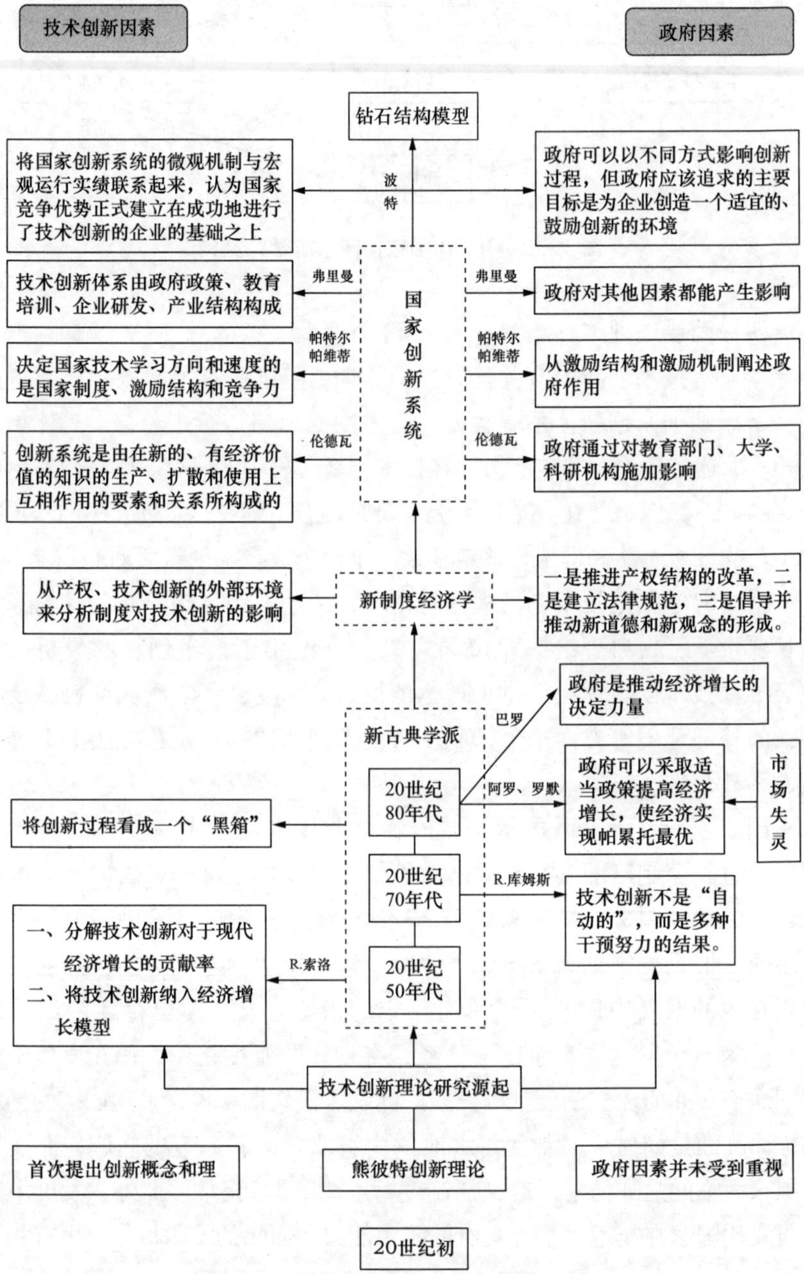

图2—6 技术创新理论中政府激励的研究回顾

第三节　研究框架和理论假说

一　研究框架

通过对技术创新与政府激励相关文献的研读以及对相关理论基础的研究，本书发现该领域存在值得思考和探索的空间。

第一，对中国“制度蓄水池”建设的重新审视。在回顾国家创新体系理论中，笔者已经提到，发达国家的创新系统面临的是如何从“制度蓄水池”中汲取并改善制度的问题，而发展中国家面临的是如何建设这一“制度蓄水池”的问题。虽然我国围绕技术创新出台了一系列政策，但这些政策的实施效果如何，需要如何改进的问题并没有得到广泛的关注。而且，从目前有关技术创新中的政府激励绩效研究来看，多数文献基于各自的研究目标，单就政府激励的某一种或某几种政策对技术创新进行研究，而政府对企业的技术创新激励方式很多，相互之间有一定的联系，如何将这些激励方式进行系统整合，并有效纳入研究框架是值得进一步思考的问题。虽然极少有学者对所有政策工具的有效性以及政策工具之间的关系进行检验，但是他们研究的是跨国问题，由于不同国家在国别、文化、环境和政策方面存在较大差异，从而对结果产生影响，这是在模型中加入固定差异所无法消除的。因此，这是国内外现有文献关于技术创新的政府激励政策结果尚未达成共识的一个主要原因。因此，本书首先要解决的问题是控制大环境，仅检验中国当前的发展环境下，考察不同政府激励政策对企业技术创新的作用影响以及效果评价。

第二，从“技术创新效率”视角审视我国政府激励效果。已有的文献虽然指出在实证模型方面的重点是检验政府激励对企业 R&D 投入的影响，但是对社会来说，研发只是一种手段，而不是目标，R&D 活动的目标是通过提高企业的技术创新效率来促进经济增长。这就意味着，需要将 R&D 投入和产出水平相联系。因此，正是基于对技术创新投入和产出过程的考虑，引出了本书对企业技术创新效率测度的分析，在此基础上进一步研究政府激励对技术创新效率的影响，以此对现有文献做一个必要补充。

第三，已有的文献虽然对区域或行业层面的政策激励有所考察，但是缺乏对区域之间和产业之间技术创新差异的分析，以及不同政府激励对其内在差异的影响作用研究，只见树木，不见森林。因此，本书将区域分东中西三个地区，产业层面基于不同要素禀赋划分为六大行业，从技术创新效率的视角考察和分析了政府激励政策的作用效果和影响差异。

第四，现有对服务业企业技术创新中的政府政策研究还比较少。技术创新已成为制造业发展的重要推动力，然而从当前的发展趋势看，服务业在我国国民经济发展中的作用越加凸显，因此如何通过技术创新提升服务业的内在品质，已成为政府部门、学术界及企业各界研究与思考的重要问题。目前学术界还没有有关服务业企业技术创新中的政府政策评价和作用效果研究的文献。技术创新是服务业企业生存和发展的关键，如何通过政府激励更有效地提高服务业企业的技术创新能力是本书的重点之一。

因此，本书认为，应该以国家具体（country specific）因素为出发点来研究我国企业技术创新中政府激励问题，这是对这一问题进行分析的出发点。据此笔者提出了一个研究框架，概括了我国技术创新研究中政府激励研究应该考虑的具体环境因素和主要的分析内容（见图 2—7）。

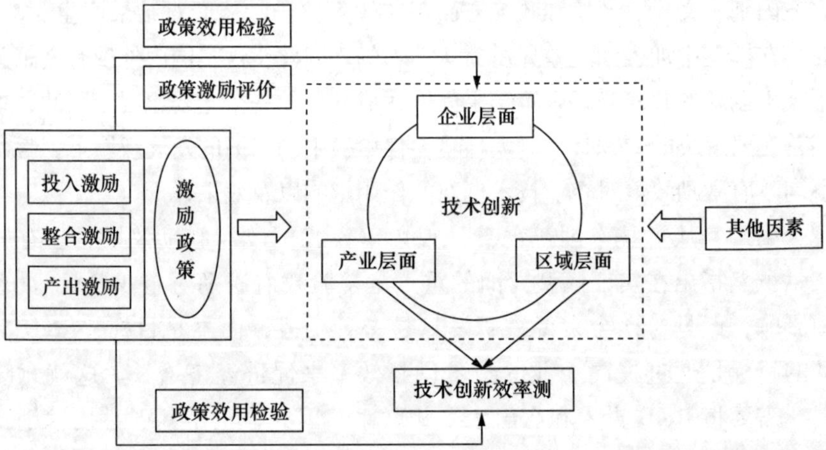

图 2—7 中国企业技术创新中政府激励的研究框架

首先，本书将政府激励划分为投入激励、整合激励和产出激励，研究不同类型的激励政策对于企业技术创新的作用机制。其次，基于企业异质性，从区域层面和行业层面、企业层面研究政府激励对技术创新影响的差异性。具体来看，从三个层面解释了研究企业异质性在激励政策实施过程中是如何发挥作用的。在区域和行业方面，基于技术创新效率视角，将区域层面划分为东中西三个地区，将行业层面基于要素禀赋视角划分为六大行业，重点考察政府激励对技术创新效率的影响和作用。在企业微观层面，首次尝试从服务业企业入手，通过问卷调查获得一手数据，研究服务业企业技术创新过程中政府激励的政策评价和政策效用。最后，本书考察了其他影响因素在政府激励影响技术创新过程中发挥了怎样的作用。因此，本书从政策类型、企业异质性和其他因素等三个方面构建了研究政府激励政策如何影响企业技术创新的研究框架。

二　理论假说

本书的主要理论假说是：中国企业目前的技术创新状况，是企业和政府理性选择、技术创新特殊性质、产业特征差异、区域分布差异及其他因素共同影响的结果。

第一，企业和政府理性选择假设。这一假设是本书的本体性假设，包括在第四章的作用机理分析中，本书假设政府和企业都是风险中性的，并且都为理性经济人。一方面，企业可以自主判断当前的形势并据此做出是否进行技术创新的决定，如果收益无法弥补创新的成本时，企业会选择放弃技术创新，因此从一定程度上解释了目前技术创新进展缓慢的情况。另一方面，政府为了促进企业进行技术创新，采用了各项激励企业技术创新的项目和政策，并通过信号甄别和筛选办法来判断企业是否具有一定的技术创新能力。

第二，技术创新特殊性质假设。技术创新因具有公共性、风险性和外部性，从而容易出现市场失灵，因此需要政府采取一定的激励措施来干预市场失灵，从而降低企业技术创新的高风险和高成本。这一点与第一个假设有着密切的联系，正是因为技术创新的特殊性质，企业和国家所具有的理性才会是有限的。

第三，制度内生性假设。在研究中国企业技术创新问题时，有必要将制度因素作为一种内生变量来看待，这一点与新古典经济学将制度作为外生给定的假定有很大的差异。在中国现行体制下，应该清醒地看到，政府行为对技术创新能力和绩效带来的影响是不容忽视的。从某种程度上看，甚至存在着非常关键的影响。不能简单将制度因素作为外生因子，事实上，导致中国企业技术创新效率低下的很大原因应该重新审视现有的制度设计和安排。

第四，企业创新异质性的假设。新古典经济学把企业假设为完全同质的最优生产者，但现实中的企业是存在异质性的。在有限理性假设条件下，无论是企业在对外部环境变化所产生的反应来看，还是企业自身的行为方式，存在较大的区别，这就解释了为什么不同企业在技术创新水平方面存在着较大差异，如不同的企业规模、企业所处不同行业以及不同区域分布都会对技术创新带来一定的影响。本书正是考虑到企业创新的异质性，因此在第五章的实证研究中引入了企业技术创新效率的研究，同时综合考虑了企业特征和其他影响因素对技术创新的作用及效果差异。

第四节　本章小结

本章首先对技术创新与技术创新中的政府激励概念进行辨析和厘定，还比较了创新、R&D 活动等相关概念。在文献梳理和研究的基础上，对新古典经济理论、新制度经济学理论和国家创新体系理论中有关技术创新与政府激励的思想进行了总结，最后给出了本书的理论研究框架及相关理论假说。

第三章

我国企业技术创新中政府激励的基本认知

基于第二章的理论框架，本书接下来的章节将重点围绕中国企业技术创新中的政府激励政策进行研究。本章首先对中国技术创新中政府激励政策的发展演进进行阶段判断和划分，而后利用相关数据对我国技术创新政府激励的总体特征、产业特征和地域特征进行阐述，并对相关政府激励政策进行评价和总结。

第一节　我国企业技术创新的现状与问题

一　我国企业技术创新的现状分析

“十三五”时期国家的战略任务之一是培育企业成为创新主体，不断提高企业在创新投入、创新协同、知识产权以及创新驱动方面的能力，为实现创新驱动发展战略、建设创新型国家提供有力支撑。现阶段，我国企业创新处于快速发展阶段，在创新投入、知识产权创造及创新驱动方面逐步具备了一定的数量和形式。

（一）技术创新投入快速增长

R&D 经费和人员作为重要的创新资源，可以反映一个国家或地区技术创新活动的投入力度和创新人才资源的储备状况。目前，企业创新投入快速增长，研发投入的积极性不断提高。

表 3—1 显示，我国 R&D 投入强度在逐年增加，其增长曲线呈现 S 形变化，这与很多发达国家 R&D 经费投入强度的发展趋势较为相似，这意味着我国 R&D 投入强度遵循国际 R&D 投入的一般规律。根据全国

科技经费投入统计公报，2015 年，中国共投入 R&D 经费 14169.9 亿元，比 2014 年增加 1154.3 亿元。R&D 投入强度达 2.07%，比 2014 年的 2.02% 提高了 0.05 个百分点。2015 年，我国规模以上工业企业拥有科技机构 6.29 万个，机构人员达 266.8 万人。从代表技术创新产出的新产品销售收入看，2015 年在规模以上工业企业中，新产品销售收入与 R&D 经费之比为 14.7∶1，比 2014 年有所提高。

表 3—1　　R&D 投入强度实际值和预测值

年份	R&D 投入强度实际值	R&D 投入强度预测值	年份	R&D 投入强度实际值	R&D 投入强度预测值
1995	0.57	0.53	2010	1.71	1.75
1996	0.56	0.59	2011	1.78	1.84
1997	0.64	0.65	2012	1.91	1.92
1998	0.65	0.72	2013	1.99	2.01
1999	0.75	0.79	2014	2.02	2.09
2000	0.89	0.86	2015	2.07	2.17
2001	0.94	0.94	2016	—	2.24
2002	1.06	1.02	2017	—	2.31
2003	1.12	1.11	2018	—	2.37
2004	1.21	1.19	2019	—	2.43
2005	1.31	1.29	2020	—	2.49
2006	1.37	1.38	2021	—	2.54
2007	1.37	1.47	2022	—	2.58
2008	1.44	1.56	2023	—	2.63
2009	1.66	1.66	2024	—	2.67

注：拟合值根据 SPSS 16.0 软件预测得到。

从 R&D 投入经费看，企业 R&D 经费投入呈现快速增长的态势。2016 年，我国研发经费中企业资金为 1.19 万亿元，比 2012 年增长 56.4%，年均增长 11.8%。另外，企业 R&D 经费投入占全国 R&D 经费的比重较高，2008 年比重为 71.7%，到 2015 年达到 74.7%。这表明我

国企业已经在数量上成为 R&D 活动的执行主体。(见图 3—1)

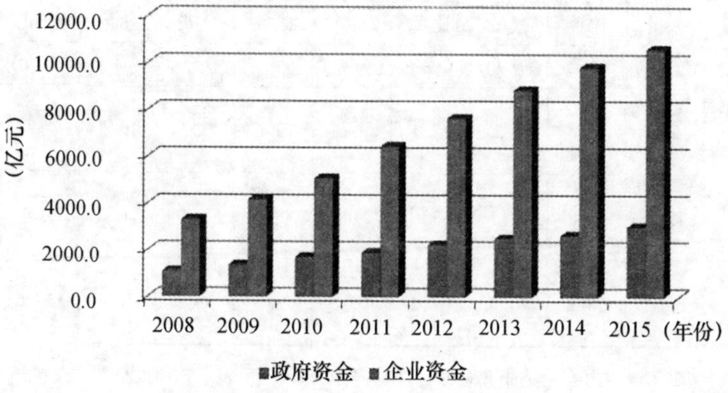

图 3—1　2008—2015 年全国 R&D 经费投入情况

资料来源:《中国科技统计年鉴》(2009—2016 年)。

目前，我国企业创新人力投入逐步增强。2015 年企业 R&D 人员数为 401.8 万人，是 2009 年的 1.84 倍，年均增长 15.5%。企业 R&D 人员数占全国 R&D 人员数的比重从 2009 年的 68.6% 提高到 73.3%。企业 R&D 人员中博士毕业、硕士毕业、本科毕业的分别为 4.2 万人、30.4 万人和 118.6 万人，分别占到全国 R&D 人员中博士毕业、硕士毕业、本科毕业人数的 12.0%、37.7% 和 73.9%，见表 3—2。

表 3—2　　2009—2015 年企业 R&D 人员情况

分类	2009 年		2010 年		2012 年		2013 年		2015 年	
	人员（万人）	比重（%）	人员（万人）	比重（%）	人员（万人）	比重（%）	人员（万人）	比重（%）	人员（万人）	比重（%）
企业 R&D 人员	218.5	68.6	243.3	68.7	336.6	72.9	371.2	73.9	401.8	73.3
#全时人员	139.7	71.4	161.3	73.4	225.4	77.6	247.3	78.3	279.2	79.5

续表

分类	2009年		2010年		2012年		2013年		2015年	
	人员（万人）	比重（%）	人员（万人）	比重（%）	人员（万人）	比重（%）	人员（万人）	比重（%）	人员（万人）	比重（%）
#博士毕业	2.2	12.5	2.5	12.4	3.6	13.6	3.7	12.8	4.2	12.0
#硕士毕业	15.1	34.8	17.3	35	24.7	38.6	23.9	36.2	30.4	37.7
#本科毕业	62.6	66.2	73.3	67.2	102.9	72.6	99.2	71.4	118.6	73.9

注：#表示该项内容是企业 R&D 人员的主要内容。比重表示该项人员数占全国该项指标的比重。

资料来源：《中国科技统计年鉴》（2009—2016年）。

（二）技术创新产出成果增长较快

近年来，我国在企业技术创新产出方面取得一定的成果。2016年，我国企业发明专利申请受理数58.3万件，占全国总量的52.9%；我国企业发明申请授权数为15.9万件，占全国总量的44.1%。2016年，在规模以上工业企业研发项目中，开发全新产品与增加产品功能或提高性能两类项目合计占企业研发项目的82.2%。2016年，规模以上工业企业实现新产品销售收入17.5万亿元，比2012年增长58%，年均增长12.1%；新产品销售收入占主营业务收入的比重为15.1%，比2012年提高3.2个百分点。2012—2016年，新产品销售收入对主营业务增量的贡献为27.9%。

（三）企业创新活动粗具规模

2016年在我国参与调查的72.6万家规模（限额）以上企业中，有28.4万家开展了创新活动，占39.1%。分行业看，工业和服务业企业中开展创新活动企业的占比分别为48.5%和28.9%；分规模看，大中型和小型企业中开展创新活动企业的占比分别为49%和36.1%；分登记注册类型看，内资、我国港澳台资及外资企业中开展创新企业的占比分别为38%、48%和50.8%。创新已在一定程度上成为不同类型企业生存发展的共同选择。

（四）创新生态不断完善

促进企业创新的政策法规逐步完善，创新服务体系加快建立，金融支持成效显著，国家科技成果转化引导基金总规模达173亿元。新产业、新业态、新技术、新模式层出不穷。一大批国家企业技术中心得到认定。截至2016年年底，我国累计认定国家级企业（集团）技术中心1276家，比2012年增加389家；全年技术中心研发经费支出4928.6亿元，占全国企业研发经费支出的比重为40.6%。

二　我国企业技术创新存在的问题

（一）技术创新经费投入结构不合理

尽管我国R&D投入迅速增加，但从企业R&D经费内部支出看，其支出结构并不合理。企业R&D经费支出长期主要用于试验发展，用于基础研究和应用研究的比重较少。如2015年，企业R&D经费用于基础研究和应用研究的分别仅为0.10%和3.02%，虽然较往年有所提高，但这与发达国家对企业的创新投入结构存在较大差异。尽管发达国家企业的研发活动也以试验发展为主，但是对基础研究和应用研究也较为重视，因此在基础和应用研究上的投入所占比重较大。其中，一般基础研究经费占4%—8%，应用研究经费比重一般超过20%。目前我国企业的R&D经费支出结构与我国长期形成的科技体制以及企业逐利性有关。我国以往的科技政策是鼓励高等院校和研究机构投入基础研究和应用研究领域。而由于基础研究和应用研究具有准公共品的特点，成果具有较大外溢性且投资回报慢，因此企业的逐利性驱使企业的R&D经费不会大量投向基础研究和应用研究领域。

（二）高端创新人才仍然紧缺

虽然目前我国企业在R&D人力投入方面已经成为我国R&D活动数量的主体，但我国企业在高学历和高层次的创新人才方面仍然紧缺。从已有的数据来看，企业R&D人员主要来自本科毕业生，高学历研究开发人员所占比重较小，尤其在博士人数比例方面，与发达国家形成强烈反差。如美国在企业工作的博士人数占比超过35%，这种人才结构对提升企业的技术创新能力功不可没。此外，高层次创新人才在企业的比重也较小。企业院士所占的比例体现了企业在国家高端工程科学技术方面的创新能力。从“千人计划”的入选分布看，企业平台引进的专家仅占11%，大部分高端人才进入了高校和研究机构。这与企业基础研究经费少、研究平台弱有很大关系。

（三）有研发机构或R&D活动的企业数量少

虽然近几年企业研发机构发展较快，自2008年以来规模以上工业企业办R&D机构数年均增长15.0%[①]，但我国有研发机构或有R&D活动的企业数量占企业总数的比重较少。如图3—2所示，虽然从2009年以来其比重都在不断攀升，到2015年我国规模以上工业企业有R&D活动企业所占比重为19.2%，仍然不算乐观。此外，我国国家重点实验室等一些重要研究平台主要集中于高校和科研院所，企业国家重点实验室远远落后于院校国家重点实验室的发展水平。（见图3—2）

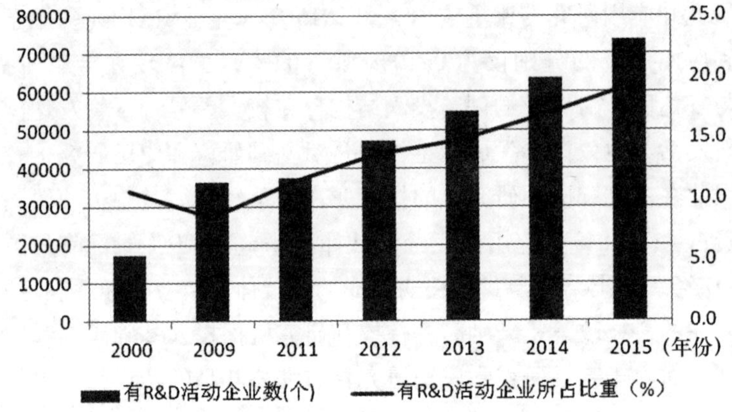

图3—2　规模以上工业企业的科技活动基本情况

注：2010年未对规模以上工业企业的科技活动进行统计。

资料来源：《中国科技统计年鉴2016》。

（四）企业产学研合作仍有待进一步加强

目前我国企业R&D经费外部支出的规模仍然较小且增幅不大。从

① 国家发展和改革委员会经济研究所：《“十三五”规划研究经济发展和深化改革》，经济科学出版社2014年版。

表 3—3 可以看到，2015 年我国 R&D 经费外部支出中，对境内研究机构支出和对高校支出的比重分别为 44.2% 和 15.2%。不难发现，2009 年到 2015 年企业 R&D 经费外部支出中对境内研究机构支出和对高校支出的比重增幅不大，对高校支出的比重不升反降。可见，近几年企业开展产学研合作方面的协同创新能力尚未得到加强。

表 3—3　　2009—2015 年企业 R&D 经费外部支出情况　　单位：亿元

年份	2009	2011	2013	2015
R&D 经费外部支出	367.5	389.89	607.22	719.37
#对境内研究机构支出	141.8	162.25	248.13	318.25
对境内研究机构支出的占比（%）	38.6	41.6	40.9	44.2
#对境内高校支出	80.9	82.12	123.47	109.13
对境内高校支出的占比（%）	22	21.1	20.3	15.2

资料来源：《中国科技统计年鉴 2016》。

（五）技术创新产出率低

虽然近几年我国企业技术创新的产出数量迅速增加，但是在众多的专利申请和授予专利中，仍然存在着大量不符合专利性要求的“专利泡沫”。2015 年，我国规模以上企业专利申请数占全国专利申请数的比重仅为 26.5%，与美国、日本、韩国等创新型国家 40% 的水平相差较大。2015 年企业有效发明专利数占企业有效专利数的比重仅为 11.9%，与美国 29.6%、日本 42.1% 的水平有一定的差距。一般来说，专利维持时间与市场价值成正比，即专利维持时间越长，意味着创造经济效益的时间越长，因此其市场价值也越高。根据《中国有效专利年度报告 2014》显示，国内有效发明专利中，维持年限在 5 年以下的占 49.2%，而国外这一比例高达 89.1%。国内有效发明专利中，有效期超过 10 年的只有 7.6%，这一比例与国外的 32.8% 相差甚远，即国外有效发明专利中，近三成维持年限达到 10 年或者以上。因此，我国专利产出率较低。

第二节 企业技术创新中政府激励政策的发展演进

作为发展中国家，中国政府在激励企业技术创新过程中，经过了一定时期的摸索，并通过制定一系列政策与措施，积聚了一定的制度基础。改革开放前，我国政府虽然制定了一些科学技术发展规划，但在计划经济体制下，我国技术创新政策具有明显的目标导向，政府以直接干预为主要方式，特别体现在军事服务方面。因此这一时期，我国企业的技术创新是国家主导型的。改革开放以后，技术创新开始逐渐体现出国家引导下的企业自主创新特征。因此，本节重点回顾改革开放后的政府激励政策的发展研究，具体包括改革开放初期政府引导下的企业技术创新（1978—1991）、市场经济体制下的企业技术创新（1992—2005）以及国家创新体系建设下的企业技术创新（2006 年至今）。可以说，从市场化改革的建设阶段以来，企业已经成为技术创新的主体，政府开始不断放权和完善市场机制，加强了市场化程度，更加重视科技成果的转化，大大促进了科技创新与经济的结合，进一步适应了经济生产活动对科技管理的要求。到了国家创新型体系建设阶段，国家科技管理体制主要加强了顶层设计，通过《国家中长期科学和技术发展规划纲要(2006—2020 年)》的实施，进一步确立了以企业为主体、市场为导向、产学研相结合的技术创新体系。

一 改革开放初期政府引导下的企业技术创新（1978—1991）

党的十一届三中全会之后，开始了以增强企业活力为主线的体制改革。最初的改革主要是经营管理自主权的下放，工业生产经营责任制开始在全国实行，极大调动了企业和职工的生产经营积极性。1984 年，党的十二届三中全会明确提出建立公有制基础上的有计划的商品经济，并进一步指出增强企业活力是经济体制改革的中心。为了推动中国科技发展，中央政府先后出台了一系列技术创新政策，如“星火计划”[①]“燎原计划”[②]“863 计划”[③]“火炬计划”[④] 等。此外，还以科技立法的形式推动科技创新的发展。1986 年，颁布了《科学技术政策指南》，这是中国第一次发表科技白皮书。这一时期的政策主要着眼于推动研发活动的开展，目的是改变我国科学技术水平长期落后的局面。虽然这些政策对于推动我国科技发展起到了非常重要的作用，但是由于把技术创新的重点放到了研发领域，这一时期的政策未能很好地解决科技发展与经济发展相脱节的问题。

二　市场经济体制下的企业技术创新（1992—2005）

1992 年，党的十四次代表大会确定了我国经济体制改革的目标是建立社会主义市场经济体制，在此基础上明确了国有企业改革是经济体制改革的中心环节，提出建立现代企业制度是国有企业改革的方向。从 1994 年开始，我国对财税体制、金融体制、投资体制等宏观经济管理体制进行了重大改革，有力推进了经济体制市场化的进程。在国有企业现代化企业制度改革开展的同时，三资企业和民营企业也得到了快速发展。从 20 世纪 90 年代中后期起，国家技术创新政策开始向高技术产业倾斜。1995 年，《中共中央、国务院关于加速科学技术进步的决定》提出，“促进企业逐步成为技术创新的主体”。1996 年，制定了《2001—2010 年国家高技术研究发展计划纲要》。1999 年，颁布了《关于加快技术创新、发展高科技，实现产业化的若干决定》，明确指出企业是技术创新的主体，技术创新是发展高科技、实现产业

① “星火计划”是中国政府批准实施的第一个依靠科学技术促进农村经济发展的计划。

② “燎原计划”是国家教委 1988 年正式部署实施的一项旨在推进农村教育改革发展，促进经济发展和社会进步的计划。它是为“星火计划”的推行培养农技人才，奠定发展基础的计划。

③ “863 计划”即根据钱学森等人的建议，在邓小平同志亲自批示下开始实施的《高技术研究发展计划纲要》，旨在瞄准国际先进水平的高技术研究。

④ “火炬计划”出台于 1988 年，是经国务院批准，由国家科委负责组织实施，旨在促进我国高技术成果商品化、产业化和国际化的一项指导性开发计划。其任务是：重点引导、推动科研院所、高校、企业和广大科技人员以各种形式建立一大批具有国际竞争能力的新型科技企业。

化的重要前提，这些政策对我国促进企业技术创新、推动经济社会的全面健康发展起到非常重要的作用。此后，中央和地方相继出台了一系列促进高科技发展的配套政策和措施，更加注重企业技术创新能力的提高和科技成果的转化。可以说，这个时期，企业作为技术创新的主体地位已经基本确立。

三 国家创新型体系建设下的企业技术创新（2006 年至今）

2006 年全国科技大会上提出自主创新建设创新型国家战略以来，我国开始进入国家创新型体系的建设阶段，对技术创新重要性的认识达到了一个新的高度。《国家中长期科学和技术发展规划纲要（2006—2020 年)》从支持企业成为创新主体、大幅度增加科技投入、推进国家创新体系建设、加强创新人才队伍建设等方面提出了一系列具体政策措施。2012 年全国科技创新大会上再次提出“强化企业技术创新主体”，并且明确提出要把提高自主创新能力、建设创新型国家作为重要的战略目标，其中特别强调要发挥政府的主导作用。十八大报告以及十八届三中、四中、五中全会以及“十三五”规划都将技术创新提高到国家发展的核心位置。“十三五”规划建议提出，深入实施创新驱动发展战略。发挥科技创新在全民创新中的引领作用，加强基础研究，强化原始创新、集成创新和引进消化吸收再创新。十八届五中全会强调，坚持创新发展，必须把创新摆在国家发展全局的核心位置，不断推进理论创新、制度创新、科技创新、文化创新等各方面创新，让创新在全社会蔚然成风。必须把发展基点放在创新上，形成促进创新的体制架构，塑造更多依靠创新驱动、更多发挥先发优势的引领型发展。

第三节 企业技术创新中政府激励政策评价

虽然我国针对企业技术创新的政府激励政策在不断地制定和完善，但仍然存在结构不合理的问题。根据国家科学技术部办公厅调研室与中国科学技术促进发展研究中心在 2006 年完成的调研报告——《国家促进自主创新的政策分析与研究》，以及刘凤朝等[①]对该报告 289 项创新政策进行了梳理，结果表明在 1980—2005 年间，我国政府主导下的创新支持政策结构不合理。政府的技术创新政策结构更偏向于“科技政策”（122 项）和“产业政策”（65 项），而在“金融政策”（47 项）、“财政政策”（39 项）和“税收政策”（14 项）方面则相对较少，具体见表 3—4。因此可以看出，政府对企业技术创新的激励政策有接近 70% 的比重集中于“科技政策”和“产业政策”，政府对创新的主导作用仍然十分明显。

表 3—4　　1980—2005 年间创新政策统计

年份	科技政策	产业政策	财政政策	税收政策	金融政策	总计
1980			B		B	2B
1981						
1982	2B	B				3B
1983	C	B + C		B	B	3B + 2C
1984	2C	C		B	2C	B + 5C
1985	B + C	B			C	2B + 2C
1986	3B + 4C	2B + C			B	6B + 5C
1987	B					B
1988	A + B + 2C	B + 2C			B	6B + 5C
1989		B				B
1990	C	5C				6C
1991	B + 2C	B + C		3B		5B + 3C
1992	B + 3C	2C			B	2B + 5C
1993	A + 3C	A + 2C		B	3B	2A + 4B + 5C
1994	3B + 3C	2B + 3C	A	4C	B	A + 6B + 10C
1995	2B + 3C	B + C	B		2A + 2B	2A + 6B + 4C
1996	A + 6C	2C	4C	3C	A + B	2A + B + 15C

① 刘凤朝、孙玉涛：《我国政府科技投入对其他科技投入的效应分析》，《研究与发展管理》2007 年第 6 期，第 100—106 页。

续表

年份	科技政策	产业政策	财政政策	税收政策	金融政策	总计
1997	7C	B+2C	3C	3B+3C	3C	4B+18C
1998	3C				A+2C	A+5C
1999	A+2B+18C			B+6C	A+5C	2A+3B+29C
2000	A+B+16C	B+3C	C	6C	C	A+2B+27C
2001	A+2B+7C	3B+3C		3C	A+5C	2A+5B+18C
2002	A+B+10C	A+3C	A+C		A+5C	4A+B+19C
2003	B	B+2C		2C	3A+C	3A+2B+5C
2004	C	A+7C	2C	2C	B	A+B+12C
2005		B+2C				B+2C

注：表中的 A 表示全国人大及人大常委会制定的法律，其法律效力最高；B 表示国务院制定或者批准制定的行政法规，效力仅次于法律；C 表示地方人大及人大常委会制定的地方性法规以及国务院各部门制定的规章等，效力次于行政法规。

资料来源：刘凤朝和孙玉涛（2007）对《国家促进自主创新的政策分析与研究》统计数据的整理。

一　对促进企业技术创新的政府资金支持的评价

在我国企业创新活动的过程中，政府通过提供税收优惠、资金扶持、政策采购等一系列激励政策促进了企业创新发展。从政府资金扶持看，企业 R&D 经费支出中，政府扶持资金规模较小。虽然政府对企业技术创新投入在逐年增加，从 2010 年的 236.8 亿元提高到 2015 年的 463.4 亿元，但是投入力度仍然不足。如图 3—3 所示，2010 年到 2015 年企业 R&D 经费支出中来自政府资金的比重不升反降，整体比重一直徘徊在 4%—4.5%，这与美国企业创新研发投入一半以上来自政府形成鲜明对比。美国 20 世纪五六十年代将政府投入的一半以上投向了企业。日本给予创新联盟 30%—50% 的经费支持；韩国对于重点支持战略领域的产业给予 1∶1 配套的研发资金支持。

但是政府在对企业技术创新的资金支持结构方面存在一定的问题，主要体现在政府对企业基础研究的保障力度不够。政府目前主要以大学和科研院所为主体进行资助，对企业层面的基础研究投入远远不足。同时缺乏相应企业技术产品创新需求的机制，不能为企业技术创新提供应有的资金和技术支持。同时，财政鼓励企业创新发展所设立的各类专项资金在具体实施过程中缺乏可操作性，有些甚至尚未设立。如《国家中长期科学和技术发展规划纲要（2006—2020年）》中所提出的用于支持引进技术消化、吸收和再创新的专项资金就尚未设立。

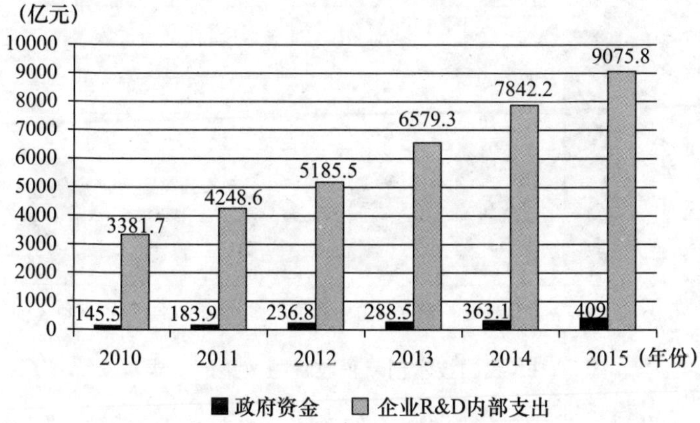

图3—3　2010—2015年企业R&D经费内部支出的来源结构

二　对促进企业技术创新税收政策的评价

从税收政策看，我国对企业的创新发展给予了诸多的税收优惠政策，税收优惠的规模也在不断增加。图3—4表明，研发费用加计扣除政策自2008年进入实操以来，享受政策的企业数和减免税额实现逐步较大幅度增长，2011年度全国享受该政策的企业数为20963家，较2008年增长80%。2014年我国规模以上工业企业研发费用加计扣除减免税和高新技术企业减免税分别为379.8亿元和613.1亿元，分别比2012年增长27.2%和16.2%，年均分别增长12.8%和7.8%。同时，政府还陆续出台了一系列促进企业创新发展的资金扶持政策。如各级政府通过设立专项资金向企业创新提供技术研发资金、贷款贴息、担保等。

通过系统梳理现行税收优惠政策可以发现，目前有关技术创新的税收优惠政策已有100余项，涉及技术创新的各个环节和各个方面，大致可分为如下六个方面：一是围绕支持研发的税收优惠，二是鼓励对技术创新投资的税收优惠政策，三是促进技术引进和设备更新的税收优惠政策，四是加快科技成果转化和产业化的税收优惠政策，五是支持高新技术产品的税收优惠政策，六是促进高新技术企业发展的税收优惠政策。

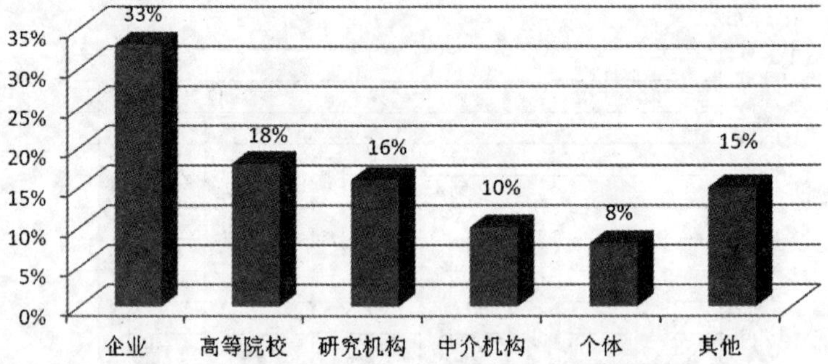

图 3—4 我国技术创新税收优惠政策的主要对象

注：数据源于范柏乃①的整理资料。

目前，我国现行围绕企业建立和成长的科技创新税收政策体系中，涉及的税种主要是所得税（包括个人所得税与企业所得税）、增值税、营业税、关税、消费税、土地使用税等。其中，企业所得税是主导税种；在流转税方面，主要以增值税和营业税为主。从整体来看，我国激励技术创新的税收政策已粗具规模，国际上通用的税收抵免、税前扣除、加速折旧等成本效益比较高、对技术创新有较强引导作用的间接优惠手段也都已经使用，初步建立了激励技术创新的税收优惠体系。

在技术创新活动中，税收优惠政策作用的主体主要是企业、高等院校、研究机构、个人以及创新中介服务机构，其中企业是核心。图 3—4 就给出了我国激励技术创新的税收优惠政策的主体结构分布情况。

表 3—5 和表 3—6 列出了不同科技企业的税收优惠政策力度以及激励技术创新的主要优惠方式。

① 范柏乃：《面向自主创新的财税激励政策研究》，科学出版社 2010 年版。

表 3—5　　不同科技企业的税收优惠政策

序号	科技企业	税收优惠
1	小型微企业	20%所得税率（2013 年 8 月 1 日起，部分小微企业免征增值税和营业税）
2	高新技术企业	15%所得税率
3	“双软”企业、动漫企业	两免三减半、职工教育费据实扣除
4	技术先进性服务企业	15%所得税率、职工教育费 8%扣除
5	集成电路企业	两免三减半、15%所得税率、五免五减半，其他同软件业
6	资源综合利用企业	应纳税所得额减按 90%计入收入总额

注：数据源于范柏乃（2010）的整理资料。

表 3—6　　我国技术创新税收优惠政策的主要方式

优惠方式		比重（%）	
直接优惠	免征	30	60
	减征	18	
	优惠税率	12	
间接优惠	费用扣除	10	40
	投资抵免	7	
	先征后退、即征即退	11	
	亏损结转	7	
	加速折旧	5	

注：数据源于范柏乃（2010）的整理资料。

可以看到，我国现行激励技术创新的税收优惠已经采纳了发达国家通行的优惠方式，如直接优惠方式中的免征、减征和优惠税率，间接优惠方式中的税前扣除、投资抵免、加速折旧、先征后退、即征即退和亏损结转等。但从比例看，直接优惠政策占 60%，间接优惠政策占 40%。

但目前税收政策对企业技术创新的支持力度不够。首先，目前税收优惠方式和优惠环节的选择是否能够促进企业开展创新活动以及提高创新能力还缺乏科学论证。其次，限制性、特惠性优惠政策过多，开放性、普惠性优惠政策还较少。如研发费用的扣除中，只允许加计扣除针对研发互动的费用，对研发辅助环节的支出不允许扣除，使得税收优惠政策在研发环节影响效果减弱。再次，临时性税收优惠政策过多。如对研发费用的扣除，政府为激励企业创新发展而不断地改变政策优惠的范围，甚至同一行业在较短时间内的政策享用标准不断变化，这不仅不利于税收公平，也不利于企业根据稳定的政策来制定企业发展规划。最后，某些现行政策执行不及时和不到位。目前重大技术装备进口免税政策的办理手续较为烦琐，企业反映退税到账一般要半年至一年；研发投入加计扣除政策缺少对中小企业尤其是小微企业研发的确认机制，另外由于地方税务部门在实际执行中随意性较大，导致大部分中小企业没有享受此项政策。① （见图 3—5）

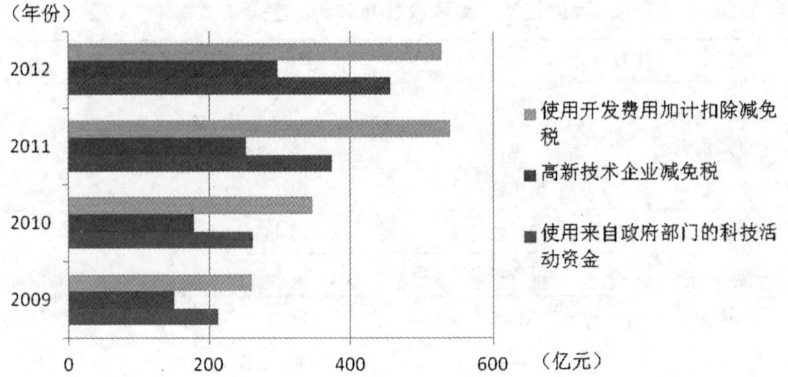

图 3—5 政府相关政策落实情况

三 对促进企业技术创新的金融政策的评价

目前，政府金融支持在企业技术创新活动中起到了一定的作用。如知识产权质押融资工作广泛开展，专利质押合同登记已连续五年保持高速增长，质押金额平均年增长近 70%，累计超过 400 亿元人民币。同时，2012 年商标、版权质押金额分别达到 214.6 亿元和 27.51 亿元。在

① 参见国家发展和改革委员会经济研究所《“十三五”规划研究经济发展和深化改革》，经济科学出版社 2014 年版。

信贷和信保方面，与2007年相比，2012年进出口银行支持的科技企业数和贷款业务余额增幅分别达到61.72%和51%，2012年贷款业务余额规模达到447.39亿元。

但目前政府对企业技术创新的金融支持体系不完善。一是创新型企业的银行贷款融资渠道不畅，影响了创业创新企业的发展以及新技术、新成果的商业化。二是风险投资基金和产业投资基金发展不规范难以为企业创业创新行为提供充分的资金，不利于企业创新发展。三是相关政策尚未落实。如《国家中长期科学和技术发展规划纲要（2006—2020年）》中提出的“加大对企业设立海外研究开发机构的外汇和融资支持力度”的规定未见实质性的落实。

四　对促进企业技术创新的产学研合作支持政策的评价

目前政府对企业倡导产学研合作的一系列政策都体现出政府为提高技术创新水平、构建有效制度框架所付出的努力。但政府对产学研合作支持方面仍然存在如下问题。一是对产学研合作投入资金不足。无论是政府还是企业，对产学研投入都明显不足，导致研究开发与成果产业化相脱节。二是政府对产学研合作的政策引导和鼓励明显不足。如在人才引进、共建产业基地和产业化项目等方面缺乏足够有吸引力的政策支持；具有相应服务能力的中介组织缺乏，使得高校、科研院所、企业之间的沟通渠道不畅。三是在产学研合作方面的机制仍不健全，产学研合作各方定位不清，责任不明。企业仍未成为合作过程中的决策主体、投入主体、利益主体和风险承担主体；高校缺乏一定的积极性和主动性，仍然处于被动等待阶段。

五　对促进企业技术创新的知识产权保护政策的评价

当前我国企业的技术创新能力和水平决定其更需要依靠产学研合作增强自主创新能力。目前我国的科技资源相对集中在高校和科研院所，企业的科技资源比较缺乏，自主创新能力比较弱，技术水平比较低，通过产学研合作，大力利用外部科技资源提升自主创新能力，是科学有效的选择。

改革开放以来，我国建立起了较为完善的知识产权制度，但知识产权保护状况还不能适应深化改革开放、建设创新型国家的要求，具体表现在：一是国家虽然颁布了《中华人民共和国商标法》《中华人民共和国著作权法》《中华人民共和国专利法》等，但政府对企业技术创新的知识产权保护制度仍不完善。二是政策制度不完善导致了企业申请专利的成本较高且等待时间较长，专利侵权等问题比较严重，影响了企业技术创新投入的积极性。三是面对大量存在的违法侵权行为，缺乏强有力的管理政策进行应对，导致知识产权领域有法不依、执法不严、违法不究的现象时有发生。

六　对促进企业技术创新的政府采购政策的评价

政府采购作为一种约束和规范政府购买活动的财政支出管理制度，在许多方面取得了明显成效，对社会经济的影响日益重大，已经逐步成为一种有效实现公共资源优化配置的机制。近几年，我国政府采购取得了一定的成效。一是我国政府采购规模持续扩大，经济效益显著提高。财政部数据显示，中国政府采购规模由 2002 年的 1009 亿元增加到 2015 年的 21070 亿元，占财政支出的比重也由 4.6% 提高到 12%。同时，政府采购实施范围涵盖了货物、工程、服务三大类产品延伸，货物类采购从通用类货物向专用类产品延伸，服务类采购从部门专业服务快速扩展到公共服务、服务外包等新型服务领域。从政府采购政策功能落实情况来看，各地各部门积极落实节能环保、促进中小企业和监狱企业发展等采购政策，推动实现经济社会发展相关目标。

二是政府采购法制建设取得一定进展，采购活动规范化水平显著提升。以《政府采购法》为统领、以部门法规为依托的政府采购法律制度框架基本形成。《政府采购法实施条例》历经多次修改和面向社会公开征求意见，于 2015 年 1 月 30 日公布。同时，与《招标投标法实施条例》的衔接工作取得了实质性进展。

三是政府采购政策功能不断拓展，宏观调控能力明显增强，有力支持了国内相关产业和行业的发展。促进节能减排的采购政策更加完善。2013 年在节能环保产品采购方面，全国强制和优先采购节能、环保产品规模分别达到 1839.1 亿元和 1434.9 亿元，占同类产品的 86% 和 82%，比上年同期分别增加 558.4 亿元和 495.3 亿元，增幅达 43.6% 和

52.7%。政府采购在经济社会发展中的作用也日益突出。

但是目前政府采购仍然存在一些问题，如《政府采购法》的采购范围过窄，如国有企业尚未纳入政府采购范围，给政府采购规模的进一步扩大带来了一定影响；政府采购制度难以满足开放政府采购市场的需要，难以适应 WTO《政府采购协议》（GPA）的要求；政府采购信息化水平有待进一步提高，缺乏透明度和统一采购标准等。中国社科院于 2013 年发布的《法治蓝皮书》中的一项调查，部分反映了政府采购领域问题的普遍性与严重性。报告指出 2012 年中国政府采购价格虚高问题十分突出，资金浪费严重，背离了政府采购制度设计的初衷。虽然此项调查针对的只是部分省在一定时间内的情况，但也反映出目前政府采购领域的一些普遍性问题，缺乏透明度和统一采购标准被认为是其中的重要原因。

第四节　本章小结

本章首先对我国企业技术创新的现状与问题进行了分析。目前企业技术创新在投入经费和人员方面处于快速增长阶段，技术创新产出方面也取得一定成果。但是企业技术创新仍然存在很多问题，如技术创新经费投入结构不合理、高端创新人才仍然紧缺、有研发机构或 R&D 活动企业数量少、企业产学研合作仍有待进一步加强、技术创新产出率低等。

其次，本章将改革开放后我国企业技术创新中政府激励政策的发展演进划分为改革开放初期政府引导下的企业技术创新（1978—1991），市场经济体制下的企业技术创新（1992—2005）以及国家创新体系建设下的企业技术创新（2006 年至今）。总的来说，改革开放后的探索阶段，政府对技术创新的激励政策带有浓厚的计划经济色彩，从市场化改革的建设阶段以来，政府开始不断放权和完善市场机制，同时确立了“竞争机制”，加强了市场化程度，更加重视科技成果的转化，大大促进了科技创新与经济结合，进一步适应了经济生产活动对于科技管理的要求。到了国家创新型体系建设阶段，国家科技管理体制主要加强了顶层设计，通过《国家中长期科学和技术发展规划纲要（2006—2020年)》的实施，政府加大了对于关键技术、基础研究、前沿技术研究、社会公益性技术研究的支持力度，进一步确立了以企业为主体、市场为导向、产学研相结合的技术创新体系。

最后，本章第三节对我国企业技术创新中政府激励政策进行评价，分别对促进企业技术创新的政府资金支持、税收政策、服务体系建设、知识产权保护和政府采购政策进行了现状分析以及对它们存在的问题进行了阐述，以期为后面的研究奠定基础。

第四章

技术创新中政府激励的作用机制研究

基于上述理论分析和中国企业技术创新中政府激励政策的历史和现状研究，本章将重点研究技术创新中政府激励政策的作用机理。由于技术外溢、不完全信息的存在，企业的技术创新往往会陷入“囚徒困境”，这已经成为制约企业技术创新发展的重大问题，这就要求第三方政府采取有效的激励政策，解决企业技术创新的“囚徒困境”。本章首先构建了技术创新中政府政策“投入—整合—产出”激励的总体框架，同时介绍了本书重点研究的六种政府激励方式，并以经典的“智猪博弈”模型为基础，以政府激励影响企业技术创新的常见六种方式为对象，通过动态博弈与静态博弈相结合的方法，建立不同类型企业的技术创新博弈行为，研究不同种类的政府激励政策对企业技术创新的激励机制，以探讨这些激励政策是否实现了企业利润的改进、社会资源的最优分配，从而对这些政府激励政策的有效性和适用性进行解析。

第一节　政府激励政策研究的总体框架和重点选择

目前国家陆续出台对企业技术创新活动的激励政策，政策体系日渐完善。建设创新型国家需要发挥各创新投入主体的积极作用。我国采用的政府激励工具，既包括政府直接资金投入、政府采购等直接方式支持企业的技术创新活动，又包括政府通过税收优惠等间接方式降低企业技术创新投入的成本，进而支持企业技术创新活动。本书在梳理政府激励不同方式的基础上，重新构建技术创新中政府激励政策框架。

一　政府激励政策研究的总体框架

笔者借鉴刘和东①对政府激励方式的划分方法，将政府激励政策分为投入激励（Input）、产出激励（Output）和整合激励（Integration），简称IOI激励。所不同的是，笔者在刘和东划分的基础上重新对各项激励内容进行了调整归类，总体框架见图4—1。在政府的总体激励框架中，涉及政府对技术创新的人才支撑、技术支撑、财力支撑、制度保障及载体搭建的作用和功能。

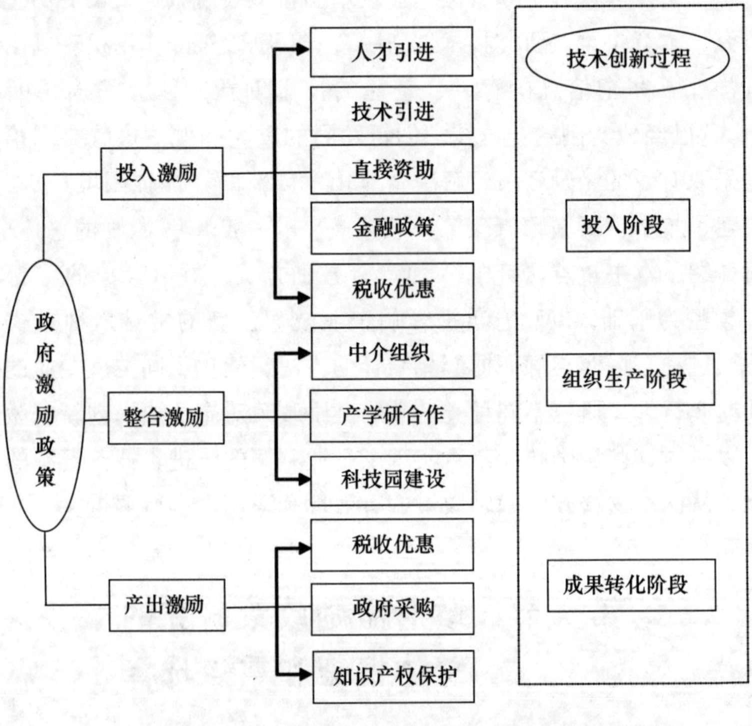

图4—1　技术创新中的政府激励政策总体框架

投入激励（Input Incentives），主要包括人才引进、技术引进、直接资助、金融政策和税收优惠。政府通过制定规划来组织生产以保证技术

① 刘和东：《转轨时期地方政府行为与企业技术创新研究》，安徽人民出版社2009年版。

创新所需要的特别要素投入，包括人才投入和技术投入，同时采用政府直接资助、金融支持和税收优惠等激励手段，通过增加创新者的创新利润，从而使技术创新的私人收益率接近社会收益率，以强化技术创新收益的动力机制。

产出激励（Output Incentives），主要包括税收优惠、政府采购和知识产权保护。政府通过制定政府采购法规等手段，能有效地降低技术创新不符合市场需求的风险，加大需求引力。通过实施税收优惠政策，如对科技成果转让取得的收入给予免税优惠等，促进科技成果转化的效果。制定与创新相关的法规，如知识产权保护法规，来减少创新活动的外部性，保证创新的预期收益。

整合激励（Integration Incentives），主要是指整合资源激励，包括中介组织、产学研合作和科技园建设。政府通过制定各种法律法规、政策，制约产学研合作中的机会主义，加强系统要素间的互动，提升企业技术创新动力与能力。通过各种中介组织如技术市场和科技园区等的建立和完善，更好地为企业提供技术信息服务，从而起到节约交易成本，促进企业技术创新能力的作用。

二　政府激励政策研究的重点选择

由于政府激励政策本身内涵丰富，本书限于篇幅，显然无法全面覆盖。因此，本书将重点对政府科技投入激励的财政直接资助、税收优惠和金融支持，政府产出激励的政府采购和知识产权保护，政府整合激励的产学研合作这六种政府激励进行分析和研究。

（一）*政府投入激励*

政府科技投入激励选择了政府直接资助、税收优惠政策和金融支持。

1. 政府直接资助

政府直接资助指的是，为了鼓励技术创新，政府运用财政资金直接对从事 R&D 活动的企业进行资助，包括财政补贴、奖励和无偿赠予等多种方式。政府直接资助的主要目的和作用是为了降低企业技术创新过程中的成本，促进企业增加对技术创新的投入，从而弥补技术创新成果带来的私人收益与社会收益之间的差额。[①] 这种差额对处于创业环节的企业更为明显。[②]

我国财政拨款除了用于科技三项费、科学事业费、国家重点基础专项经费以及科研院所技术开发研究专项资金，还重点支持一些特别计划，如火炬计划经费、高技术研究专项经费等。从图4—2可以看到，我国财政科技拨款的绝对总量逐年上涨，由1994年的268.25亿元增加到2015年的7005.8亿元，增长25倍之多。然而，财政科技拨款占财政支出的比重不升反降，近几年的比重与20世纪90年代相比并没有提升，一直在4%徘徊，总体呈现倒“U”形，2015年降到了3.98%。财政科技拨款占GDP的比重也较为平稳增长，比例仍然较低，一直在1%左右。财政科技拨款的增长速度呈现较大波动的变化，1994—2015年的平均增长速度为18.58%。

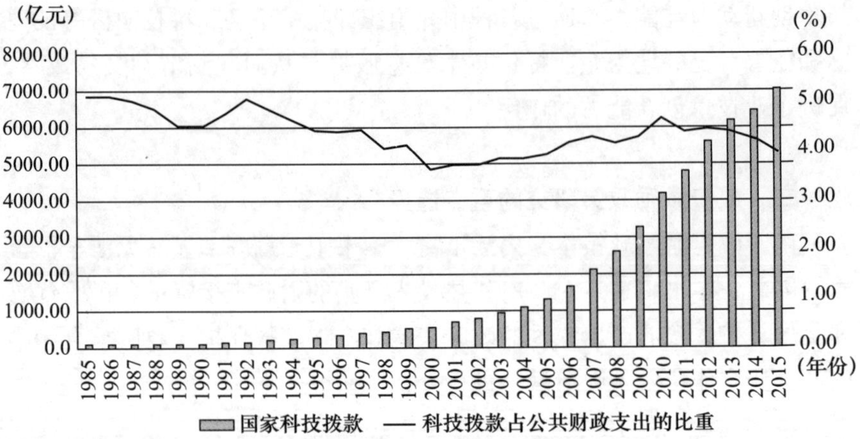

图4—2 财政科技投入情况

资料来源：根据《中国统计年鉴2016》整理计算。

① 胡明勇、周寄中：《政府资助对技术创新的作用：理论分析与政策工具选择》，《科技管理》2001年第1期，第38—42页。

② 梁桂：《育苗造林创新强国：对研究制定我国自主创新公共政策的思考》，《国际中小企业自主创新公共政策研究》2005年第10期，第3—15页。

2. 税收优惠

税收优惠政策是税收政策[①]的一种，是指国家根据一定时期社会政治经济发展的目标要求，在确定了宏观税率和税负分配的基础上，对某些特定的课税对象、纳税人或地区给予在税收方面的豁免或减少，以此来鼓励某些特定地区、行业、企业和业务的发展，或者对某些具有实际困难的纳税人给予照顾，以实现宏观经济政策目标。税收优惠政策分为事前的直接税收优惠政策和事后的间接税收优惠政策。其中，事前优惠主要强调政府与企业共同承担技术创新中的风险，从而降低企业技术创新的不确定性；事后优惠主要强调政府对企业创新成果利益的分配和让渡。因此，对于企业技术创新投入而言，事前优惠是一种直接激励，事后优惠是一种间接激励。事前的直接激励和事后的间接激励都会影响企业的技术创新。本书所定义的税收优惠政策是指为促进企业技术创新的一系列特别税收措施（包括事前优惠和事后优惠）的总和。

与直接的财政支持政策相比，税收政策支持由于更倾向利用企业和市场的力量，具有普惠性，从近几年的国际实践来看，税收优惠越来越成为各国企业技术创新过程中给予普遍激励和参与国际竞争的重要工具。[②] 20 世纪 80 年代以来，OECD 成员国企业研发支出中，来自政府资金的支持比重从平均 20% 左右下降到 2007 年的 7%；但这一比重的下降并不意味着主要发达国家政府对企业研发总体资助的减弱，而是对企业研发的间接投入在大幅增加，使其成为政府协调科技资源的重要方式。改革开放以来，我国中央政府和地方政府在技术创新过程中越来越重视税收优惠政策，陆续出台了一系列促进技术创新的税收优惠政策。2006 年 9 月，为落实全国科学技术大会精神和《实施〈国家中长期科学和技术发展规划纲要（2006—2020 年）〉若干配套政策》中有关税收政策的规定，国家税务总局出台了企业技术创新及科技中介有关企业所得税优惠政策的相关规定，强化对企业技术创新投入的支持。据统计，

---

① 税收政策是在一定时期内，政府通过各种税收手段，达到筹集财政收入和促进经济、社会发展目标的策略。税收政策主要由宏观税率、税负分配、税收优惠和税收惩罚四大内容构成。

② 薛薇：《科技创新税收政策国内外实践研究》，经济管理出版社 2013 年版。

截止到2011年，我国通过“高新技术企业所得税优惠”和“研发费用加计扣除优惠”对企业的税收减免额超过1000亿元，占中央政府财政科技拨款的50%以上，占中央和地方政府财政科技拨款总额的25%以上。可以看出，税收优惠政策对我国科技和创新资源的协调配置作用越来越明显。为更进一步促进企业技术创新，2015年11月初，财政部国家财务总局就印发了《关于完善研究开发费用税前加计扣除政策的通知》，该通知对研发费加计扣除政策做了较大调整，并规定自2016年度企业所得税年度纳税申报起，企业可享受研发费加计扣除新政策。与此同时，2016年1月底，科技部、财政部和国家税务总局等部门修订印发了《高新技术企业认定管理办法》以及《高新技术企业认定管理工作指引》等文件，对于企业申报高新技术企业认定资格、享受高新技术企业优惠都会产生一定的影响。

3. 金融支持

金融支持是指政府为了促进企业技术创新，在金融政策方面给予企业大力支持。政府的金融支持主要包括三类：第一类是便利企业获得金融机构贷款而提供的支持，如政府为企业R&D贷款提供融资担保。第二类是为了降低企业融资成本提供的支持，如政府为技术创新贷款提供贴息甚至免息的做法。第三类是政府直接为企业提供资金，如政府设立技术基金，政府成为风险基金的投资者，为符合条件的企业直接提供创新资金。

在我国“政府主导”的创新环境中，金融市场对企业的技术创新支持、企业人才成长环境无一不与政府的经济干预紧密相关。[①] 在国家发布的《实施〈国家中长期科学和技术发展规划纲要（2006—2020年）〉若干配套政策》中，明确指出把金融支持列为发展高科技企业的十大内容之一，并且要求建立加速科技产业化的多层次资本市场体系，要求商业银行根据高新技术企业金融需求特点改善和加强对高新技术企业的服务。2014年，人民银行通过运用存款准备金率工具，两次实施“定向降准”，分别下调县域农村商业银行和县域农村合作银行存款准

---

① 丁重：《政府干预与中国创造性破坏缺乏：理论和实证研究》，经济科学出版社2013年版。

备金率 2 个和 0.5 个百分点，并对符合审慎经营要求的小微企业贷款达到一定比例的其他各类商业银行下调存款准备金率 0.5 个百分点。可见，金融支持企业技术创新已作为新形势下我国经济发展的重要内容之一。

（二）政府产出激励

政府产出激励选择了政府采购和知识产权保护两种政策。

1. 政府采购

政府采购是指国家各级政府为了满足公共服务或从事日常的政务活动，通过国家财政性资金和政府借款来购买各项货物、工程和服务的行为。政府采购不仅是指具体的采购过程，而且包含采购政策、采购程序以及采购管理。政府采购的理论根源最早可追溯到西方传统的公共财政学理论，根据公共财政学的基础理论，政府采购是政府支出的重要部分，亚当·斯密与伊萨等人提出政府采购可以提高资源分配的公平性，但是会造成效率的损失，所以斯密在提倡政府采购的同时，倡导政府在司法与教育领域引入竞争机制，防止公共部门效率的损失。1920 年庇古出版《福利经济学》之后，政府采购理论得到了蓬勃发展。在《福利经济学》中，庇古运用边际效用理论探讨了政府支出的效用问题。1929 年，美国纽约大学管理学讲师福布斯在著作《政府采购》中第一次完整地提出了"政府采购"的概念与理论，指出"政府的大量采购可以节约政府的资金，提高资金的使用率，而且可以满足社会部门对于资金的多样化需求"。20 世纪 30 年代以后，伴随着凯恩斯主义的兴起，政府采购逐渐被西方国家政府作为公共财政中的一个具体工具实施，并将其用于宏观经济的调控中。例如，在经济萧条时期，政府加大财政支出的力度，使用政府购买这个财政工具刺激社会的生产和人民消费，从而实现刺激经济增长的目的。1973 年，普雷姆詹德的《公共支出管理》首次将政府购买作为政府一项微观调控工具用于行业刺激与企业管理中，这样政府采购从一个宏观经济调控工具转变为产业经济的刺激工具。2003 年的《中华人民共和国采购法》对政府采购的定义为："政府采购是指国家机关、事业单位、团体组织，为了开展正常的社会活动或为了满足公众对公共服务的需求，按照一定的规范与程式，使用公共财政资金，根据政府集中采购目录，采购限额标准以上的物品、工程或服务。”2005 年，高科技企业的首次技术创新产品被列入政府采购目录，自此以后，企业技术创新产品得到了政府采购的广泛支持。

政府采购是商品或服务市场需求的重要组成部分，一方面，可以扩大市场需求，从而激励技术创新。另一方面，可以降低技术创新的不确定性。按照政府在采购中所起的作用，可划分为直接采购和间接采购。直接采购是政府只利用自己“消费者”身份来促进技术创新，如国防、电信、铁道部门，在购买过程中，政府始终是技术或系统的最终用户。间接采购又称合作采购，指政府通过协调众多购买者的需求来实现一定的经济、社会等诸多方面的目标，在其中充当技术创新的合作者和催化剂的角色。如 20 世纪 90 年代，瑞典政府对低氟利昂冰箱的采购，就是典型的间接采购方式，促进了整个社会低氟利昂冰箱的普及。①

2. 知识产权保护

知识产权是法律所赋予的知识产品所有人对其创造性的智力成果所享有的专有专利。知识产权保护的核心是国家根据法律对知识产权所有人在一定时期内的独占性进行保护，以此鼓励智力创造活动。知识产权保护以知识成果的产权明确界定和有效保护为主要特征，为技术创新主体提供了良好的法律环境，对促进技术创新具有重要的推动作用。

知识产权保护因其赋予知识产权人对其创新成果以专有使用的权利，能够激励技术创新的投入。自 1982 年以来，我国知识产权保护法律体系逐步建立。我国专利、商标、版权保护等行政执法方面的执法机制日趋完善。近年来，我国政府在全国范围内开展了各种保护知识产权专项行动。

（三）政府整合激励

本书在政府整合激励方面仅选择了政府在产学研合作中的激励作用研究。产学研合作创新是指企业、高等院校、科研机构等主体在政府等相关部门的支持下，各自投入优势资源和能量进行联合技术开发的协同创新活动。《国家中长期科学和技术发展规划纲要（2006—2020 年）》中明确指出，要把建立以企业为主体、产学研结合的技术创新体系作为

① 胡卫：《研究与开发产出知识品与科技财政的职能定位》，《探索》2004 年第 1 期，第 82—85 页。

国家创新体系建设的突破口。这一重要诊断第一次把产学研结合提升到国家战略高度，为加快产学研结合提供了重要依据和支撑。为了进一步为产学研合作注入活力，国家实施“2011 计划”，把人才、学科、科研三位一体创新能力提升作为核心任务，把协同创新作为提升创新能力的有效途径。在具体的产学研合作创新中，政府通过搭建产学研合作平台，拓宽产学研合作层面，开展各具特色的产学研活动。各种形式的产学研联合科技开发实体是一种很好的科技开发与成果转化的组织形式，可以使企业和科研院所、大专院校进行优势互补，共享科技成果开发与应用的收益。因此，政府在产学研合作中，主要是在探索构建产学研一体化创新服务平台、加速科技成果转化与产业化、加快科研院所和高等院校科研的市场化步伐、加强创新企业的人才培养等方面发挥积极作用。

表 4—1　　　　　　产学研合作技术创新主要方式

合作模式	创新创业	成果转化	服务于企业技术创新需求		
			联合开发	委托开发	咨询服务

第二节　企业技术创新中政府激励的作用分析

本部分将企业技术创新中政府激励的作用归纳为如下五个方面，即减轻市场失灵、促进等资融资、发送传递信号，降低交易成本、培育创新网络，如图 4—3 所示。

一　减轻市场失灵

技术创新存在外部性、公共产品特性以及不确定性（Arrow, 1962），因此使得政府的介入有了必要。政府在减轻市场失灵方面，主要采取如下三种机制。

第一，外部性的内部化机制。消除技术创新的外部性就是将企业技术创新的外部性较大地内部化。如政府可以通过直接资金投入、知识产权保护等手段解决技术创新的外部性，弥补外部性造成的私人收益率过低的问题。政府通过激励政策使企业的私人收益得到保障，并达到社会收益水平，从而激励企业技术创新投资。需要指出的是，政府介入技术创新活动，并不意味着政府要将资金投入所有领域，而是应该对那些外溢性更强的基础研究和共性技术领域。对那些具有较强竞争力的企业或者企业自身具有较强投入动力，不需要政府过多介入。如果政府干预过度，反而会产生替代或挤出效应，不利于企业之间的公平竞争。

第二，公共产品的供给机制。技术创新具有公共产品性质，政府在提供公共产品方面的具体作用包括：（1）对科学技术发展的基础研究开发加强投入，如大幅度增加对基础研究的研究开发实验室和基础设施的投入，为全社会提供公共服务平台。（2）政府在知识产权保护、产业技术标准制定、关键技术的产业共性技术等方面采取一定的政策。（3）大幅度增加对图书馆、科技馆、信息网络等其他公益设施的建设，提供各类培训等服务。

第三，降低不确定性机制。技术创新具有一定的不确定性，政府通过直接资助、政府采购、税收优惠等方式降低了技术创新的成本和风险，并对企业的创新起到了一定的引导作用。如政府采购对于企业早期创新起到非常重要的支持作用，通过采购弥补因创新产品市场需求不足而引发的市场风险，从而有利于激发企业后续研究开发投入的积极性。

二 促进筹资融资

资金是企业的血液。企业技术创新活动是充满风险和不确定性的投资行为，特别是一些重大的原始创新，创新的周期长、风险大，而且所需要的资金量也非常大。当企业创新活动的某一环节遇到困难，都有可能中止创新活动，而资金困难是企业面临的一大重要问题。因此，政府在企业遇到资金问题的时候，就起到了重要的扶持和支撑作用。如 20 世纪 50 年代美国几家主要的计算机公司都得到过政府的资助，IBM 公司研发投入中有一半以上的资金来自政府投入。

在企业技术创新中，政府对企业的筹资融资功能表现在：一方面，政府以资金身份向创新企业直接提供资金，即政府以财政直接拨款、补贴、奖励等方式对企业进行资金赠与以及政府直接投向企业提供创新贷款。另一方面，为企业提供中介、服务、担保等筹融资服务，主要包括政府为企业提供的贷款担保、贴息等方式。

三 传递政策信号

从20世纪70年代起，经济学家便认识到信息在经济研究中的作用。Spence等①在《劳动力市场信号发送》中提出了信号传递模型，指出就业者以受教育程度作为信号发送给企业，从而将自己的私人信息与未受高等教育的人加以区分。之后，越来越多的学者开始研究政府激励政策下的企业与政府信号博弈模型。由于企业技术创新是其核心竞争力的关键体现，企业往往不愿意向外界透露相关信息，因此存在信息不对称的问题，政府在技术创新资助方面具有了向企业利益相关者传递信息的功能。如政府对企业进行资金扶持和支持时，需要对企业的情况进行考察，符合条件的企业才有可能得到政府的资助。因此，获取资助的企业往往在某一方面具有一定的优势，这样的信息会传递给金融机构、外部股东，减轻他们对研发项目的疑虑，让企业技术创新中的融资问题得到一定缓解。

政府在对企业进行激励扶持的同时，也在向市场传递出政府鼓励、支持企业在某一方面或某一个项目发展的信号。政府的激励政策会在市场上引起一系列的连锁反应，具体表现在如下两个方面：一是政府对企业技术创新的激励政策能够引导行业内外的其他企业进入这个领域开展创新活动。受政府扶持和激励的企业，代表技术创新发展的方向，也预示着在该领域从事技术创新活动，可以获得更大的利润空间，因此企业必然会增加在技术创新方面的投入，行业外的企业会放弃没有发展前途的项目进入该行业，必然导致研发投入增多。二是会引起下游企业对该行业创新产品的需求增长。比如政府率先采购了创新企业的新产品，政府行为在市场上具有信号传递的作用，引导下游的普通客户逐渐接受和使用新产品。随着产品需求的增加，最初的研发成本逐渐被分摊，化解了企业风险，从而激励更多的企业进行技术创新活动。

---

① Spence, A. Michael, "Job Market Signalling", *Quarterly Journal of Economics*, Vol. 87, No. 3, 1973, pp. 355–379.

四 降低交易成本

企业技术创新涉及大量的交易成本。首先发生在技术创新的合作者之间。随着技术复杂程度的提高，一项成果的出现往往涉及多家企业，他们在合作过程中面临着合约签订和履行上的高额交易成本。如在产学研合作过程中，政府在企业、大学、研究机构的合作过程中，大大降低了交易成本。其次，企业在技术创新过程中，会遇到资金约束问题。政府的金融支持为企业与金融机构之间融资合约的谈判、订立以及履行提供了良好的规则和平台，有效地降低了交易成本。最后，消费者为了确切地了解新产品的质量、功能，需要花大量的成本用于信息的收集与产品质量的甄别，而企业为了让消费者更好地了解产品，也需要花费大量的成本用于广告和宣传。政府的激励政策可以让有关产品的质量等信息容易预见，降低了消费者与企业之间交易的风险和违约的成本，降低了谈判难度和合同履行的成本，从而有效地降低了交易成本。

五 培育创新网络

创新网络的核心元素主要包括企业、高等院所和研究机构，辅助元素包括政府、中介组织和金融机构等。政府通过在这些元素之间建立稳定的关系并使得元素之间发生相互作用和影响，以实现技术创新的扩散和应用。政府培育创新网络的途径有两种，一是通过政策激励、扶持，引导市场发挥作用，自发形成、逐步扩大交流的网络。二是政府直接搭建创新平台，建立协调机制。如政府搭建产学研合作平台，加强企业与高等院校、公共研究机构之间的协作关系，促进技术创新活动开展、成果产业化等环节的内在激励机制，对于研究开发活动保持持久的活力以及科技资源整合、信息共享，提升技术创新效率有着重要的价值。因此，政府通过培育创新网络，提供各个微观创新主体更为广阔的学习界面，使创新能在多个层面、多个环节中发生。同时，创新网络具有较为灵活的运作方式和较为稳定的组织机制，使各个创新主体能够应对当前复杂多变的经济环境，保证新技术的扩散、渗透和应用。

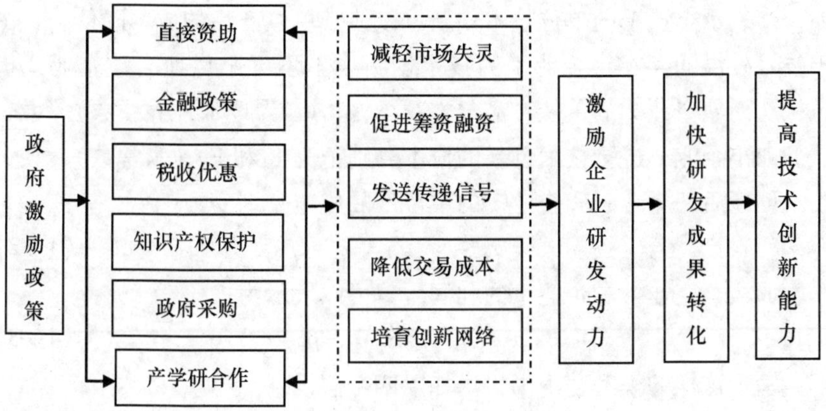

图 4—3　企业技术创新中政府激励的作用分析

第三节　技术创新中政府激励的作用机制分析

上一节分析了政府激励政策对技术创新的四种作用，但不同的政府激励政策在作用机制上有所区别。本书关于技术创新的政府激励政策主要集中在政府直接资助、金融政策、税收优惠、政府采购、知识产权保护和产学研合作方面。本部分以经典的“智猪博弈”为基础，对上述重点研究的六种政府对企业技术创新的激励政策进行研究，采用静态博弈与动态博弈相结合的方法，探讨政府激励政策对企业技术创新的作用机制。

一　基本模型的描述

假设市场中一共有两家企业，大企业 1 和小企业 2，其中大企业 1 为有实力进行独立技术创新的大型企业，小企业 2 为小企业，两类企业的产品价格 p 都满足线性假设，具体为：

$$p = a - w(y_1 + y_2); a > r + s_i > 0, w > 0 \quad (4—1)$$

其中，y_i 表示企业 i 的产品产量，单位产品的成本为 r，a 为截距，w 为变量系数。s_i 表示企业技术创新所带来单位产品成本减少量。例如，s_1 表示企业 1 的单位技术创新可以使其单位产品的成本降低 s_1，由于技术外溢的存在，企业 1 的技术创新成本不可避免地会被企业 2 模仿，从而使企业 2 的单位产品成本减少 βs_1（β 为技术外溢系数）。大企业 1 和小企业 2 进行技术创新的成本分别记为 F_1 和 F_2（为常数），经过技术创新后，企业 1 和企业 2 的单位产品成本分别变为：

$$c_1 = r_1 - s_1, c_2 = r_2 - \beta s_1 \quad (4—2)$$

那么，企业 1 和企业 2 的利润函数可以表示为：

$$\pi_1 = (p - c_1)y_1, \pi_2 = (p - c_2)y_2 \quad (4—3)$$

基于这样的模型，本书提出如下四个假设。

假设 1：政府和企业都是风险中性的，并且都为理性经济人。

假设 2：大企业 1 和小企业 2 技术创新的贡献率是不同的，大企业的技术创新贡献率高于小企业。也就是说，小企业的独立创新往往是得不偿失的，即 $s_2 y_1 - F_2 < 0$。

假设 3：大企业 1 和小企业 2 在产品市场上进行数量竞争（Count 竞争）。

假设 4：大企业 1 和小企业 2 是在信息不对称的情况下进行竞争的。

二 企业技术创新"智猪博弈"的困境分析

在现代企业的技术创新市场中，产品更新换代的速度不断加快，产品的同质性不断增强，如果不进行技术创新，消费者会转向其他的替代产品，企业 1 和企业 2 都会失去自身的市场。然而，在行业的技术创新过程中，不同类型的企业具有不一样的实力，甚至两者间的差异比较大：大企业在市场中所占份额大，技术创新的效果更为明显；小企业在市场中所占份额小，技术创新的动力表现出明显不足。此外，企业规模会对技术创新效率产生异化作用，如大企业的技术创新成本往往比小企业更容易消化。基于企业这样的技术创新环境，不同类型的企业就会出现"智猪博弈"的技术创新行为，具体的博弈矩阵如表 4—2 所示。

表 4—2 不同类型企业技术创新的"智猪博弈"

		小企业 2	
		创新	不创新
大企业 1	创新	(π_1^1, π_2^1)	(π_1^3, π_2^3)
	不创新	(π_1^2, π_2^2)	(0, 0)

其中：$\pi_1^1 = (p - r_1 + s_1 + \beta s_2)\ y_1 - \mathrm{F}_1$，$\pi_2^1 = (p - r_1 + \beta s_1 + s_2)\ y_2 - \mathrm{F}_2$；

$\pi_1^2 = (p - r_1 + \beta s_2)\ y_1$，$\pi_2^2 = (p - r_2 + s_2)\ y_2 - \mathrm{F}_2$；

$\pi_1^3 = (p - r_1 + s_1)\ y_1 - \mathrm{F}_1$，$\pi_2^3 = (p - r_2 + \beta s_1)\ y_2$。

在表 4—2 的智猪博弈中，大企业 1 没有严格的"占优战略"。然而，小企业 2 则有一个"占优战略"——"不创新"，因为无论大企业 1 选何种战略，小企业 2"主动创新"的收益都明显小于"不创新"的收益（根据假设 2）。所以，小企业 2 的占优战略只能是"不创新"。而对于大企业 1 来说，其占优战略也只能是"创新"，因为"不创新"策略下，其收益为 0，而"创新"策略下，结合上文的假设，大企业 1 的收益必然大于 0。所以，尽管考虑到在"创新"战略下，大企业 1 的技术创新投入会被小企业 2"搭便车"，但是在理性经济人的假设下，大企业 1 不得不主动进行技术创新。因此，大企业 1 和小企业 2 的纳什均衡为（创新，不创新）。这种博弈的均衡局面类似于著名的经济学模型——"智猪博弈"模型，其纳什均衡解实际上是一种"重复剔除劣战略的占优战略均衡"，在大小企业实力悬殊的差距下，小企业的"不创新"战略占优于"创新"战略，而在小企业剔除了劣"创新"战略后，大企业的"创新"战略又占优于"不创新"战略。这就是企业技术创新博弈行为的特殊纳什均衡局面。

这种"智猪博弈"的现实情况是这样的：在市场上，大企业需要花费一定成本去获取信息、分析市场以及投入一定资金进行技术创新活动。而大多数小企业并不愿意为技术创新活动花费成本，而是采取"等待"策略，即等待大企业的新产品研发成功后，从而进行跟随模仿生产。从短期来看，虽然"智猪博弈"中的小企业能够通过模仿创新来节约成本，并且能从市场中分得一杯羹。但是从长远发展来看，小企业一味进行模仿创新将不利于自身成长壮大，无法形成自己的核心竞争力。对于大企业而言，为了保持或获得更多的市场份额，其不得不不断地增加投入进行主动创新，并被小企业“搭便车”，长此以往，大企业的利益被损害，从而失去了技术创新的热情，最终导致了整个行业市场水平的倒退。这种由技术创新的“智猪博弈”所引起的市场失灵需要作为第三方的政府协调。

接下来的部分将综合运用静态博弈与动态博弈，探讨六种不同的政府激励政策对企业技术创新的作用机制。

三 政府激励政策对技术创新的博弈分析

（一）直接增加对企业技术创新投入和税费返还

在企业技术创新的投入阶段，政府可以通过直接的技术创新投入和税费返还鼓励企业进行技术创新。实际上，政府为技术创新企业实施直接投资或税费返还是20世纪90年代各国政府普遍采用的激励政策，这两种激励政策的优点是简单易行，对企业技术创新的刺激作用明显。其缺点是在不完全信息存在的情况下，政府不能有效地分辨实施主动创新的企业和简单模仿的企业，从而有可能出现厚此薄彼的情况，最终导致不能达到有效竞争、效率丧失的情况出现。具体到模型分析中，我们假设政府直接对企业进行创新投入或税费返还的金额为 D，那么大企业1和小企业2的“智猪博弈”情况如表4—3所示。

表4—3 不同类型企业技术创新的“智猪博弈”

		小企业2	
		创新	不创新
大企业1	创新	$(\pi_1^1+D,\ \pi_2^1+D)$	$(\pi_1^3+D,\ \pi_2^3)$
	不创新	$(\pi_1^2,\ \pi_2^2+D)$	(0，0)

对表4—3中的“智猪博弈”进行分析。第三方政府的直接投资减少了企业的技术创新成本，弱化了大小企业技术创新成本的贡献率比较

效应，导致了 $\pi_2^1 + D > \pi_1^3$，所以，此时进行技术创新的两个企业的纳什均衡解就为（创新，创新）。其结果是大企业 1 和小企业 2 都会去主动创新，这对行业的产业发展和核心竞争力的提高是非常有效的。但是从整个社会资源配置的角度来看，这两种激励政策并没有实现帕累托最优（需要政府额外增加直接投资才能实现行业的发展），从而使大企业 1 和小企业 2 之间缺乏了有效的竞争（关于技术创新成本的贡献率的假设失去了意义），其结果就是两种类型的企业，谁想进行技术创新，谁就可以去实施而不管结果和成本，因为最终的买单者是政府。所以归根结底，政府的直接补贴和税费返还虽然可以实现产业发展的最优，但是由于其缺乏有效的竞争机制，从而造成社会成本的浪费，没有实现社会资源的帕累托最优。

（二）融资政策的优惠

一直以来，融资约束都是我国企业技术创新组织阶段面临的最大问题，这主要是因为：第一，目前我国企业的融资方式比较单一，基本上是以银行贷款为主，而银行贷款的一个重要前提是贷款项目具有明确的价值估值，这恰恰是企业技术创新的短板。企业技术创新没有现成的规范可以参照与模仿，这就导致了其技术创新项目的估值困难，企业技术创新的门槛比较高。第二，目前我国企业以中小企业为主，企业的寿命周期普遍较短，甚至有些企业还没有完成一个技术创新项目，企业本身已经破产，这就导致了银行的贷款款项无法收回，这些都是企业技术创新难度比较大的原因。而从 2011 年进入“十二五”开始，《“十二五”期间企业技术创新专项规划》提出“降低企业银行贷款的门槛，加强政府对企业技术创新专项贷款的补贴政策”，尤其值得注意的是，进入“十二五”后，一系列的产业园、孵化器的运营走上正轨并逐渐成熟，在吸引风险资本进入企业技术创新领域发挥了积极的作用。无论是银行贷款、同业拆借抑或是风险资本的投资，这些金融优惠政策对企业技术创新最基本的作用是降低了企业技术创新的资金成本，使企业有更多的资金可以用于技术创新，从而扩大了企业技术创新规模，增加了产品供给。该动态博弈过程可以如图 4—4 所示。

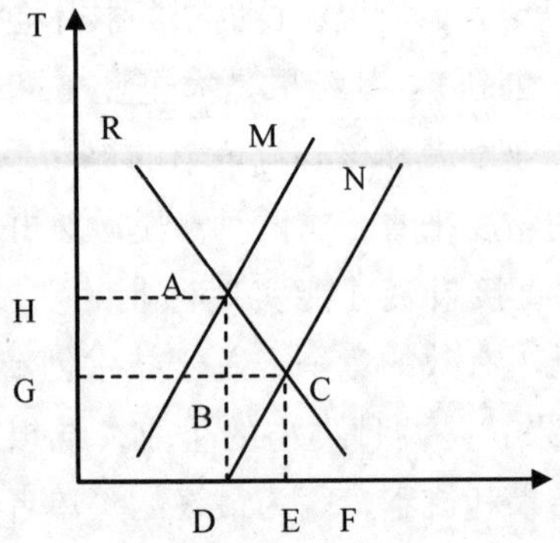

图 4—4 融资政策对企业技术创新影响的动态博弈

图 4—4 中的动态博弈过程如下：大企业 1 与小企业 2 最初面临的供需曲线分别为 M 与 R，均衡价格与产量分别为（H，D）。在融资优惠政策下，企业的融资成本降低，生产规模扩大，导致供给曲线 M 向右移动至 N 处，而需求曲线 R 并没有太大的变动。供给曲线 M 移动的结果是，企业技术创新产品的价格由原来的 H 下降至 G，产品的产量由原来的 D 增加至 E，整个社会福利也得到了增加，增加的绝对量为三角形 ABC 区域中的量。这个过程就是融资优惠政策对企业技术创新的影响作用，通过分析我们可以发现，融资优惠政策并没有发生额外的成本，政府在其中所起的作用仅仅是制定了一系列的优惠政策，搭建了风投平台，但是企业技术创新的规模却得到了扩大，社会福利也得到了一定程度的增加。

（三）产学研合作政策

产学研合作是企业技术创新组织阶段所面对的一个政府优惠政策。《国家“十二五”科学和技术发展规划》提出，“在全国范围内深化科技体制改革，建立健全鼓励原始创新、集成创新、引进消化吸收再创新的体制机制，建立产学研的协同创新机制，强化企业在技术创新中的主体地位，发挥大型企业创新骨干作用，激发中小企业创新活力，推进应用型技术研发机构市场化、企业化改革，建设国家创新体系”。产学研合作创新对于改善企业技术创新效率、推动国家创新体系的假设具有重要的作用，主要体现在两个方面。第一，产学研合作可以利用企业、高校、研究所的不同资源，实现优势互补，从而可有效提高创新效率，降低技术创新成本，加快技术创新速度。第二，产学研合作可以有效地推动集成创新的发展，提高技术转化为产品的成功率，使技术创新产品更易于被民众接受。这两种相互作用力可以达到提高技术创新产品供给和需求的目的。一方面，产学研合作研发成本的降低可以扩大企业技术创新的规模，从而使新产品的供给增加；另一方面，产学研的合作也可以提高技术转化为产品的效率，使产学研的技术产品更容易被消费者所接受，所以产学研合作同时促进了供给与需求的同时增长，具体的动态博弈过程如图 4—5 所示。

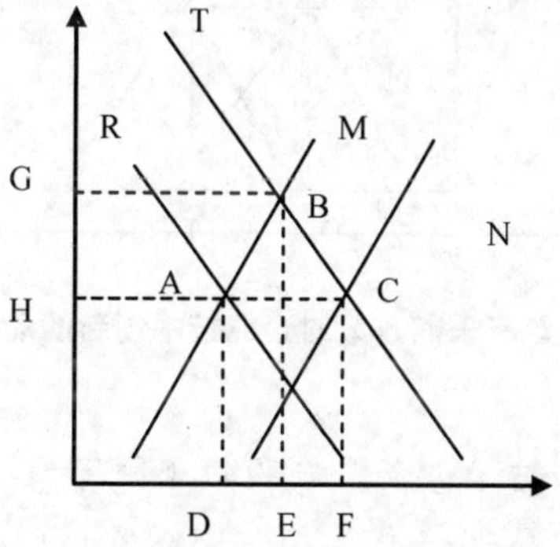

图 4—5　产学研合作对企业技术创新的动态激励过程

产学研合作对企业技术创新影响的博弈过程为：首先，大企业 1 与小企业 2 最初面临的供需曲线分别为 M 与 R，供需均衡值为（H，D）。产学研合作后，技术创新的成本降低，产品的供给增加，使原有的供给曲线从 M 移动到 N。其次，企业与高校合作后，技术转化为产品的效率提高，消费者更易接受产品，从而使消费者对产品的需求增加，表现在图 4—5 中为需求曲线从原来的 R 移动到 T，新的供需均衡值为（H，F）。

（四）政府采购

政府采购是我国政府刺激技术创新、提高国内企业技术经济发展水平的一项重大举措。对表 4—2 中不同类型企业的“智猪博弈”进行分析，我们可以发现，在技术外溢存在的情况下，大企业主动进行基础创新的最终结果只能是“主动创新”的大企业失去了技术创新的热情，小企业短时间内可以得到企业创新的优惠，但是伴随着“主动创新”大企业的退出，小企业乃至整个行业的技术创新都要受到一定程度的限制。与政府的直接创新投入、税费返还不同的是，政府购买从一定程度上可以促进社会资源的优化配置，具体的原理如图4—6所示。

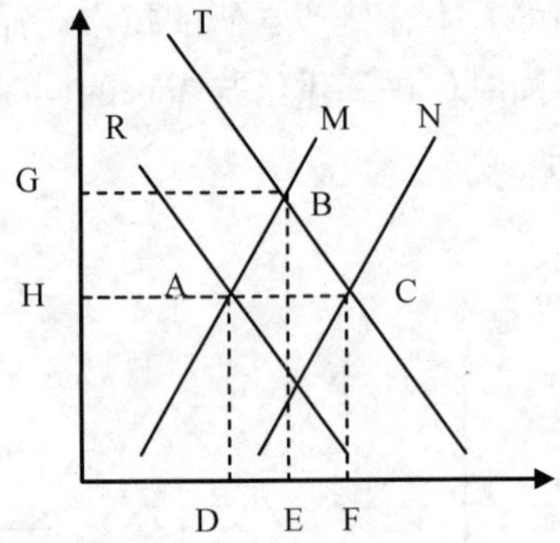

图4—6 政府采购政策对企业技术创新的动态影响机制

政府购买对企业技术创新影响的博弈过程为：大企业1与小企业2最初面临的供需曲线分别为M与R，均衡价格与产量分别为（H，D）。政府通过将企业技术创新的产品列入政府购买的名单，企业面对的产品市场规模扩大，导致市场中的需求增加，表现在图4—6中为需求曲线R向右移动至T处，新的均衡点为B，此时的均衡价格与均衡产量分别为G、E。此时主动创新的大企业1的价格上涨，其技术创新的收益增加。鉴于资本追求剩余价值的本能，产品收益中的一部分会被企业用来开发新的技术，进行技术创新，从而促进了企业规模的扩大，导致了产品供给的增加，表现在图4—6中为原有的供给曲线M向右移动，直至移动到曲线N处。那么，此时技术创新产品的价格就会伴随着产品供给的增加而下降，新的均衡价格与均衡产量分别为H、F。因此，通过政府采购，虽然企业技术产品的价格基本上保持不变，但是除去政府购买的成本之后，整个社会福利得到了增加，增加额为图4—6中的长方形DACF部分。这就是政府购买优于技术创新直接投入与税费返还之处。从动态博弈的分析我们可以看出，政府购买对企业技术创新的动态激励与产学研合作的动态行动轨迹具有相似性。但是二者也有不同的地方，最大的不同就是，政府购买机制下，社会福利的增加总额图 4—6 中的长方形 DACF 部分，而在产学研合作的情况下，长方形 DACF 的增加值需要企业、高校、研究所乃至社会公众共同瓜分，那么就企业来说，其所得的收益增量就会比政府购买机制下的收益减少。

（五）“知识产权保护 + 固定权利金授权”

知识产权保护是提高行业技术水平、保护主动创新企业利益的有效手段。技术外溢是企业技术创新不可避免的因素，因此为了保护主动创新企业的合理利润，在利益分配阶段必须对大企业的知识产权进行保护，同时也使行业中的其他企业可以“有偿”地使用技术创新的成果。“知识产权保护 + 权利金授权”最初是由 Poyago Theotoky[①] 于 1998 年提出的，Wang 在 2008 年进一步将“权利金授权”分为“固定权利金”与“单位权利金”，到目前为止，“知识产权保护 + 固定/单位权利金授权”在实践中也得到了广泛的应用。本部分将以 Poyago Theotoky & Wang 的研究为基础，探讨这两种政府激励政策的作用机制。所谓的“知识产权保护 + 固定权利金授权”是指政府加强对大企业技术创新的产权保护，大企业通过固定权利金将技术创新成果授权给小企业使用，但是小企业须向大企业缴纳一定的固定权利金作为报酬。所谓的“知识产权保护 + 单位权利金授权”则是指大企业根据小企业按照创新技术所生产的产品数量收取权利金报酬。[②]

通过固定权利金授权，小企业 2 的单位产品成本变为 $r_2 - \beta s_2$。而研发所需的成本 F_1 由大企业承担，小企业 2 只需向大企业缴纳固定权利金。

大企业 1 追求个别利润极大：

$$q_i^* = \arg\max_{q_i} \pi_i = (P - r_1 + s_1)\gamma_1 - F_1 \qquad (4\text{—}4)$$

① Poyago Theotoky, J. , “ Equilibrium and Optimal Size of a Research Joint Venture in an Oligopoly with Spillovers”, *Journal of Industrial Economics*, Vol. 43, 1998, pp. 209 – 226.

② Wang, X. , H. , “Fee Versus Royalty Licensing in a Cournot Duopoly Model”, *Economics Letters*, Vol. 60, 2008, pp55 – 62.

其一阶条件为：

$$(P - r_1 + s_1) + y_1(-1) = 0 \tag{4—5}$$

小企业 2 追求个别利润极大：

$$q_j^* = \arg\max_{q_j} \pi_j = (P - r_2 + \beta s_2) y_2 \tag{4—6}$$

其一阶条件为：

$$(P - r_2 + \beta s_2) + y_2(-1) = 0 \tag{4—7}$$

式（4—5）、（4—7）二式联立并利用对称性，求得其 Cournot-Nash 均衡（y_1^*，y_2^*），再分别代入其个别利润函数（π_1^*，π_2^*）。

在没有固定权利金授权之前，两种类型的企业共存于市场，大企业 1 的均衡的产量及利润为：

$$y_1^* = \frac{a - r_1 + \varepsilon(2 - \beta)}{3}, \pi_1^* = \left[\frac{a - r_1 + \varepsilon(2 - \beta)}{3}\right]^2 - F \tag{4—8}$$

小企业 2 的均衡的产量及利润为：

$$y_2^* = \frac{a - r_2 - \varepsilon(1 - 2\beta)}{3} \pi_2^* = \left[\frac{a - r_2 - \varepsilon(1 - 2\beta)}{3}\right]^2 \tag{4—9}$$

小企业 2 愿意通过固定权利金购买技术创新成果的条件是：授权后的利润不低于授权前的利润。小企业 2 的前后利润对比为：

$$\pi_2^f - \pi_2^* = \frac{4s_1(1 - \beta)[a - c + \beta s_1]}{9} - A \geqslant 0 \tag{4—10}$$

由此，$A \leqslant \frac{4s_1\ (1 - \beta)\ [a - c + \beta s_1]}{9}$时，小企业 2 才愿意接受大企业 1 的授权。

同理，大企业 1 也只有在授权后的利润不低于授权前的利润条件下才会授权，其条件为：

$$\pi_1^f - \pi_1^* = \frac{-s_1(1 - \beta)[2a - 2c + 2s_1 + (1 - \beta)]}{9} + A \geqslant 0, \tag{4—11}$$

由此，我们可以得到当 $A \geqslant \frac{s_1\ (1-\beta)\ [2a-2c+2s_1+\ (1-\beta)]}{9}$ 时，大企业 1 才愿意授权给小企业 2。

通过以上分析我们可以发现，政府在实施了知识产权保护后，大企业1 和小企业 2 之间通过“固定权利金授权”的方式可以实现增量利润的重新分配，而且，该固定权利金的范围为：$\frac{s_1\ (1-\beta)\ [2a-2c+2s_1+\ (1-\beta)]}{9} \leqslant A \leqslant \frac{4s_1\ (1-\beta)\ [a-c+\beta s_1]}{9}$，此时大企业 1 和小企业 2 都实现了利润的改进而且没有发生额外的成本，第三方政府只是实施了知识产权保护这样的法律保护和规制，并没有发生额外成本。所以政府的“知识产权保护 + 固定权利金授权”可以实现企业的利润改进，同时也可以实现社会资源的帕累托最优。

（六）“知识产权保护 + 单位权利金授权”

在双方授权未发生的情况下，小企业 2 希望通过大企业 1 的单位权利金授权方式取得新技术，并与大企业 1 在产品市场上进行 Count 竞争。这里我们用 f 表示单位权利金的大小。

对于小企业 2 来说，其只有在授权后的利润不低于授权前的利润时才会接受授权。

$$\pi_2^b - \pi_2^* = \frac{1}{9}\{2[b - s_1(1-\beta)][-2a + 2c + 2b - 2s_1\beta]\} \geqslant 0 \tag{4—12}$$

同理，大企业 1 也只有在授权后的利润不低于授权前的利润时才会授权，这也是其激励性条件。

$$\pi_1^b - \pi_1^* = -\frac{5}{9}\left[r^2 - r(a - c + s_1) + \frac{s_1(1-\beta)(2a - 2c + s_1(2 + (1-\beta)))}{5}\right] \geqslant 0, \tag{4—13}$$

即 $\frac{(a-c+s_1)\ -\sqrt{D}}{2} \leqslant b \leqslant s_1\ (1-\beta)$ 时，大企业 1 才愿意通过单位权利金授权给小企业 2。

其中，

$$D = [5(a-c+s_1)]^2 - 20ks_1(1-\beta)[2a-2c+s_1(3-\beta)]$$

(4—14)

所以，当大企业 1 和小企业 2 的激励条件都满足的情况下，大企业 1 会拟定一个最优的单位权利金比率 $r^* = \varepsilon(1-\beta)$，授权给非 RJV 厂商①。此时，大企业 1 和小企业 2 的收益都得到了改善，大企业 1 因为其主动创新得到了小企业 2 的技术模仿和学习所让渡的部分收益，这种激励政策既刺激了企业技术创新的竞争，又没有发生额外的成本，并且增加了社会财富，可以有效实现行业和社会的帕累托最优。

（七）“单位权利金授权”和“固定权利金授权”的比较

由上可知，在政府的知识产权保护和监督的情况下，固定权利金与单位权利金授权两种方式皆有可能发生，但当大企业 1 可以自由选择授权方式时，哪种授权方式是最优的授权策略?

因为，由式（4—10）—（4—13）可得：

$$\pi_i^{r^*} - \pi_i^{f^*} = \frac{\varepsilon(n-k)(1-\beta)[(n-1)(a-c)+\varepsilon(k-1+\beta(n-k))]}{k(1+n)^2} > 0$$

(4—15)

这说明，当大企业 1 采取单位权利金授权方式，所得的均衡利润大于采用固定权利金授权方式所得的均衡利润。然而，在实际的运营过程中，在政府知识产权保护的背景下，权利金授权的主动方要考虑行业的主要情况。如果新技术为热门技术的话，那么大企业就会处于主动授权地位，此时大企业 1 可以自由选择授权方式，单位权利金授权是其最优选择模式。相反地，如果新技术不是太热门，而且大企业 1 急于收回创新成本，那么小企业 2 就会处于主动地位，并可以自由选择授权方式，此时，固定权利金方式是其最优选择。

① 非 RJVJ 商是指非 Research Joint Venture（RJV，是厂商和销售商组成的一个纵向 R&D 联盟，简称 RJV）。

第四节　本章小结

本章首先给出了政府激励的“投入—产出—整合（I－O－I）”的总体框架，并从中选取了政府投入激励的财政直接资助、税收优惠和金融支持，政府产出激励的政府采购和知识产权保护，政府整合激励的产学研合作这六种政府激励进行分析和阐述。其次，本章对技术创新中的政府激励作用进行了分析，认为政府激励对技术创新起到减轻市场失灵、促进筹资融资、发送传递信号、降低交易成本以培育创新网络等作用。本章第三节以经典的“智猪博弈”为基础，采用静态博弈与动态博弈相结合的方法，探讨本书重点研究的六种政府激励政策影响企业技术创新的作用机制。研究表明：首先，政府的直接补贴和税费返还可提高企业的技术创新水平，但会造成社会成本的浪费，损害社会福利。其次，政府购买与产学研合作可促进社会福利的最大化，但产学研合作中企业的利润增量明显小于政府购买下的利润增量。再次，融资政策优惠、“政府的知识产权保护＋固定权利金授权”、“政府的知识产权保护＋单位权利金授权”，不但可以实现企业技术创新水平的最优，而且可以实现社会资源的帕累托最优。最后，“政府的知识产权保护＋单位权利金授权”可使大企业所得的均衡利润大于采用固定权利金授权方式所得的均衡利润，而“政府的知识产权保护＋固定权利金授权”可使小企业的均衡收益大于采用单位权利金授权方式所得的利润。

第五章

企业技术创新中政府激励作用的实证研究

——基于技术创新效率视角

第四章通过博弈论分析方法对技术创新中不同政府激励政策的作用机制进行分析，本章则尝试从技术创新效率的视角入手，通过计量分析方法对政府激励政策影响技术创新效率进行实证检验。因为技术创新效率涉及投入和产出过程，决定了创新要素的利用效率。单一地从技术创新的投入来看，存在一定的偏颇，因此，政府的新支持政策也不断修正原有的标准，使得遴选标准能够更加准确地报告出企业的技术创新情况。例如，《高新技术企业认定管理办法》（国科发火〔2008〕72 号）在对高新技术企业的认定上，加入了对企业的“科技成果转化能力”进行评估。这在一定程度上反映了国家政策对技术创新产出的重视。

因此，本章侧重政府激励对技术创新效率的评价研究，并从区域和产业层面展开实证研究。本章接下来的内容安排如下：第一部分简要介绍区域和产业层面的技术创新投入产出情况；第二部分为技术创新效率的测算方法选择、变量和数据来源的说明；第三部分为区域和产业层面的技术创新效率的测算结果；第四部分是基于 SYS-GMM 模型的不同政府激励政策对技术创新效率的实证研究，其中区域层面分东、中、西三个地区展开研究，产业层面基于要素禀赋进行比较研究。

第一节 技术创新的投入产出分析

一 区域层面技术创新的投入产出分析

(一) 技术创新投入呈现“东高、中中、西低”趋势

为了研究的需要，笔者沿袭传统的东、中、西部划分，按通常的划分方法，东部地区包括北京、上海、天津、江苏、河北、浙江、辽宁、山东、福建、广东、海南，中部地区包括吉林、黑龙江、山西、河南、安徽、江西、湖北、湖南，西部地区包括重庆、内蒙古、广西、云南、四川、贵州、甘肃、陕西、宁夏、青海、新疆、西藏。

技术创新投入主要包含科技人员及经费的投入。由表5—1可以看出，我国科技人员投入具有一定的区域差异。东部、中部和西部地区的R&D人员投入在逐年增加。从中国各地区R&D人员投入历年的情况看，东部地区一直位列榜首，2009年总数量达到2017182人，而西部地区R&D人员投入最少，只有475203人，仅为东部地区的四分之一。2012年东部地区R&D人员总量为3030483人，西部地区为542988人。可见，中国科技人员的区域分布具有地域上的严重不均衡，而且东部地区与西部地区的R&D人员差距呈现出明显的扩大趋势。

表5—1　2009—2012年中国各区域R&D人员投入统计　单位：人

地区 \ 年份	2009	2010	2011	2012
东部地区	2017182	2275470	2607920	3030483
中部地区	691268	760225	866695	968905
西部地区	475203	506549	542963	542988
北京	252676	269932	296990	322417
天津	72599	86374	111586	126436
河北	84601	91794	111807	124892
山西	65147	67022	67777	71884
内蒙古	31381	32873	36225	41974

续表

年份 地区	2009	2010	2011	2012
辽宁	119440	126393	129637	141756
吉林	56428	65380	70704	76335
黑龙江	72587	83052	87258	90386
上海	170512	177488	198667	208817
江苏	369403	406231	455135	549159
浙江	239058	286751	324245	377315
安徽	87664	94610	122640	156257
福建	85745	101374	128614	158089
江西	51894	53470	56919	58245
山东	233137	275360	327252	382057
河南	132062	144025	167386	185116
湖北	131680	142917	166357	185703
湖南	93806	109749	127654	144979
广东	383524	446579	515646	629055
广西	45049	52481	61185	64935
海南	6487	7194	8341	10490
重庆	53359	58886	65287	72609
四川	125089	130400	134125	155335
贵州	19982	23431	24875	29967
云南	36876	37780	43586	47038
西藏	1916	1618	1855	2135
陕西	93576	98701	100585	118350
甘肃	29490	31301	31819	36762
青海	7510	7643	7515	7848
宁夏	10722	10370	12006	14039
新疆	20253	21065	23900	26740

资料来源：根据《中国科技统计年鉴》（2010—2013）公布的数据整理得到。

各地区 R&D 经费投入也表现为地域上分布的不平衡。从表 5—2 数据可以看到，我国各地区 R&D 经费投入强度在逐年增强，到 2012 年达到了 1.98%。2013 年 R&D 经费投入强度首次突破 2%，达到 2.08%。这表明我国科技实力不断增强，与发达国家的差距进一步缩小。从地区分布看，东部地区的 R&D 经费投入强度遥遥领先，2006 年为 1.67%，到 2013 年达到了 2.40%，超过了全国平均水平。而西部地区和中部地区相对较弱，尤其中部地区尚未突破 1%。

表 5—2　　各地区 R&D 经费投入强度　　单位:%

地区＼年份	2006	2007	2008	2009	2010	2011	2012	2013
全国	1.39	1.40	1.47	1.7	1.76	1.84	1.98	2.08
东部	1.67	1.69	1.75	1.95	2.02	2.13	2.29	2.40
西部	0.89	0.91	0.98	1.21	1.15	1.13	1.23	1.30
中部	0.74	0.74	0.74	0.91	0.89	0.86	0.90	0.93
北京	5.33	5.13	4.95	5.5	5.82	5.76	5.95	6.08
天津	2.13	2.18	2.32	2.37	2.49	2.63	2.80	2.98
河北	0.67	0.66	0.68	0.78	0.76	0.82	0.92	1.00
辽宁	1.46	1.48	1.39	1.53	1.56	1.64	1.57	1.65
上海	2.45	2.46	2.53	2.81	2.81	3.11	3.37	3.60
江苏	1.59	1.65	1.88	2.04	2.07	2.17	2.38	2.51
浙江	1.43	1.50	1.61	1.73	1.78	1.85	2.08	2.18
福建	0.89	0.89	0.94	1.11	1.16	1.26	1.38	1.44
山东	1.07	1.21	1.40	1.53	1.72	1.86	2.04	2.15
广东	1.18	1.27	1.37	1.65	1.76	1.96	2.17	2.32
海南	0.20	0.21	0.22	0.35	0.34	0.41	0.48	0.47
山西	0.74	0.82	0.86	1.10	0.98	1.01	1.09	1.23
吉林	0.96	0.96	0.82	1.12	0.87	0.84	0.92	0.92
黑龙江	0.92	0.93	1.04	1.27	1.19	1.02	1.07	1.15
安徽	0.97	0.98	1.11	1.35	1.32	1.40	1.64	1.85
江西	0.78	0.84	0.91	0.99	0.92	0.83	0.88	0.94
河南	0.65	0.67	0.68	0.90	0.91	0.98	1.05	1.11

续表

年份 地区	2006	2007	2008	2009	2010	2011	2012	2013
湖北	1.24	1.19	1.32	1.65	1.65	1.65	1.73	1.81
湖南	0.70	0.78	0.98	1.18	1.16	1.19	1.30	1.33
广西	0.38	0.38	0.47	0.61	0.66	0.69	0.75	0.75
重庆	0.94	1.00	1.04	1.22	1.27	1.28	1.40	1.39
四川	1.24	1.32	1.27	1.52	1.54	1.40	1.47	1.52
贵州	0.62	0.48	0.53	0.68	0.65	0.64	0.61	0.59
云南	0.52	0.54	0.54	0.6	0.61	0.63	0.67	0.68
西藏	0.17	0.2	0.31	0.33	0.29	0.19	0.25	0.29
陕西	2.14	2.11	1.96	2.32	2.15	1.99	1.99	2.14
甘肃	1.05	0.95	1.00	1.10	1.02	0.97	1.07	1.07
青海	0.52	0.48	0.38	0.7	0.74	0.75	0.69	0.65
宁夏	0.69	0.81	0.63	0.77	0.68	0.73	0.78	0.81
新疆	0.28	0.28	0.38	0.51	0.49	0.5	0.53	0.54
内蒙古	0.33	0.38	0.40	0.53	0.55	0.59	0.64	0.70

资料来源：《中国科技统计年鉴2014》。

为了更清晰地比较各个地区的R&D投入情况，笔者通过Coreldraw绘图软件对2006年、2009年和2012年的数据进行了空间分析，具体见图5—1。从整体分布情况看，西部地区处于强度最弱的区域，中部和东部处于强度最强的区域。从三年的情况比较看，我国的R&D经费投入强度东部地区整体领先于我国其他地区，而且存在明显的加强趋势。2006年小于0.6的区域覆盖还比较明显，大于1.71的区域范围非常有限，而到2012年整体形势发生明显改观，形成了以北京为中心的京津冀，以上海、浙江、江苏为中心的长三角地区，以广东、福建为中心的泛珠三角，以及以重庆为中心的中部地区四大块R&D经费投入强度密集带。2013年，中国已有8个省市的R&D经费投入强度突破2%，北京市达到6.08%，超过R&D经费投入强度长期处于世界较高水平的韩国、以色列和芬兰。

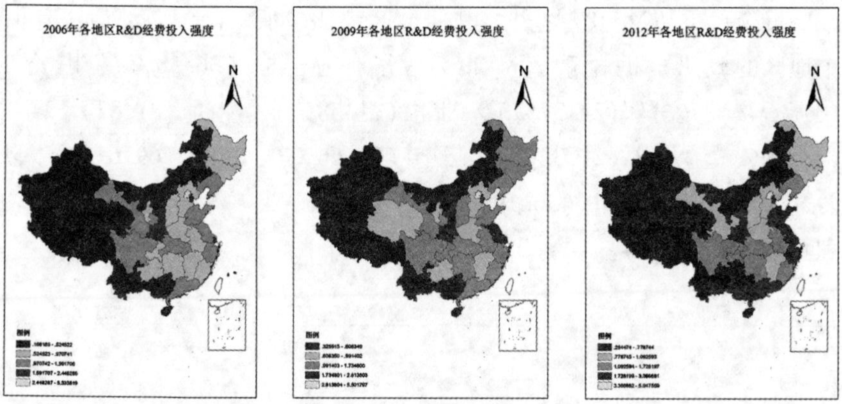

图 5—1　2006 年、2009 年和 2012 年我国各地区 R&D 经费投入强度

从历年各地区政府资金占 R&D 经费支出的比重来看，西部地区的政府资金比重一直高于东部和中部地区，这表明政府在资金配置上有所偏重。2006 年西部地区为 35.7%，2009 年为 41.6%，2012 年为 37.2%。而东部地区和中部地区保持在 20% 左右，见表 5—3。

表 5—3　　R&D 经费支出中来自政府资金的数量与比例

年份 区域	2006		2009		2012	
	绝对数量（万元）	占 R&D 支出比例（%）	绝对数量（万元）	占 R&D 支出比例（%）	绝对数量（万元）	占 R&D 支出比例（%）
东部	8490112	19.8	8198711	20.2	13138432	19.0
中部	2209752	20.6	2364927	23.1	2606374	17.3
西部	2978610	35.7	3019035	41.6	4612584	37.2

从图 5—2 的空间分布看，东部地区企业科技活动经费中来自企业资金的较多，2006 年企业资金比重为 68.3%，2009 年为 74.7%，2012 年为 76.2%。可见东部地区已经形成了以企业为主导的技术创新。由于中西部地区经济基础较为薄弱，技术创新能力相对较弱，因此来自政府的资金支持力度更大。从 2012 年的数据看，东部地区除了北京

（53.23%）、辽宁（23.04%）、上海（33.23%）和海南（33.56%）的政府资金比重超过20%之外，其他地区都比较低。而中西部地区有14个地区的政府资助比重超过20%，分别为吉林（36.58%）、黑龙江（37.99%）、安徽（21.37%）、湖北（21.58%）、广西（21.87）、四川（48.79%）、贵州（21.32%）、云南（31.66%）、西藏（69.61%）、陕西（56.35%）、甘肃（36.19%）、青海（26.76%）、宁夏（22.74%）和新疆（26.85%）。

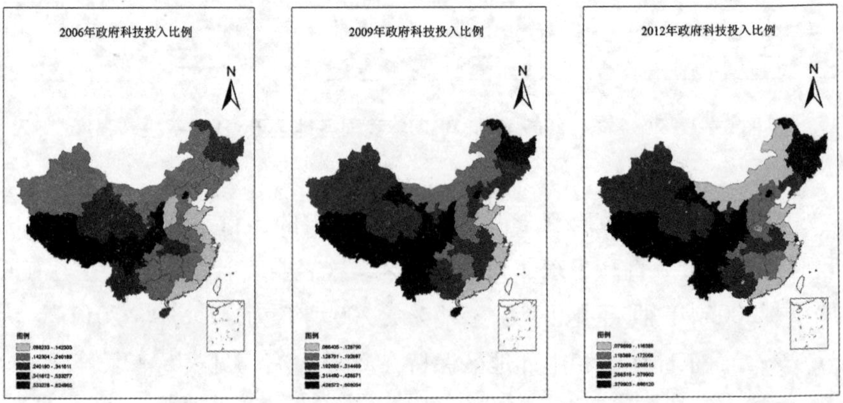

图5—2　2006年、2009年和2012年各地区R&D经费支出中来自政府投入的比重

（二）技术创新产出东部地区以绝对优势占优

到2013年年末，我国的每万人口发明专利拥有量已达到4.02件，提前两年完成预设目标。然而，东西部每万人口发明专利拥有量差异依然非常明显。按分地区每万人口发明专利拥有量看（不含我国港澳台），东部地区为7.7件，中部地区为1.8件，西部地区为1.6件，东北地区为2.8件。其中，北京、上海和天津等8个省市已经提前达到了国家“十二五”规划纲要设定的3.3件目标。具体来看，北京、上海的每万人口发明专利拥有量分别为41.29件和20.32件，远高于我国其他地区。从近几年的国内三种（发明、实用新型和外观设计）专利申请受理数和授权数来看（见表5—4），东部地区遥遥领先，占全国总数的70.3%。具体来看，2011—2013年江苏省专利申请受理数和授权数稳居全国第一，为江苏省技术创新提供了强劲的“原动力”。位居第二的是浙江省，虽然在2011年和2012年的申请受理量不及广东，但是其申请授权数一直高于广东。2013年浙江省不论在申请受理数还是授权数上都仅次于江苏省，分别达29.40万件和20.24万件。相对来说，北京、上海、天津的专利申请受理数和授权数虽然每年以平稳的态势增长，但是与上述三个省份的差距较大。

表5—4 国内三种专利申请受理数和授权数 单位：件

年份 地区	2011		2012		2013	
	申请受理数	申请授权数	申请受理数	申请授权数	申请受理数	申请授权数
全国	1504670	883861	1912151	1163226	2234560	1228413
北京	77955	40888	92305	50511	123336	62671
天津	38489	13982	41009	19782	60915	24856
河北	17595	11119	23241	15315	27619	18186
山西	12769	4974	16786	7196	18859	8565
内蒙古	3841	2262	4732	3084	6388	3836
辽宁	37102	19176	41152	21223	45996	21656
吉林	8196	4920	9171	5930	10751	6219
黑龙江	23432	12236	30610	20268	32264	19819
上海	80215	47960	82682	51508	86450	48680
江苏	348381	199814	472656	269944	504500	239645
浙江	177066	130190	249373	188463	294014	202350
安徽	48556	32681	74888	43321	93353	48849
福建	32325	21857	42773	30497	53701	37511
江西	9673	5550	12458	7985	16938	9970
山东	109599	58844	128614	75496	155170	76976
河南	34076	19259	43442	26791	55920	29482
湖北	42510	19035	51316	24475	50816	28760

续表

地区＼年份	2011		2012		2013	
	申请受理数	申请授权数	申请受理数	申请授权数	申请受理数	申请授权数
湖南	29516	16064	35709	23212	41336	24392
广东	196272	128413	229514	153598	264265	170430
广西	8106	4402	13610	5900	23251	7884
海南	1489	765	1824	1093	2359	1331
重庆	32039	15525	38924	20364	49036	24828
四川	49734	28446	66312	42218	82453	46171
贵州	8351	3386	11296	6059	17405	7915
云南	7150	4199	9260	5853	11512	6804
西藏	263	142	170	133	203	121
陕西	32227	11662	43608	14908	57287	20836
甘肃	5287	2383	8261	3662	10976	4737
青海	732	538	844	527	1099	502
宁夏	1079	613	1985	844	3230	1211
新疆	4736	2642	7044	3439	8224	4998

资料来源：《中国统计年鉴》（2012—2014）。

技术市场作为从事技术中介服务和技术商品经营活动的场所，是科技与经济的重要桥梁，是科技成果转化的“高速路”，其在促进科技事业发展、科技人才交流、科技成果向现实生产力转化以及增强企业活力等方面发挥了非常重要的作用。[①] 从表5—5全国2006年到2013年的数据可以看到，技术市场成交额一路飙升，2013年达到了7469亿元。东部地区一枝独秀，成交额占全国的70%之多。其中，北京作为国际技术转移的重要枢纽，成交额于2013年达到了近2852亿元。中西部地区的技术市场成交额与东部地区相比虽然是望其项背，但是其发展潜力愈加凸显。陕西和贵州在2006—2013年的8年时间内，分别增长了29倍

① 刘欣、陈飞：《R&D活动与技术市场成交额的相关关系》，《当代经济》2013年第2期，第128—129页。

和34倍之多。2013年，黑龙江、安徽、湖北、四川、陕西等地也突破了100亿元的成交额。

表5—5　　全国各地区技术市场成交额　　单位：万元

地区\年份	2006	2007	2008	2009	2010	2011	2012	2013
全国	18181813	22265261	26652288	30390024	39065753	47635589	64370683	74691254
东部	14131469	17360729	20584358	23454533	29654694	35711170	45158950	52308446
中部	1784865	2216648	2499981	2776089	3174232	4098697	5606906	8782062
西部	1517580	1618597	2145274	2375111	3464842	4828229	7645096	10099154
北京	6973256	8825603	10272173	12362450	15795367	18902752	24585034	28517239
天津	588624	723356	866122	1054611	1193390	1693819	2323275	2761575
河北	156099	164329	165906	172112	192931	262471	378178	315581
山西	59213	82677	128425	162068	184911	224825	306088	527681
内蒙古	107127	109835	94423	147651	271464	226719	1060962	387390
辽宁	806494	929290	997290	1197095	1306811	1596633	2306648	1733775
吉林	153666	174845	196066	197598	188090	262614	251180	347167
黑龙江	156934	350209	412565	488550	529123	620682	1004473	1017747
上海	3095095	3548877	3861695	4354108	4314374	4807491	5187473	5316804
江苏	688297	784173	940246	1082184	2493406	3334316	4009141	5275020
浙江	399618	453474	589189	564581	603478	718968	813079	814958
安徽	184921	264515	324865	356174	461470	650337	861592	1308253
福建	113187	145579	179690	232594	356569	345712	500920	446885
江西	93135	99533	77641	97893	230479	341861	397796	430552
山东	232005	450275	660126	719391	1006769	1263778	1400153	1793981
河南	237288	261907	254425	263046	272002	387602	399435	402406
湖北	444427	522146	628971	770329	907218	1256876	1963922	3976158
湖南	455281	460816	477024	440432	400940	353901	422420	772098
广东	1070257	1328448	2016319	1709850	2358949	2750647	3649384	5293936
广西	9423	9970	26996	17662	41362	56377	25238	73449
海南	8535	7327	35602	5556	32651	34584	5666	38693
重庆	553479	395658	621884	383158	794410	681453	540188	902760

续表

地区＼年份	2006	2007	2008	2009	2010	2011	2012	2013
四川	259323	303878	435313	545977	547393	678330	1112438	1485752
贵州	5361	6560	20356	17806	77191	136483	96743	183972
云南	82747	97496	50547	102469	108827	117144	454779	420003
陕西	179485	301710	438300	698074	1024140	2153664	3348153	5332787
甘肃	214534	262107	297560	356287	430845	526386	730619	999936
青海	24665	53017	77033	84967	114051	168443	192989	268863
宁夏	5349	6641	8898	8982	9972	39447	29135	14289
新疆	76084	71724	73963	12078	45188	43783	53853	29953

资料来源：根据《中国统计年鉴》（2007—2014）公布的数据整理得到。

二 行业层面的技术创新投入产出分析

（一）研发经费投入差异大

由图5—3所示，规模以上工业企业的R&D经费内部支出在逐年增加，政府资金的比重也由2011年的4.19%上升到2013年的4.32%。

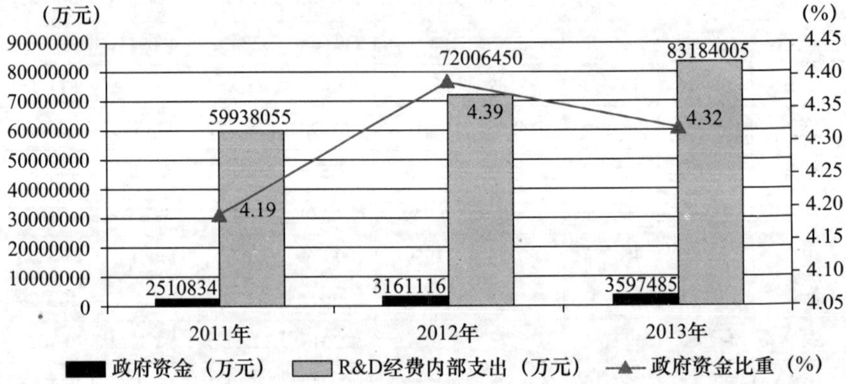

图5—3 2011—2013年规模以上工业企业R&D经费支出情况

从表5—6可知，计算机、通信和其他电子设备制造业行业的R&D经费内部支出最高。在R&D经费内部支出中，企业资金是各个行业投资的主体。除了铁路、船舶、航空航天和其他运输设备制造业的企业资金仅占 R&D 经费内部支出的 75.2%，其他各行业企业资金占比都在 90%以上。可见，在规模以上工业企业中，企业是 R&D 投入的主体。值得一提的是，煤炭开采和洗选业、造纸和纸制品业、烟草制品业等十大行业的国外资金为零。这十大行业大多为垄断行业，不依赖国外资金。

表 5—6　　2013 年按行业分规模以上工业企业情况　　单位：万元

行业	R&D 经费内部支出	政府资金	企业资金	国外资金
总计	83184005	3597485	78217423	475736
计算机、通信和其他电子设备制造业	12525008	568565	11721311	116351
电气机械和器材制造业	8153895	241941	7793616	62398
汽车制造业	6802237	212692	6453359	99642
化学原料和化学制品制造业	6603728	175158	6302923	51351
黑色金属冶炼和压延加工业	6330374	43287	6270718	3242
通用设备制造业	5478932	279486	5084825	33781
专用设备制造业	5123164	254489	4795848	17858
铁路、船舶、航空航天和其他运输设备制造业	3720932	818017	2800024	26013
医药制造业	3476553	204243	3223942	11818
有色金属冶炼和压延加工业	3011081	96386	2850507	5178
金属制品业	2300165	104177	2161644	3298
非金属矿物制品业	2150329	72631	2048797	3321
橡胶和塑料制品业	1994578	38167	1924219	3189
农副食品加工业	1729827	58010	1645980	1260
纺织业	1584878	36192	1524587	2144
煤炭开采和洗选业	1565542	21169	1530073	0
仪器仪表制造业	1492889	102897	1356354	17288
食品制造业	985302	30999	916722	2115
石油加工、炼焦和核燃料加工业	893194	20356	862975	5457
造纸和纸制品业	877917	10163	865040	0

续表

行业	R&D 经费内部支出	政府资金	企业资金	国外资金
酒、饮料和精制茶制造业	827430	28259	788620	4575
石油和天然气开采业	806879	67790	738121	8
纺织服装、服饰业	692870	8902	673683	901
化学纤维制造业	667897	10362	651238	495
电力、热力生产和供应业	584488	9153	568773	202
文教、工美、体育和娱乐用品制造业	495880	12030	478568	1332
皮革、毛皮、羽毛及其制品和制鞋业	338923	3566	324797	1260
印刷和记录媒介复制业	303888	2844	296500	116
木材加工和木、竹、藤、棕、草制品业	271582	9562. 8	256991	280
家具制造业	224650	1421	219859	864
烟草制品业	221056	438	207216	0
有色金属矿采选业	217517	8034	207165	0
其他制造业	145262	15750	121570	0
金属制品、机械和设备修理业	77867	2287	75099	0
黑色金属矿采选业	77399	2580	74802	0
非金属矿采选业	71520	2730	68463	0
水的生产和供应业	39293	3244	35622	0
燃气生产和供应业	35789	633	34667	0

资料来源：根据《中国科技统计年鉴 2014》公布的数据整理得到。

政府对于不同行业的支持力度存在明显差异，政府资金扶持政策对于各行业企业技术创新的力度差异也很大。由表 5—6 可以看到，政府资金扶持力度排名前五的行业分别为："铁路、船舶、航空航天和其他运输设备制造业""计算机、通信和其他电子设备制造业""通用设备制造业""专用设备制造业"和"电气机械和器材制造业"。2013 年政府资金投向"铁路、船舶、航空航天和其他运输设备制造业""计算机、通信和其他电子设备制造业"等高技术制造部门的力度远远大于其他劳动密集型产业和初级产品产业。

（二）技术创新人员投入差异大

从规模以上工业企业看，R&D 人员全时当量排名前五的行业分别为计算机、通信和其他电子设备制造业，电气机械和器材制造业，汽车制造业，通用设备制造业，专用设备制造业，这些行业均为技术密集型产业的企业，对企业技术创新活动有较高要求，其在研发机构和研发活动方面也位列前茅。相对来说，国家垄断行业如燃气生产和供应业、水的生产和供应业等的 R&D 人员投入较少，具体见表 5—7。

表 5—7　　2013 年按行业分规模以上工业企业情况

行业	企业数（个）	#有研发机构的企业数（个）	#有 R&D 活动的企业数（个）	R&D 人员全时当量（人）
总计	369741	43055	54832	2493958
计算机、通信和其他电子设备制造业	13544	3215	4284	390977
电气机械和器材制造业	22586	4656	6061	255835
汽车制造业	12522	2032	2710	195682
通用设备制造业	23984	4211	5470	191916
专用设备制造业	16713	3397	4503	178461
化学原料和化学制品制造业	25035	3844	4958	170087
医药制造业	6839	1935	2586	123200
黑色金属冶炼和压延加工业	11010	1025	1174	107190
铁路、船舶、航空航天和其他运输设备制造业	4917	872	1043	105869
金属制品业	20111	1966	2589	79315
非金属矿物制品业	32174	1915	2601	73646
仪器仪表制造业	4079	1187	1632	69174
橡胶和塑料制品业	17659	1618	2114	64068
有色金属冶炼和压延加工业	7340	975	1258	57560
煤炭开采和洗选业	7929	136	196	53713
纺织业	21170	2038	2062	53289
农副食品加工业	23963	1538	1800	38162

续表

行业	企业数（个）	#有研发机构的企业数（个）	#有 R&D 活动的企业数（个）	R&D 人员全时当量（人）
纺织服装、服饰业	15710	1078	1047	34322
食品制造业	7870	749	983	27389
电力、热力生产和供应业	6010	173	330	26873
石油和天然气开采业	144	26	30	25487
酒、饮料和精制茶制造业	5895	524	647	21113
文教、工美、体育和娱乐用品制造业	8122	754	898	20909
造纸和纸制品业	7082	426	593	20557
化学纤维制造业	2002	382	398	16563
石油加工、炼焦和核燃料加工业	2078	179	252	13993
皮革、毛皮、羽毛及其制品和制鞋业	8467	486	470	13532
印刷和记录媒介复制业	5050	385	459	11363
家具制造业	5089	253	342	9383
木材加工和木、竹、藤、棕、草制品业	8878	506	491	8208
其他制造业	1695	124	180	7082
金属制品、机械和设备修理业	429	47	68	5115
烟草制品业	130	35	57	4246
有色金属矿采选业	2106	51	107	3955
非金属矿采选业	3717	91	114	3131
黑色金属矿采选业	3614	49	72	2725
水的生产和供应业	1376	58	87	1653
燃气生产和供应业	1132	19	34	811

资料来源：根据《中国科技统计年鉴 2014》公布的数据整理得到。

（三）分行业技术创新的产出分析

表 5—8 给出了 2013 年中国规模以上工业企业专利申请数和有效发明专利数。数据显示，有较高研发强度的产业部门也相对拥有较高的有效发明专利。从表 5—8 可以看出，专利申请数和有效发明专利数排名前五的产业相同，分别为“计算机、通信和其他电子设备制造业”“电

气机械和器材制造业”“专用设备制造业”“通用设备制造业”和“化学原料和化学制品制造业”。这些行业除了“化学原料和化学制品制造业”外，都是高技术密集型产业的企业，明显高于“皮革、毛皮、羽毛及其制品和制鞋业”等劳动密集型产业。这表明企业的专利结构在很大程度上受到产业特征的决定，同时有较高研发强度的产业带来了较高的创新产出。

表 5—8　　2013 年按行业分规模以上工业企业专利情况

行业	专利申请数（个）	有效发明专利数（个）
总计	560918	335401
计算机、通信和其他电子设备制造业	88960	97994
电气机械和器材制造业	78154	38601
专用设备制造业	53037	28145
通用设备制造业	49305	23994
化学原料和化学制品制造业	27165	22005
医药制造业	17124	19558
汽车制造业	38237	14106
金属制品业	18318	9656
铁路、船舶、航空航天和其他运输设备制造业	19140	9461
仪器仪表制造业	19507	9236
非金属矿物制品业	15369	8941
黑色金属冶炼和压延加工业	13874	7018
有色金属冶炼和压延加工业	9022	6753
橡胶和塑料制品业	15427	6086
电力、热力生产和供应业	17537	3602
文教、工美、体育和娱乐用品制造业	10885	3355
农副食品加工业	7344	3221
食品制造业	5421	3105
纺织业	11457	2587
纺织服装、服饰业	6347	1977
石油加工、炼焦和核燃料加工业	1600	1710

续表

行业	专利申请数（个）	有效发明专利数（个）
酒、饮料和精制茶制造业	3863	1538
印刷和记录媒介复制业	2867	1404
化学纤维制造业	3177	1288
造纸和纸制品业	3278	1282
石油和天然气开采业	2628	1198
烟草制品业	2634	1168
木材加工和木、竹、藤、棕、草制品业	2603	1011
其他制造业	1751	933
家具制造业	4826	880
煤炭开采和洗选业	2857	835
皮革、毛皮、羽毛及其制品和制鞋业	3538	712
黑色金属矿采选业	588	540
金属制品、机械和设备修理业	697	264
非金属矿采选业	387	221
有色金属矿采选业	254	140
水的生产和供应业	294	138
燃气生产和供应业	84	49

资料来源：根据《中国科技统计年鉴 2014》公布的数据整理得到。

从新产品开发和生产情况看，仍然遵循高技术密集型行业的新产品开发和销售收入情况较其他行业要明显高出很多。而“纺织业”在劳动与资源密集型制造部门中属于较为靠前的行业，这些行业在没有很高研发投入的情况下，同样具有较高的创新产出，具体见表 5—9。

表 5—9　2013 年按行业分规模以上工业企业新产品开发和生产

行业	新产品开发项目数（项）	新产品开发经费支出（万元）	新产品销售收入（万元）
总计	358287	92467436	1284606903
计算机、通信和其他电子设备制造业	45390	15558039	241635186

续表

行业	新产品开发项目数（项）	新产品开发经费支出（万元）	新产品销售收入（万元）
汽车制造业	25374	7979138	150840960
电气机械和器材制造业	43991	10453249	138605058
化学原料和化学制品制造业	23590	6292466	91376298
黑色金属冶炼和压延加工业	8971	6060242	79719166
通用设备制造业	34325	6555971	72693613
专用设备制造业	31313	5887267	58947065
有色金属冶炼和压延加工业	6131	2629012	51915643
铁路、船舶、航空航天和其他运输设备制造业	11895	4399013	47561595
纺织业	8614	1905566	40512571
医药制造业	26523	3645006	36061674
橡胶和塑料制品业	12281	2415348	29316616
金属制品业	12353	2473429	27219666
石油加工、炼焦和核燃料加工业	1707	1131379	26469416
非金属矿物制品业	9936	2193521	24108128
农副食品加工业	6816	2140687	21216453
烟草制品业	948	195984	15913130
化学纤维制造业	1980	939358	15093388
仪器仪表制造业	12330	1778592	14898717
纺织服装、服饰业	4308	860353	14766136
造纸和纸制品业	2112	795368	13822520
煤炭开采和洗选业	2004	807903	11393446
酒、饮料和精制茶制造业	2969	941907	11337692
食品制造业	4982	1049122	10968404
文教、工美、体育和娱乐用品制造业	4022	665984	8721707
皮革、毛皮、羽毛及其 制品和制鞋业	1886	414210	7389407
印刷和记录媒介复制业	1913	328121	4360006
家具制造业	2059	283318	3910685
木材加工和木、竹、藤、棕、草制品业	1335	300401	3355674

续表

行业	新产品开发项目数（项）	新产品开发经费支出（万元）	新产品销售收入（万元）
有色金属矿采选业	130	65144	3113696
电力、热力生产和供应业	2168	397665	2221948
其他制造业	1104	181309	1778923
金属制品、机械和设备修理业	524	108165	939178
非金属矿采选业	242	51074	475533
黑色金属矿采选业	193	49432	385563
燃气生产和供应业	75	24204	158475
水的生产和供应业	148	32115	132749
石油和天然气开采业	740	243637	61155

资料来源：根据《中国科技统计年鉴 2014》的数据整理得到。

第二节 技术创新效率的测算方法、变量说明与数据来源

本书认为，技术创新效率的提高意味着在保证创新产出不变的条件下充分利用了技术创新投入，或者在保持创新投入不变的情况下获得了更多的创新产出。由此可以认为，如果企业能够以较少的投入获得较高的绩效，那么这样的投入产出关系处于生产前沿面。在这个生产前沿面上的技术创新效率是相对有效率的，也就是说技术创新效率达到了相对最佳状态。

关于区域技术创新效率的研究，国内外学者都做了大量丰富的研究。国外学者如 Nasierowski 等[①]对 45 个国家的创新效率进行了测算，研究表明技术创新规模、资源配置对技术创新效率的变化产生了显著影

① Nasierowski, Arcelus, F. J., "On the Efficiency of National Innovation Systems", *Socio-Economic Planning Sciences*, No. 37, 2003, pp. 215 - 234.

响。Michael Fritsch[①]以 11 个欧洲国家制造业企业为例，对其在合作行为以及研发活动方面的效率进行了研究，结果表明，不同的区域在创新系统方面，其效率存在显著的差异。Hak Yeon Lee 等[②]对 27 个亚洲国家的 R&D 效率通过 DEA 方法进行了实证测算，结果显示，新加坡的整体技术创新效率最高，中国大陆、韩国以及我国台湾的技术创新效率相对较低。Seema Sharma 等[③]以一些发达国家和发展中国家为研究对象，运用 DEA 分析方法对 22 个国家的 R&D 技术创新效率进行了实证研究，结果发现，在规模报酬不变的条件下，中国、日本和韩国三个国家是相对技术有效的；在可变规模收益情况下，日本、中国、韩国和印度四个国家是相对技术有效的。

国内学者也对区域技术创新效率进行了大量相关研究。大部分学者如池仁勇等[④]和虞晓芬等[⑤]运用对我国不同地区和省市技术创新效率进行测算。而通过运用 DEA 方法往往会将时间和横截面数据分离进行研究，这就导致了其在分析结果与实际情况时容易存在一定的偏差。此外，DEA 方法本身投入变量的无法解释性也在一定程度上限制了对整个投入产出过程的理解。何枫等[⑥]对我国改革开放以来各区域的技术创新效率进行了测算，实证结果表明我国在各区域平均技术创新效率水平呈现稳步增长的趋势。具体来看，东部地区的表现最佳，其平均技术创新效率要高于中部地区约 15% 的水平，高于西部地区大约 33% 的水平。

---

① Michael Fritsch, "Cooperation and the Efficiency of Regional R&D Activities", *Cambridge Journal of Economics*, Vol. 28, No. 6, 2004, pp. 829 - 846.

② Hak Yeon Lee, Yong Tae Park, "An International Comparison of R&D Efficiency: DEA Approach", *Asian Journal of Technology Innovation*, Vol. 13, No. 2, 2005, pp. 207 - 222.

③ Seema Sharma, V. J., "Thomas. Inter-Country R&D Efficiency Analysis: An Application of Data Envelopment Analysis", *Scientometrics*, Vol. 76, No. 3, 2008, pp. 483 - 501.

④ 池仁勇、唐根年：《基于投入与绩效评价的区域技术创新效率研究》，《科研管理》2004 年第 7 期，第 23—27 页。

⑤ 虞晓芬、李正卫、池仁勇、施鸣炜：《我国区域技术创新效率：现状与原因》，《科学学研究》2005 年第 2 期，第 258—264 页。

⑥ 何枫、陈荣、何炼成：《SFA 模型及其在我国技术效率测算中的应用》，《系统工程理论与实践》2004 年第 5 期，第 46—50 页。

刘顺忠[1]、刘和东等[2]、管建成等[3]、时鹏将等[4]、周勇等[5]、任胜刚等[6]、史修松等[7]、何枫[8]、Xiao Li[9] 均对我国区域的技术创新效率有过一些新方法的测度尝试，但是大部分学者并没有对各种不同的方法进行比较，并且在得到技术创新效率结果后并没有对影响这些效率值的因素进行更深入的研究和探讨，因此即便给出了可能的影响因素的描述，也仅仅停留在主观层面的定性分析。因此，仅仅从结果上看，对实际工作的指导意义并不大。

关于行业技术创新效率的测算，学者普遍采用数据包络分析（DEA）方法进行实证分析，如 Akihiro 和 Shoko[10] 测度了日本医药产业 R&D 创新效率变化情况。谢伟等[11]同样采用 DEA 方法对中国各省高新技术产业研发效率、技术效率和规模效率进行了测算。唐清泉等[12]测度

① 刘顺忠：《区域创新系统创新绩效的评价》，《中国管理科学》2002 年第 1 期，第 75—78 页。

② 刘和东、梁东黎、耿修林：《技术创新绩效的“南北差异”分析——以我国西南和西北地区为对象的实证研究》，《经济体制改革》2003 年第 4 期，第 109—113 页。

③ 管建成、刘顺忠：《区域创新机构对创新绩效影响的研究》，《科学学研究》2003 年第 12 期，第 210—214 页。

④ 时鹏将、许晓雯、蔡虹：《R&D 投入产出效率的 DEA 分析》，《科学学与科学技术管理》2004 年第 1 期，第 28—30 页。

⑤ 周勇、张宗益：《基于 SFA 模型的我国区域技术创新效率的实证研究》，《软科学》2006 年第 2 期，第 125—128 页。

⑥ 任胜刚、彭建华：《基于因子分析法的中国区域创新能力的评价及比较》，《系统工程》2007 年第 2 期，第 87—92 页。

⑦ 史修松、赵曙东、吴福象：《中国区域创新效率及其空间差异研究》，《数量经济技术经济研究》2009 年第 3 期，第 45—55 页。

⑧ 何枫：《经济开放度对我国技术效率影响的实证分析》，《中国软科学》2004 年第 1 期，第 48—52 页。

⑨ Xiao Li，“China's Regional Innovation Capacity in Transition：An Empirical Approach”，*Research Policy*，No. 38，2009，pp. 338 – 357.

⑩ Akihiro Hashimoton，Shoko Haneda，“Measuring the Change in R&D Efficiency of the Japanese Pharmaceutical Industry”，*Research Policy*，No. 4，2008，pp. 1 – 8.

⑪ 谢伟、胡玮、夏绍模：《中国高新技术产业研发效率及其影响因素分析》，《科学学与科学技术管理》2008 年第 3 期，第 144—149 页。

⑫ 唐清泉、卢博科、袁莹翔：《工业行业的资源投入与创新效率——基于中国大中型工业部门的研究》，《数量经济技术经济研究》2009 年第 2 期，第 3—17 页。

了大中型工业企业的33个行业的R&D效率。冯宗宪等①利用两阶段半参数DEA方法测算了我国30个省区市的工业企业技术创新效率。一些学者使用随机前沿（SFA）方法进行实证分析，如朱平芳等②测算了中国高技术产业的研发效率，同时引入了企业规模等因素对研发效率的研究。肖文等（2014）③ 利用SFA方法测算了我国36个工业行业的技术创新效率，并进一步探讨了对政府支持、研发管理对技术创新效率的作用和影响。他们的研究表明，不论是政府的直接支持还是间接支持都在一定程度上阻碍了技术创新效率的提升。

一 基于SFA模型的技术创新效率测算

技术创新效率的测算通常有两种方法，一种是非参数方法，最常见的是由Charnes等④提出的DEA方法，其最大的优点在于不用事先设定生产函数，从而避免因错误的函数形式带来的问题，但它不允许误差的存在，同时对生产过程没有任何描述。另一种是参数方法，最常见的是由Aigner等⑤提出的随机前沿分析方法（SFA，Stochastic Frontier Approach），可以预先设定一个生产函数，且考虑到该生产函数中的各个参数，可以处理多投入和单产出的问题。参数方法的最大优点是通过估计生产函数对个体的生产过程进行描述，从而使对技术创新效率的估计得到控制，有利于对每个企业的综合绩效指标进行考察和评价。两种方法的使用途径和优缺点的对比见表5—10。

① 冯宗宪、王青、侯晓辉：《政府投入、市场化程度与中国工业企业的技术创新效率》，《数量经济技术经济研究》2011年第4期，第3—18页。

② 朱平芳、徐伟民：《政府的科技激励政策对大中型工业企业R&D投入及其专利产出的影响——上海市的实证研究》，《经济研究》2003年第6期，第45—53页。

③ 肖文、林高榜：《政府支持、研发管理与技术创新效率》，《管理世界》2014年第4期，第12—20页。

④ Charnes，A.，W. W. Cooper，E. Rhodes，"Measuring the Efficiency of Decision Making Units"，*European Journal of Operational Research*，Vol. 4，No. 2，1978，pp. 429 - 444.

⑤ Aigner，D.，Lovell，C. A. K，Schmidt，P.，"Formulation and Estimation of Stochastic Frontier Production Models"，*Journal of Econometrics*，Vol. 6，No. 1，1997，pp. 21 - 37.

表 5—10　　　　**DEA 和 SFA 方法的比较**

评价方法	DEA	SFA
途径	根据一组关于投入、产出的观察值来估计有效生产前沿面，然后通过比较决策单元偏离前沿面的程度来评价它们的相对有效性	假定投入与产出之间的关系具有某个给定的函数形式，利用计量经济技术对函数的未知参数加以估计，得到最优前沿面，最后通过决策单位与最优前沿面的比较，以两者之间的差距来界定效率
优点	• 不用事先设定生产函数 • 可以处理多输入和多产出	• 考虑到干扰因素，将技术效率与统计噪声进行区别
缺点	• 不区分技术效率和统计噪声，将统计噪声也看作技术效率	• 忽略随机误差的影响 • 只能有一个产出项

由于不同区域在不同时期的技术创新效率存在很大的差别，即随机误差项的影响较大，因此本章选用参数方法对区域技术创新效率进行测算。本书依据 Battese 和 Coelli（1995）① 的基本原理，其模型设定如下。

$$Y_{i,t} = \beta_0 + \beta_1 \ln K_{i,t} + \beta_2 \ln L_{i,t} + \nu_{i,t} - \mu_{i,t} \tag{5—1}$$

$$TE_{i,t} = \exp(-\mu_{i,t}) \tag{5—2}$$

$$\mu_{i,t} = \delta_i Z_{i,t} + \omega_{it} \tag{5—3}$$

$$\gamma = \frac{\delta_N^2}{\delta_N^2 + \delta_v^2} \tag{5—4}$$

本书对（5—1）式运用超对数（Trans-log）生产函数进行刻画，因为超对数模型相比于传统的 C-D（柯布－道格拉斯）模型，可以突破技术中性、投入产出弹性固定等苛刻假定，从而更好地拟合实际情况。其设定如下。

$$\ln Y_{it} = \beta_0 + \beta_1 \ln K_{it} + \beta_2 \ln L_{it} + \beta_3 \ln(K_{it})^2 + \beta_4 \ln(L_{it})^2 + \beta_5 \ln K_{it} \ln L_{it} + (\upsilon_{it} - \mu_{it}) \tag{5—5}$$

其中，（5—1）中 $V_{it} - U_{it}$ 是复合结构，V_{it} 和 U_{it} 相互独立；（5—2）

① Battese, E., Coelli T., "A Model of Technical Inefficiency Effects in Stochastic Frontier Production for Panel Data", *Empirical Economics*, Vol. 20, No. 2, 1995, pp. 325 - 332.

表示样本中第 i 个行业在第 t 时期内的技术创新效率水平；（5—3）中 Z_{it} 表示的是影响效率的因素，δ 为各影响因素变量的参数，ω_{it} 是技术无效方程的随机误差项，服从正态分布 N（0，δ_2）；（5—4）中如果 $\gamma=0$ 这一原假设被接受，则我们无须使用 SFA 技术来分析，直接采用 OLS 方法即可；（5—5）中 Y 为技术创新活动的产出变量，K 为技术创新活动的资本投入变量，L 为劳动投入变量。

二　变量说明与数据来源

（一）区域层面企业技术创新效率测定的变量与数据说明

综合 Ahuja 等①、Griliches②、马宁等③以及柳卸林等④的研究可以得出，测算技术创新效率最重要的是明确技术创新投入和创新产出。本书选择各地区 R&D 经费内部支出作为研发资金投入的衡量指标。R&D 经费内部支出指的是统计年度内各地区实际用于基础研究、应用研究和试验发展的投入，包括从事研究与发展活动人员劳务费、管理费、固定资产购建费及其他用于研究与试验发展活动的实际投入，是一项流量指标。为了能够准确反映年度内地区实际研发资金的投入，本书选用 R&D 资本存量指标作为投入要素的衡量方法，采用永续盘存法。确定 1999 年为基期，借鉴 Griliches⑤ 的方法，以 1999 年当年 R&D 投资流量除以折旧率和基期以后若干年的平均增长率作为 1999 年的 R&D 存量，即 $R_{i1999}=I_{1999}/(\delta+\zeta)$，其中 I_{1999} 为某行业 1999 年大中型工业企业的 R&D 经费支出，δ 为折旧率，一般设定为 10%，ζ 为 2000—2011 年的

① Ahuja，G.，Katila R.，"Technological Acquisition and the Innovation Performance of Acquiring Firms：A Longitudinal Study"，*Strategic Management Journal*，Vol. 22，2001，pp. 197 - 220.

② Griliches，Z.，"Patents Statistics as Economic Indicators：A Survey"，*Journal of Economic Literature*，Vol. 28，No. 4，1990，pp. 1661 - 1707.

③ 马宁、官建成：《影响我国工业企业技术创新绩效的关键因素》，《科学学与科学技术管理》2000 年第 3 期，第 16—20 页。

④ 柳卸林、陈璐：《我国工业的 R&D 与创新》，《数量经济技术经济研究》1995 年第 12 期，第 55—62 页。

⑤ Griliches，Z.，"The Search for R&D Spillovers"，*Scandinavian Journal of Economics*，Supplement，Vol. 94，No. 5，1992，pp. 29 - 47.

平均增长率。基于此，再用永续盘存法进行计算，即第 t 年的 R&D 存量＝第（$t-1$）年的 R&D 存量×（1－10%）＋第 t 年的 R&D 流量。关于 R&D 人员投入，本书选取 R&D 人员全时当量来衡量，其值为当期 R&D 全时人员数加非全时人员按工作量进行折算，得到全时人员数的总数。

关于创新产出，企业技术创新活动的成果主要表现为新产品的增加或产品的改进、发明专利的涌现、新产品产值的增加、利润的提高等。企业技术创新最终都会体现在现实的产品或服务上。在现有的研究中，普遍认为技术创新的产出主要是专利数和新产品。Prencipe[①] 认为专利数作为反映技术创新水平的重要指标，在某种程度上也是科技实力的一种度量。专利活动的规模及水平，可以从一个侧面衡量一个地区的创新能力和技术创新水平[②]。技术创新可以利用各地区专利申请量来衡量（Jaffe 等[③]；Brain[④]；Bode[⑤]；郭国峰等[⑥]；周经等[⑦]；余官胜[⑧]；许培源[⑨]），专利的授权量也可以衡量各地的技术创新水平（李晓钟等[⑩]；江

① Prencipe, A., "Technological Competencies and A Products Evolutionary Dynamics: A Case Study from the Aero-engine Industry", *Research Policy*, No. 25, 1997, pp. 1261－1276.

② 薄文广、马先标、冼国明：《外国直接投资对于中国技术创新作用的影响分析》，《中国软科学》2005 年第 11 期，第 45—51 页。

③ Jaffe, A. B., Trajtenberg, M., "Henderson R. Geographic Localization of Knowledge Spillovers as Evidenced by Patent Citations", *The Quarterly Journal of Econmics*, Vol. 63, No. 3, 1993, pp. 577－598.

④ Brain, Ceh., "Regional Innovation Potential in the United States: Evidence of Spatial Transformation", *Regional Science*, Vol. 2001, No. 80, pp. 297－316.

⑤ Bode, E., "The Spatial Pattern of Localized R&D Spillovers: An Empirical Investigation for Germany", *Journal of Economic Geography*, Vol. 4, No. 1, 2004, pp. 43－64.

⑥ 郭国峰、温军伟、孙保营：《技术创新能力的影响因素分析——基于中部六省面板数据的实证研究》，《数量经济技术经济研究》2007 年第 9 期，第 134—143 页。

⑦ 周经、刘厚俊：《国际贸易、知识产权与我国技术创新——基于 1998—2009 年省际面板数据的实证研究》，《世界经济研究》2011 年第 11 期，第 58—62 页。

⑧ 余官胜：《我国出口贸易和技术创新关系实证研究——基于联立方程组》，《科学学研究》2011 年第 2 期，第 300—305 页。

⑨ 许培源：《贸易结构与贸易溢出的技术创新效应》，《亚太经济》2012 年第 1 期，第 47—52 页。

⑩ 李晓钟、张小蒂：《外商直接投资对我国技术创新能力影响及地区差异分析》，《中国工业经济》2008 年第 9 期，第 77—87 页。

珂等[1]；周晨[2])。

但一些学者认为专利只是技术创新阶段性产出，并不是所有的发明都能够申请专利，也不是所有的发明都能够被授权专利（Griliches等[3]），而且授权的发明在质量以及实际经济价值方面有很大差别（Griliches[4]）。Acs 等[5]认为专利是非常可信的，但用专利授权数量来表征技术创新能力存在一定的片面性，因为从某种程度上看，专利既不能代表所有关键的创新，也不能反映不同创新的重要程度。因此，现在越来越多的学者认为新产品才是最终产出。新产品销售收入作为企业的研究成果，企业通过其自身的营销渠道进入市场，使之商业化，并通过产品初期竞争优势的发挥来获得较大的收益。于是企业应加大研发投入，以此换取新一轮的技术突破，从而形成创新的良性循环。[6] 因此，本书选择新产品销售收入。为消除价格因素的影响，考虑到 R&D 支出主要由固定资产支出和 R&D 活动人员的消费构成，因此本书根据朱平芳（2003）的由消费物价指数和固定资产价格指数加权合成 R&D 价格指数。其中居民消费价格指数的权重为 55%，固定资产价格指数的权重为 45%。

本书区域层面的数据以我国 31 个省、市、自治区的大中型工业企业为研究样本进行技术创新效率测定。但由于西藏地区的相关数据不完整，因此予以剔除，最终采用了除西藏以外的 30 个省域地区的面板数据。为使结果更具有客观性和可靠性，选取 30 个省市 1998—2012 年连续 14 年的相关数据作为样本容量，数据均来自《中国科技统计年鉴》

① 江珂、卢现祥：《环境规制与技术创新——基于中国 1997—2007 年省际面板数据分析》，《科研管理》2011 年第 7 期，第 60—66 页。

② 周晨：《FDI 影响技术创新中间传导环节的实证分析——基于苏州地区 1995—2008 年的数据》，《管理评论》2011 年第 3 期，第 11—20 页。

③ Griliches, Z., Pakes, A., Hall B. H., *The Value of Patents as Indicators of Inventice Activity*, National Burean of Economic Research Cambridge, Mass., USA, 1988.

④ Griliches, Z., *Patent Statistics as Economic Indicators: A Survey*, R&D and Productivity: The Economic Ecidence, University of Chicago Press, 1998.

⑤ Acs Z., J. Anselin, L., Varga, A., "Patents and Innovation Counts as Measures of Regional Production of New Knowledge", *Research Policy*, No. 37, 2008, pp. 1829 - 1836.

⑥ 陈钰芬、陈劲：《开放式创新：机理与模式》，科学出版社 2008 年版。

(1999—2013)、《中国统计年鉴》(1999—2013)。本章的技术创新投入与产出变量均以对数形式或相对量形式出现。

(二) 行业层面企业技术创新效率测定的变量与数据说明

OECD 在 1992 年的《技术创新手册》中指出，在任何经济部门中都能发生创新，甚至包括环保和教育部门这类政府服务机构。已有的研究也指出，技术创新不仅仅发生在工业产业中，而且可以发生在服务业和其他经济部门中，但是目前国内外对于服务业及其他非工业部门中技术创新的研究非常不充分，因此国外一些研究者呼吁要加强对服务业技术创新的研究，并已经开始了这方面的尝试。尽管如此，限于数据的可得性，本部分在分析行业层面的技术创新投入产出情况以及政府激励评价时，仍然将工业领域的技术创新问题作为本书的研究范畴。然而对于服务业领域的研究，本书试图在第六章以江苏省服务业企业为区域样本分析，通过问卷调查获得第一手资料，以期对服务业企业中有关政府激励的研究进行尝试。因此，本部分对分行业技术创新中政府激励的研究对象为工业企业。在行业层面，本书选择各工业行业大中型企业 R&D 的投入金额作为研发资金投入的衡量指标。关于 R&D 的资本存量的计算，同样采用永续盘存法。关于研发人员投入，本书选取 R&D 人员全时当量来衡量。

三 技术创新效率测算结果

本书利用 Frontier（Version4. 1）程序分别对区域和行业层面的技术创新效率进行测定。

(一) 区域层面企业技术创新效率的测算结果

1. 总体比较

图 5—4 为 1998—2012 年各省市大中型工业企业技术创新效率值。从结果看，虽然我国各区域整体研发效率不高，仅为 0. 355，但始终保持较为稳定的增长趋势。1998 年我国各地区整体技术创新效率值为 0. 29，到 2010 年达到 0. 4，2012 年为 0. 41。

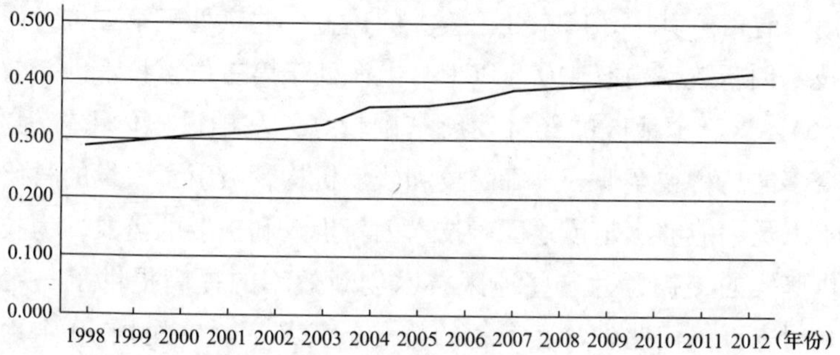

图 5—4　1998—2012 年我国各地区整体技术创新效率平均值

从各年份全国平均值来看，我国区域整体技术创新效率呈现上升态势，但总体水平不高。从三大区域技术效率平均值来看，东部分别高于中部、西部 17.4%、22.6% 左右。中国区域创新效率不平衡，整体上存在的差距较大。东部地区的广东、北京、上海等大城市以其雄厚的经济实力、资源的合理配置以及对创新要素的强吸收能力处于高技术创新效率的前三甲。中部地区如黑龙江、江西、湖南等地区，科技投资效率相对处在全国中游水平，但安徽、江西等地区的科技投资水平较弱，基本上处于全国较低水平行列。需要指出的是，海南虽然 R&D 投入较少，但是其技术创新效率较高，排名第五，这表明海南的创新资源得到了高效率的配置。(见图 5—5)

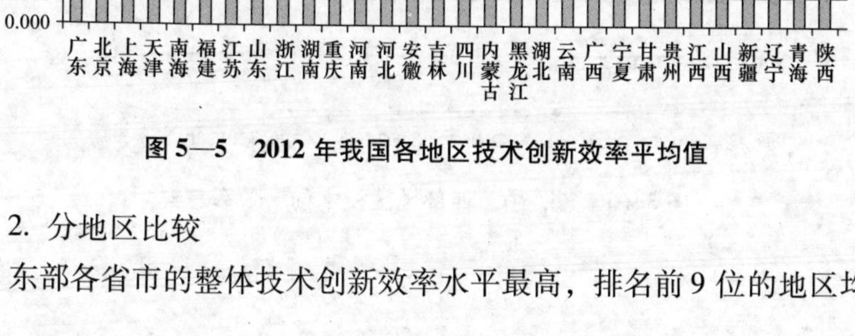

图 5—5　2012 年我国各地区技术创新效率平均值

2. 分地区比较

东部各省市的整体技术创新效率水平最高，排名前 9 位的地区均为东部沿海省市。其中，广东处于第一的位置，北京处于第二位，两个地区的技术创新效率均值在0.8以上。上海处于第三位，技术创新效率值为0.564。这三个地区的经济发展基础较好，基础设施体系较为完善，拥有众多的高科技企业、高等院校和研发机构，吸引了大量的科研人员和技术人员，能够满足该地区对技术创新投入和扩散的需要，为技术创新提供坚实的支撑，为这些地区技术创新效率的提高提供了一定的保障。相对来说，河北省与辽宁省的排名较为靠后，在全国30个地区中排名分别为第13和第28位。由此看来，尽管东部各省市的技术创新效率相对比较高，但差异较大。

中部地区总体技术创新效率水平处于全国中游水平，其中湖南、河南和安徽的技术创新效率较高，在全国排名分别为第10、第12和第14位，技术创新效率值在0.35左右，位居全国前列。中部地区江西和山西的技术创新效率值较弱，分别排名第25和第26位。西部地区的整体排名较为靠后，除重庆排名第11位之外，其他地区的技术创新效率值都接近甚至低于0.3。

从图5—6可以看到，东部地区的技术创新效率遥遥领先，并继续与中部和西部地区拉开差距。而中部和西部地区之间的差距从2006年之后，开始逐渐缩小。表5—11为各省市1998—2012年大中型工业企业综合技术创新效率值。

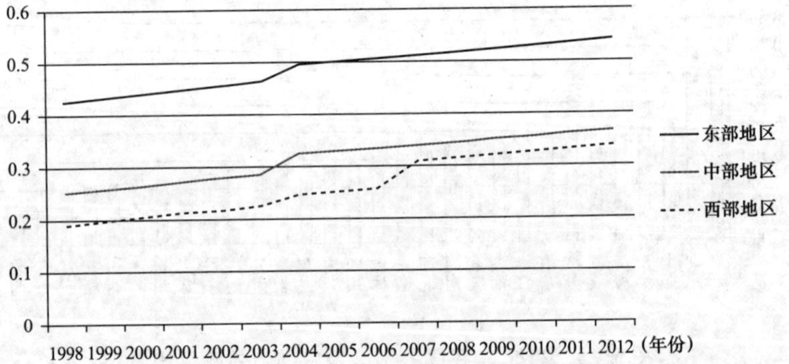

图5—6　东、中、西部地区技术创新效率差异

表 5—11　　各省市大中型工业企业综合技术创新效率值

区域＼年份	1998	1999	2000	2001	2002	2003	2004	2005	2006	2007	2008	2009	2010	2011	2012	均值
北京（2）	0.754	0.757	0.761	0.763	0.766	0.781	0.833	0.836	0.840	0.843	0.846	0.849	0.852	0.858	0.862	0.813
天津（4）	0.461	0.469	0.477	0.485	0.493	0.501	0.588	0.592	0.597	0.602	0.614	0.619	0.627	0.631	0.638	0.560
河北（13）	0.304	0.309	0.314	0.325	0.330	0.338	0.346	0.355	0.363	0.371	0.382	0.384	0.391	0.398	0.412	0.355
辽宁（28）	0.172	0.179	0.136	0.194	0.201	0.208	0.212	0.217	0.222	0.232	0.237	0.242	0.247	0.254	0.256	0.217
上海（3）	0.465	0.472	0.481	0.489	0.497	0.505	0.598	0.602	0.607	0.611	0.619	0.624	0.628	0.632	0.636	0.564
江苏（7）	0.325	0.333	0.341	0.349	0.358	0.366	0.426	0.431	0.436	0.441	0.446	0.451	0.457	0.466	0.467	0.406
浙江（9）	0.333	0.341	0.350	0.358	0.366	0.375	0.378	0.384	0.389	0.394	0.399	0.411	0.416	0.421	0.428	0.383
福建（6）	0.364	0.373	0.381	0.389	0.397	0.402	0.403	0.407	0.413	0.418	0.423	0.428	0.432	0.434	0.441	0.407
山东（8）	0.347	0.359	0.364	0.372	0.381	0.392	0.394	0.406	0.408	0.413	0.417	0.424	0.431	0.435	0.441	0.399
广东（1）	0.781	0.785	0.790	0.794	0.798	0.802	0.823	0.832	0.839	0.843	0.852	0.857	0.862	0.867	0.902	0.828
海南（5）	0.381	0.389	0.397	0.405	0.414	0.422	0.432	0.437	0.442	0.447	0.452	0.457	0.462	0.467	0.472	0.432
东部地区	0.426	0.433	0.440	0.448	0.455	0.463	0.494	0.500	0.505	0.511	0.517	0.522	0.528	0.533	0.541	0.488
山西（26）	0.167	0.173	0.180	0.187	0.194	0.202	0.246	0.251	0.256	0.261	0.266	0.271	0.276	0.286	0.294	0.234
吉林（15）	0.264	0.272	0.280	0.288	0.296	0.304	0.336	0.341	0.346	0.352	0.357	0.367	0.373	0.378	0.384	0.329
黑龙江（18）	0.282	0.286	0.290	0.291	0.296	0.298	0.301	0.307	0.312	0.317	0.322	0.328	0.333	0.337	0.341	0.309
安徽（14）	0.239	0.246	0.254	0.262	0.271	0.278	0.378	0.383	0.388	0.392	0.396	0.401	0.406	0.411	0.415	0.341
江西（25）	0.210	0.218	0.223	0.228	0.233	0.240	0.248	0.252	0.258	0.262	0.271	0.275	0.281	0.287	0.291	0.252
河南（12）	0.281	0.289	0.297	0.305	0.314	0.322	0.383	0.388	0.393	0.399	0.404	0.409	0.415	0.423	0.431	0.364

续表

区域＼年份	1998	1999	2000	2001	2002	2003	2004	2005	2006	2007	2008	2009	2010	2011	2012	均值
湖北（19）	0. 224	0. 232	0. 240	0. 247	0. 255	0. 263	0. 315	0. 321	0. 326	0. 331	0. 337	0. 347	0. 353	0. 358	0. 363	0. 301
湖南（10）	0. 344	0. 349	0. 356	0. 364	0. 373	0. 378	0. 381	0. 384	0. 389	0. 392	0. 397	0. 401	0. 403	0. 406	0. 412	0. 382
中部地区	0. 251	0. 258	0. 265	0. 272	0. 279	0. 286	0. 324	0. 328	0. 333	0. 338	0. 344	0. 350	0. 355	0. 361	0. 366	0. 314
内蒙古（17）	0. 262	0. 267	0. 278	0. 286	0. 294	0. 302	0. 316	0. 322	0. 327	0. 332	0. 337	0. 348	0. 352	0. 358	0. 364	0. 316
广西（21）	0. 248	0. 256	0. 264	0. 272	0. 273	0. 279	0. 281	0. 284	0. 289	0. 294	0. 301	0. 305	0. 31	0. 315	0. 321	0. 286
四川（16）	0. 092	0. 095	0. 100	0. 105	0. 111	0. 116	0. 151	0. 155	0. 159	0. 601	0. 606	0. 611	0. 618	0. 623	0. 627	0. 318
重庆（11）	0. 317	0. 324	0. 333	0. 347	0. 354	0. 365	0. 379	0. 386	0. 392	0. 398	0. 405	0. 409	0. 414	0. 421	0. 431	0. 378
贵州（24）	0. 212	0. 220	0. 227	0. 235	0. 243	0. 250	0. 254	0. 258	0. 262	0. 264	0. 271	0. 273	0. 279	0. 281	0. 289	0. 254
云南（20）	0. 248	0. 256	0. 264	0. 272	0. 280	0. 288	0. 289	0. 295	0. 305	0. 311	0. 316	0. 321	0. 331	0. 341	0. 352	0. 298
陕西（30）	0. 096	0. 102	0. 107	0. 112	0. 118	0. 124	0. 132	0. 135	0. 139	0. 146	0. 151	0. 153	0. 161	0. 168	0. 171	0. 134
甘肃（23）	0. 205	0. 212	0. 220	0. 227	0. 224	0. 243	0. 259	0. 264	0. 269	0. 274	0. 279	0. 284	0. 295	0. 301	0. 305	0. 257
青海（29）	0. 088	0. 093	0. 098	0. 103	0. 109	0. 114	0. 151	0. 156	0. 159	0. 163	0. 169	0. 172	0. 181	0. 185	0. 191	0. 142
宁夏（22）	0. 170	0. 176	0. 183	0. 191	0. 198	0. 205	0. 292	0. 297	0. 302	0. 318	0. 323	0. 342	0. 351	0. 358	0. 362	0. 271
新疆（27）	0. 162	0. 174	0. 182	0. 187	0. 191	0. 193	0. 199	0. 201	0. 223	0. 251	0. 275	0. 279	0. 283	0. 287	0. 291	0. 225
西部地区	0. 191	0. 198	0. 205	0. 212	0. 217	0. 225	0. 246	0. 250	0. 257	0. 305	0. 312	0. 318	0. 325	0. 331	0. 337	0. 262
全国平均值	0. 290	0. 296	0. 303	0. 310	0. 317	0. 324	0. 355	0. 359	0. 365	0. 385	0. 391	0. 397	0. 403	0. 408	0. 415	0. 355

注：括号里为排名。

从各年份全国平均值来看，我国区域技术创新效率整体上虽然呈现上升态势，但是其总体水平仍然较低。与国外发达经济体或国家相比，我国无论在技术创新方面的投入还是在技术创新产出方面，都存在一定的差距。因此，导致了技术创新效率的低下。可以发现，大多数地区并没有充分利用创新投入资源，或者说在创新投入方面存在低效率利用问题。因此，各地区在制定区域技术创新政策时，应该在考虑加大技术创新投入的同时注重效率的提高，对其创新投入产出的结构进一步优化和调整，充分提高资源利用率。而各地区在制定相应政策时也要注意结合自身特点和发展，如对于那些创新效率高但创新投入低的省市（如海南、云南），应将重点放在提高创新资源投入方面，加大研发经费和科研人员的投入，从而促进技术创新产出的提高。对于那些创新投入高但创新效率低的省市，则应审视技术创新投入的结构优化问题，考虑如何提高创新资金和创新人员的使用效率，以期达到区域技术创新效率的整体提高。

（二）行业层面企业技术创新效率的测算结果

1. 总体行业企业技术创新效率的表现

图 5—7 显示了技术创新效率总体平均水平。可以看到，除了 1999 年的技术创新效率值较高外，其他历年的技术创新效率呈现缓慢上升趋势，2011 年技术创新效率总体平均水平达到了 0.528。但行业总体技术创新效率还有很大提升空间，1999—2011 年的行业总体平均水平仅为 0.405。

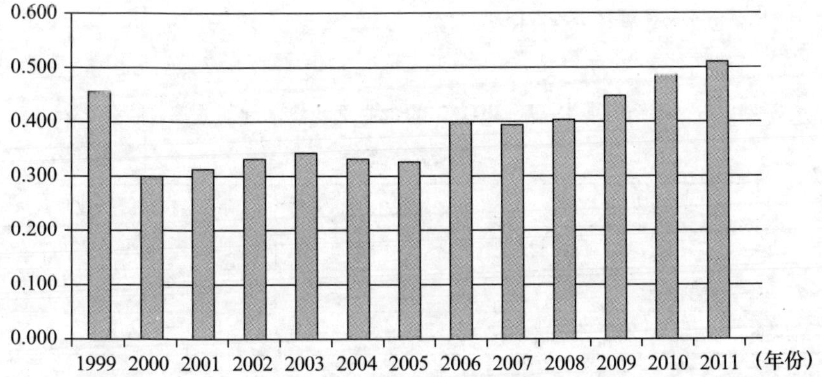

图 5—7　1999—2011 年技术创新效率总体平均水平

2. 分行业企业技术创新效率的表现

表5—12报告了37个行业1999—2011年的平均技术创新效率值和政府资金支持情况。从平均技术创新效率看，排名前十的行业分别为：皮革、毛皮、羽毛（绒）及其制品业，交通运输设备制造业，通信设备、计算机及其他电子设备制造业，烟草制品业，家具制造业，纺织服装、鞋、帽制造业，电气机械及器材制造业，石油加工、炼焦及核燃料加工业，橡胶制品业，化学纤维制造业。可以看到，各个行业的技术创新效率差异较大。其中，制造业技术创新效率最高，采掘业次之，水电气业最后。排名前19位的行业均达到了行业平均水平，其中皮革、毛皮、羽毛（绒）及其制品业的技术创新效率最高，为0.885，在平均水平以下的有18个行业，其中水的生产和供应业的技术效率值最低，仅为0.006。垄断行业如燃气生产和供应业、电力、热力、水的生产和供应业等，缺乏同行业竞争，技术创新效率较低。

从政府资金支持看，政府科技投入对技术创新效率具有一定的现实意义。具体来说，政府科技投入较高的行业，其技术创新效率相对较高，如交通运输设备制造业，通信设备、计算机及其他电子设备制造业，通用设备制造业，电器机械及器材制造业等。需要指出的是，皮革、毛皮、羽毛（绒）及其制品业受政府资金支持较少，仅为0.99%，但却是平均技术创新效率最高的行业。通用设备制造业，专用设备制造业，仪器仪表及文化、办公用机械制造业，医药制造业，化学原料及化学制品制造业等中高技术制造部门，虽然受到政府资金的大力支持，但是其技术创新效率却不容乐观。

表5—12　37个行业1999—2011年的企业平均技术创新效率及政府资金支持

行业	平均技术创新效率	政府资金占总筹资比重（%）
皮革、毛皮、羽毛（绒）及其制品业	0.885	0.99
交通运输设备制造业	0.865	20.06
通信设备、计算机及其他电子设备制造业	0.857	4.61
烟草制品业	0.822	0.83

续表

行业	平均技术创新效率	政府资金占总筹资比重（%）
家具制造业	0.793	0.96
纺织服装、鞋、帽制造业	0.613	1.20
电气机械及器材制造业	0.612	4.42
石油加工、炼焦及核燃料加工业	0.564	2.88
橡胶制品业	0.516	1.32
塑料制品业	0.367	1.57
化学纤维制造业	0.483	1.04
通用设备制造业	0.475	10.52
木材加工及木、竹、藤、棕、草制品业	0.458	1.73
纺织业	0.454	1.92
黑色金属冶炼及压延加工业	0.449	1.64
专用设备制造业	0.441	6.55
造纸及纸制品业	0.437	1.21
仪器仪表及文化、办公用机械制造业	0.437	4.90
金属制品业	0.431	2.46
有色金属冶炼及压延加工业	0.418	3.01
食品制造业	0.394	3.00
文教体育用品制造业	0.379	1.26
农副食品加工业	0.367	2.42
工艺品及其他制造业	0.360	3.12
饮料制造业	0.346	1.27
医药制造业	0.340	4.98
印刷业和记录媒介的复制	0.309	1.28
化学原料及化学制品制造业	0.298	4.29
非金属矿物制品业	0.260	2.44
煤炭开采和洗选业	0.145	1.20
有色金属矿采选业	0.133	0.14
非金属矿采选业	0.087	0.06
石油和天然气开采业	0.060	1.24
黑色金属矿采选业	0.048	0.05

续表

行业	平均技术创新效率	政府资金占总筹资比重（%）
燃气生产和供应业	0.045	0.03
电力、热力的生产和供应业	0.016	0.24
水的生产和供应业	0.006	0.13

资料来源：《中国科技统计年鉴》（2001—2012）。

注：2013 年《中国科技统计年鉴》中有关行业的分类有所变动，原来的“交通运输设备制造业”表述为“铁路、船舶、航空航天和其他运输设备制造业，工艺品及其他制造业”；原来的“工艺品及其他制造业”取消。为了保持数据的连续性，故采用 2011 年的数据；原来的“塑料制品业”和“橡胶制品业”合并为“橡胶和塑料制品业”。

第三节 政府激励对企业技术创新效率的影响研究

在中国经济转型升级的背景下，技术创新对经济增长的贡献进一步凸显。有效的政府激励，能够发挥出激励企业技术创新的导向性作用，同时引导各类生产要素向社会研发部门流动，有利于增强地区经济发展的后劲，为提升区域竞争力打下良好的基础。本节首先介绍了基于系统 GMM 模型的方法、指标选择和数据来源，在此基础上选择政府激励的主要方式，分地区和行业对技术创新效率进行了实证检验和分析。

一 基于系统 GMM 模型的方法介绍

为了进一步分析政府激励对区域和行业层面技术创新效率的影响程度，本书采用动态面板数据模型对两者的关系进行实证检验。尽管动态面板模型纳入了时间效应，但并没有消除未观察到的特殊行业效应，同时解释变量还可能存在内生性问题，这会导致估计结果发生偏差，从而使得根据估计参数进行的统计推断无效。① 因此，经验分析中使用 GMM

① 王文治、扈涛：《FDI 导致中国制造业价格贸易条件恶化了吗？——基于微观贸易数据的 GMM 方法研究》，《世界经济研究》2013 年第 1 期，第 47—66 页。

方法进行处理，先对估计方程进行一阶差分以去掉固定效应的影响，再用自变量的滞后变量作为差分变量的估计变量。Arellano 和 Bond① 认为可以使用所有可能的滞后变量作为工具变量，进行差分 GMM 估计，但之后的研究认为，这种差分方法有可能存在弱工具变量的问题，尤其在小样本的情况下更容易出现这一问题。因此，Blundell 和 Bond② 将差分 GMM 与水平 GMM 结合在一起，提出了系统 GMM 估计，其优点是可以提高估计的效率。系统 GMM 参数估计，有两个识别检验是必要的。一是检验残差项非自相关假设，即对 GMM 回归系数中的差分的残差项是否为二阶序列自相关，一般采用 Arellano-Bond 检验来判断；二是 Sargan 或 Hansen 过度识别检验，如果不能拒绝原假设，则说明工具变量的设定是合理的。

本书以 SYS-GMM 估计以下动态面板模型：

$$EFF_{i,t} = \alpha + \beta_1 EFF_{i,t-1} + \beta_2 Gov_{i,t} + \gamma Z_{i,t} + \varepsilon_i + \mu_{i,t} \quad (5\text{—}6)$$

其中，下标 i 表示不同地区（行业），下标 t 表示年份。$EFF_{i,t}$为上文得到的技术创新效率值，$EFF_{i,t-1}$表示滞后一期的技术创新效率值，Gov 表示政府激励，Z 表示控制变量。

二　指标选择和数据来源

（一）区域层面的指标选择和数据说明

政府激励是一个系统，在实际操作中，政府的运行机制和政策纷繁复杂，往往并不是单个采用政策单独发挥作用，而是众多政策组合在一起，各种科技激励方式搭配协调，共同对技术创新产生影响，并且各个政策工具在创新政策组合里是相互影响、相互作用的。由于我国各地区资源禀赋、地理位置不同以及地方政府间相互竞争，导致各地区的政府激励对技术创新效率的影响存在较大差异。这为考察不同区域环境下的企业创新行为提供了较好的研究背景。因此，本章尝试在一个更加全面

---

① Arellano，M.，Bond，S.，"Some Tests of Specification for Panel Data：Monte Carlo Evidence and An Application to Employment Equation"，*Review of Economic Studies*，Vol. 58，No. 2，1991，pp. 277－297.

② Blundell，R.，Bond，S.，"Initial Conditions and Moment Restrictions in Dynamic Panel Data Models"，*Journal of Econometrics*，Vol. 87，No. 1，1998，pp. 115－143.

的视角下，将本书提及的六种政府激励政策全部纳入分析框架，研究科技激励政策对不同区域的技术创新效率的影响，即选择了政府对企业科技活动的直接资助、税收优惠，金融机构提供给企业的科技贷款、国家科研机构与高校 R&D 的政府资助经费以及知识产权保护、政府采购六种政府激励政策，具体见表 5—13。

有关政府直接资助，采用政府资金占 R&D 经费支出的比重，反映技术创新的政府激励，用 *X*1 表示；有关税收政策的研究，由于相关统计数据的欠缺，文中参考左勇[①]等用企业增值税的倒数来代替税收优惠政策的方法[②]，用 *X*2 表示；金融支持采用金融机构贷款，反映对企业技术创新的信贷资金支持，用 *X*3 表示；政府对产学研合作支持方面的数据采用国家科研机构与高校 R&D 的政府资助经费，反映政府对产学研合作的支持，用 *X*4 表示；知识产权保护采用专利授权量占专利申请量的比重，反映政府对知识产权的重视程度，用 *X*5 表示；政府采购方面的数据，使用各地区的年度实际政府采购金额来衡量，用 *X*6 表示。

有关控制变量，本章选用了如下三个指标。

（1）城市化率（*Z*1）。一般认为，城市化率越高的地区，其在基础设施及创新资源方面拥有一定的优势，本书用城市化率（即城镇人口占总人口的比重）来近似地衡量一个地区的技术创新生产要素状况，进而分析区域要素状况对技术创新效率的影响。

（2）产业结构（*Z*2）。一般情况下，处于产业生命周期前期的产业要比后期的产业具有更多的创新机会与成果，创新效率也越高。本书采用高技术产业规模以上企业增加值占全国的比重作为衡量各地区产业结构的指标。

（3）对外开放度（*Z*3）。其计算公式为：外商直接投资实际成交额占 GDP 的比重。该指标用来表示不同区域的对外开放性。一般而言，地区越开放，越有利于生产要素的自由流动，进而有助于实现资源的合

---

① 左勇：《政府科技激励政策对企业 R&D 投入的影响研究》，硕士学位论文，大连理工大学，2008 年。

② 税收优惠中最主要的是企业增值税和企业所得税两种，但 2008 年我国开始实施新的企业所得税法，导致数据口径不一，且国内一些学者已研究证明利用企业增值税来衡量税收优惠是可行的。

理配置。

限于可获得的政府采购公开数据，本书最终选取了除西藏以外其他30个省市2001—2012年的面板数据。原始数据来自2002—2013年的《中国科技统计年鉴》《中国统计年鉴》《中国工业经济统计年鉴》和《中国政府采购统计年鉴》。为了消除价格因素的干扰，所有的数据都用各省份各自的GDP缩减指数进行了价格调整。同时，本书也对所有数据做了对数处理。

表5—13　变量的测定与说明

	变量	表达式	测算方法与数据说明
被解释变量	技术创新效率	*EFF*	利用SFA方法对投入产出数据进行测度
解释变量	政府直接资助	*X*1	采用政府资金占R&D经费支出的比重
	税收政策	*X*2	采用企业增值税的倒数
	金融支持	*X*3	采用金融机构贷款
	产学研合作	*X*4	国家科研机构与高校R&D的政府资助经费
	知识产权保护	*X*5	采用专利授权量占专利申请量的比重
	政府采购	*X*6	采用政府采购金额
控制变量	城市化率	*Z*1	城镇人口占总人口的比重
	产业结构	*Z*2	高技术产业规模以上企业增加值占全国的比例
	对外开放度	*Z*3	外商直接投资实际成交额占GDP的比率

（二）行业层面的指标选择和数据说明

由于数据获得的限制性，有关政府激励的度量，笔者将政府激励从投入激励和产出激励两个方面考虑，分政府投入支持和政府产出支持。其中政府投入支持采用“大中型工业企业的科技活动经费筹集额中来自政府资金的比重”进行衡量。政府产出支持从知识产权保护的角度入手，笔者参照刘和东（2009）的方法，选择发明专利数除以专利申请数来衡量。具体指标见表5—14。

表 5—14　　变量说明

变量类型	变量名称	符号	含义
被解释变量	技术创新效率	*EFF*	利用 SFA 方法对投入产出数据进行测度
解释变量	政府投入支持	*X*1	采用“大中型工业企业的科技活动经费筹集额”中的“政府资金”代替
	政府产出支持	*X*2	从知识产权保护的角度入手，选择发明专利数除以专利申请数来衡量
控制变量	企业规模	*Z*1	大中型工业企业分行业工业总产值除以该行业大中型企业总数
	行业竞争程度	*Z*2	采用以下四个比重的算术平均值进行度量：大中型工业企业总产值占规模以上工业企业总产值的比重、大中型工业企业数占规模以上工业企业数的比重、大中型工业企业资本总值占规模以上工业企业资产总值的比重、大中型工业企业销售收入占规模以上工业企业销售收入的比重
	行业所有制结构	*Z*3	采用分行业国有及国有控股企业工业总产值占全部规模以上工业企业总产值的比重、分行业三资企业工业总产值占全部规模以上工业企业总产值比重进行衡量
	行业开放度	*Z*4	采用大中型工业企业科技活动经费筹集中来自境外资金的比重进行衡量
	行业平均经营绩效	*Z*5	分行业大中型工业企业的成本费用利润率

关于控制变量，本书主要考虑了企业规模、行业竞争程度、行业所有制结构、行业开放度以及行业平均经营绩效五个方面，具体见表 5—14。

以上相关数据均来自《中国科技统计年鉴》（2000—2012）和《中国统计年鉴》（2000—2012）。

三　政府激励对区域层面企业技术创新效率的作用分析

（一）对整体地区的估计结果

观察各因素对技术创新效率的影响结果（见表 5—15），可以得出如下结论。

（1）回归结果表明，前一期技术创新效率对当期技术创新效率存在显著正向促进作用，这表明技术创新效率的动态变化存在较为显著的“惯性效应”。

（2）在政府直接资助方面，其对企业技术创新效率的弹性系数为0.135，说明政府直接资助对技术创新效率具有显著的促进作用。需要指出的是，本书在解释变量中加入了政府科技投入的平方项，以检验政府科技投入在影响技术创新效率时可能存在的U形或倒U形关系，但估计结果表明无U形或倒U形关系，因此不再详细展示此模型回归结果。

（3）从税收政策看，本章将增值税的倒数作为税收优惠的替代变量，结果显示其与企业技术创新效率存在显著的正向关系，表明税收优惠政策对企业技术创新效率的提高有促进作用，系数为0.090。

（4）在金融政策方面，模型回归系数为-0.084，并且在统计意义上显著。这可能与金融机构提供资金的特点相联系。出于信用担保的压力，金融机构在具体选择资助对象时，往往更喜欢选择那些规模实力大、偿债能力强的企业作为资助对象，而这些企业往往不缺乏研发资金。相反，那些具有良好信用、急需资金支持的中小型企业并没有获得贷款资助。这样就致使金融贷款并没有真正发挥其扶持作用，反而助长了研发垄断，排挤了中小型企业的创新活动。

（5）在产学研合作方面，其对区域技术创新效率的影响不显著，但是系数为0.024，仍能反映加大政府激励力度是提高区域技术效率的一条途径。但产学研三方是不同性质的组织，合作过程中存在着信息不对称、观念差异、利益导向不同、技术创新成果转化困难等诸多问题，导致区域高校和科研机构在企业技术创新过程中起不到理想的辅助效果，对企业技术创新效率提高无明显作用。

（6）从知识产权保护看，知识产权保护对企业技术创新的影响为正，并且显著。这表明知识产权作为重要的技术创新战略的保障，发挥了较为理想的效果。

（7）从政府采购看，模型回归系数为-0.022，并且显著，这表明了现阶段我国政府采购不仅没有提高技术创新效率，反而起到了阻碍作用。这一结论验证了 Geroski（1990）的研究结论，认为政府采购只有在一定条件下才能激励创新。“一定条件”包括政府采购的高标准实施、市场需求的清晰界定、鼓励竞争等。而我国目前的市场一体化水平、政府采购的规范性等都有待提高，加之各个地区的地方保护主义较重，导致创新资源的配置效率降低①，从而不利于技术创新效率的提高。

（8）在控制变量方面，除了产业结构的指数为负外，其他各控制变量 *P* 值在 1% 的显著性水平下均通过检验，而且 Sargan 检验结果显示所有矩条件对于参数识别均为有效。城市化率指标显示，城市化率越高，越有利于技术创新效率的提高。城市化率越高的城市或地区，其具有更好的创新环境来整合创新资源，从而形成更大规模的经济增长效应。区域对外开放度指数表明，区域的对外开放程度越高，带来的技术创新机遇越多，从而对技术创新效率的提高具有明显的促进作用。而产业结构与技术创新效率为负，表明我国高技术产业整体环境较差，制约了技术创新效率的提高。

表 5—15　　政府激励对全国地区技术创新效率的估计结果

被解释变量	*EFF*			
解释变量	系数	标准误	*z*	*P* > | *z* |
*EFFL*1	0.489	0.002	258.720	0.000
*X*1	0.135	0.005	26.810	0.000
*X*2	0.090	0.040	2.610	0.010
*X*3	-0.084	0.045	-1.850	0.064
*X*4	0.024	0.04	0.610	0.544
*X*5	0.161	0.087	1.860	0.063
*X*6	-0.022	0.001	15.030	0.000
*Z*1	0.02	0.002	9.250	0.000

① 余东华、王青：《行政性垄断与区域自主创新能力——基于中国省域面板数据的分析》，《软科学》2009 年第 8 期，第 74—81 页。

续表

被解释变量	EFF			
解释变量	系数	标准误	z	$P>\|z\|$
Z2	-0.037	0.072	-0.510	0.608
Z3	0.14	0.01	13.330	0.000
_cons	0.81	0.000	336.910	0.000
Arellano-Bond 检验　AR（1）＝－5.802（P 值为 0.000）　AR（2）＝1.611（P 值为 0.175）				
Sargan P 值	0.890			

注：AR（1）P 值为对一阶差分后的扰动项进行一阶自相关检验得到的 P 值，AR（2）为对一阶差分后的扰动项进行二阶自相关检验得到的 P 值。Sargan P 值为工具变量的过度识别检验得到的 P 值。下表同。

（二）分地区的估计结果

从表 5—16 东中西三个地区的回归结果来看，可以得出如下结论。

（1）从政府直接资助看，东中西三个地区的政府资金支持对技术创新效率的作用都显著为正。同时实证结果的系数验证了樊琦等[①]的研究，认为我国政府投入对经济相对发达和科研基础较好地区的自主创新产出绩效要高于经济相对落后的地区。因此，政府应加大财政科技投入力度，诱导企业在研发领域投入更多的资金，进行更深入的研究，以促进技术创新效率的提高。

（2）从税收优惠看，东中西三个地区的税收优惠显著为正。税费水平代表了政府在税费政策方面对企业发展的支持力度，可以看到政府在财税方面的优惠政策有利于降低企业的经营成本，改善企业技术创新效率。

（3）从金融支持看，东部地区的金融机构贷款对技术创新效率显著为正，而中部和西部两个地区的金融机构贷款对技术创新效率的作用都显著为负。东部地区的金融体系较为发达，从资金的审批、下放到管

① 樊琦、韩民春：《政府 R&D 补贴对国家及区域自主创新产出影响绩效研究——基于中国 28 个省域面板数据的实证分析》，《管理工程学报》2011 年第 3 期，第 34—38 页。

理、监督都形成了一套较为科学的系统，同时在发达的金融体系带动下，各项科技活动均得到了很大支持。在金融资源分配方面，经济较为发达的地区，政府可以构建经济主体之间的互信关系，促进当地企业金融信贷市场的发展，降低创新成本①。

（4）从产学研合作看，除了东部地区的作用效果显著为正外，中部和西部地区的产学研合作并未发挥其应有的作用。相对来说，东部地区作为高校密集区域，良好的科研实力和科研氛围加上高校 R&D 投入的稳步增加，使得高校的科研进步也大幅度带动了当地的科技成果产出水平。而中部和西部地区的科研机构相对较少，硬件缺乏，产学研合作关系较弱。因此，数据分析结果与实际调研情况吻合。

（5）从知识产权保护看，东部和中部的知识产权保护对技术创新效率具有显著的促进作用，但是西部地区的知识产权保护对企业技术创新效率不存在显著的促进作用。这表明虽然西部欠发达地区在知识产权保护效果方面较弱，可能由于知识产权制度建立时间不长，有待进一步完善。

（6）从政府采购看，东部、中部和西部三个地区的系数均为负，并且显著，表明政府采购阻碍了技术创新效率的提高。这种现象的出现，一方面可能由于政府采购在我国尚处于初级阶段，在实施过程中，不可避免地出现一系列问题，如政府采购规模和范围较小，政府采购方式不科学等；另一方面，本书在选取样本时，采用的是各地区政府采购总规模，没有剔除政府采购总额中占很大比例的普通商品（非绿色产品或高新技术产品），如果能将这部分普通产品采购剔除，只采用政府对技术创新领域的产品作为采购样本，可能将会得到较为理想的结论。遗憾的是，这部分数据无法获得。

从控制变量看，东部地区的城市化率和对外开放度都较高，对技术创新效率的提高有重要的作用。相对来说，中部和西部地区的对外开放程度较低，在回归结果中的正向作用并不显著。从产业结构来看，各个地区的产业结构不利于技术创新效率的提高，这说明产业结构有待进一

① 陈德球、李思飞、王丛：《政府质量、终极产权与公司现金持有》，《管理世界》2011 年第 11 期，第 25—29 页。

步优化。

表 5—16　基于不同区域的政府激励对技术创新效率的估计结果

变量	东部地区	中部地区	西部地区
*EFFL*1	0.581 ** (41.22)	0.793 *** (5.79)	0.842 *** (17.20)
*X*1	0.196 *** (5.34)	0.173 *** (4.72)	0.086 *** (2.77)
*X*2	0.092 *** (4.57)	0.047 * (2.08)	0.009 * (2.04)
*X*3	0.025 ** (2.29)	-0.004 *** (-3.59)	-0.013 ** (-2.49)
*X*4	0.833 ** (2.77)	0.374 (0.78)	0.617 (0.87)
*X*5	0.577 ** (3.06)	0.163 ** (12.04)	0.374 (0.78)
*X*6	-0.044 ** (2.58)	-0.067 ** (3.26)	-0.054 *** (3.53)
*Z*1	0.315 *** (6.22)	0.533 *** (3.61)	0.337 *** (2.88)
*Z*2	-0.668 *** (-3.83)	-0.735 *** (-4.26)	-0.831 *** (-5.21)
*Z*3	0.384 *** (3.22)	0.283 (1.64)	0.545 (0.77)
_ cons	-0.266 *** (-2.65)	-0.205 *** (-3.02)	-0.126 *** (-10.92)
Arellano-Bond 检验	*AR*（1）=0.01 *AR*（2）=0.25	*AR*（1）=0.03 *AR*（2）=0.21	*AR*（1）=0.01 *AR*（2）=0.14
Sargan 检验	75.342	32.539	53.422

四　政府激励对行业层面企业技术创新效率的作用分析

（一）整体工业行业的检验结果

对模型采用 SYS-GMM 来进行回归，本书运用 Stata 12.0 统计软件得到表 5—17 的结果。通过 Arellano - Bond 检验即残差序列相关性检验可以看到，扰动项的差分存在一阶自相关，但不存在二阶自相关，因此接受原假设“扰动项无自相关”，说明模型设定是合理的。Sargan 检验显示，在 5% 的显著性水平上，p 值 $=1>0.05$，因此无法拒绝“所有工具变量均有效”的原假设，故所有工具变量均有效，不存在过度识别问题。

首先，从政府对技术创新投入的支持来看，其回归系数为 -0.013，并且显著，表明政府资金投入对企业技术创新效率不但没有起到一定的激励作用，反而造成了“效率的损失”。究其原因：第一，很可能是短期内政府资金的增加只是体现在研发人员工资的上涨，对研发活动本身的效率提升并没有起到实质性的作用，反而对企业的研发投入起到挤出效果。第二，政府科技投入与企业目标函数不一致。政府干预往往具有鲜明的意愿特色，往往会投资在社会回报率高的项目，与企业短期目标相冲突。第三，政府科技资金投入企业后，缺乏一定的资金监管。企业在申请得到资助后，根据自身情况，有可能将资金投向非技术创新领域，因而起不到其应有的作用。第四，可能由于政府对地方国有企业的偏好性，许多国有企业得到了科技项目资助，而这些国有企业因为有政府在为他们的技术创新成本埋单，企业缺乏创新的动力和压力，许多科技项目往往是有始无终，导致较多的创新投入得不到相应的产出回报，得到较多资助的国有企业技术创新效率反而比较低，因此，政府的科技资助就会对企业技术创新效率提高产生负面的影响。

其次，从政府对科技成果产出方面的支持看，政府知识产权保护对工业行业技术创新的影响为正，但不显著。这表明知识产权作为保障和实现国家技术创新战略的重要工具，在各行业中发挥的作用还比较有限。这可能由于政府对知识产权保护的意识还比较薄弱，对知识产权产业化扶持力度还不够，缺乏合理的考核指标和机理机制。

最后，在控制变量方面，各变量对技术创新效率的影响为正。

企业的规模对技术创新效率的影响为正，并且显著。这也支持了众多研究有关企业规模有利于技术创新效率提升的结论（姚洋和章奇[①]；周立群和邓路[②]）。这说明企业规模大，其拥有的人力、物力和财力、信息技术更能得到保障，因此有利于技术创新效率的提高，并且从实证结果的系数来看，其对技术创新效率的促进效果较为明显。

行业竞争对技术创新效率为正向作用，并且显著。这一结果验证了 Loury 等[③]、Lee 等[④]、Delbono 和 Denicolo[⑤] 等的分析，认为竞争促进企业创新，企业投资 R&D 的目的是为了第一个获得创新。行业竞争迫使企业通过不断的技术创新以提高企业竞争力，从而使自己处于领先地位。

从带有政府干预色彩的国有企业占比来看，其对技术创新效率影响的系数显著为负，表明国有企业占比越高的行业，对技术创新效率越低。国有企业往往更容易获得政府资助，掌握更多的资源和市场，占据中国工业技术资源分配的主导地位，即便如此，由于技术创新的激励不足和存在激励扭曲，国有企业尽管在研发支出上较高，但其技术创新效率反而不高。

行业开放度对技术创新效率的作用为显著正相关，并且影响程度较大。来自境外的研发资本作为一种直接的促进企业研发活动的方式，更加重视企业技术创新活动，更加关心资金带来的技术回报，因此，境外研发资本的提高，有利于促进技术创新效率的提升。

从行业平均经营绩效看，企业经营绩效与技术创新效率影响为显著正相关，这与笔者的预期一致。企业的经营绩效越高，越有利于技术创

---

① 姚洋、章奇：《中国工业企业技术创新效率分析》，《经济研究》2001 年第 10 期，第 13—19 页。

② 周立群、邓路：《企业所有权性质与研发效率——基于随机前沿函数的高技术产业实证研究》，《上海交通大学学报》2006 年第 9 期，第 1—4 页。

③ Loury, Glenn, C., "Market Structure and Innovation", *Econometrica*, Vol. 93, No. 3, 1979, pp. 395 - 410.

④ Lee, T., L. L., Wilde, "Market Structure and Innovation: A Reformulation", *The Quarterly Journal of Economics*, Vol. 94, No. 2, 1980, pp. 429 - 436.

⑤ Delbono, E. An, V. Denicolo, "Incentives to Innovate in a Cournot Oligopoly", *The Quarterly Journal of Economics*, Vol. 106, No. 3, 1991, pp. 951 - 961.

新效率的提升。

表 5—17 政府激励对整体工业行业的估计结果

被解释变量	EFF			
解释变量	系数	标准误	z	P > | z |
*EFFL*1	0.371	0.052	7.05	0.000
*X*1	-0.013	0.001	-10.92	0.000
*X*2	0.003	0.153	0.02	0.980
*Z*1	0.018	0.006	3.20	0.001
*Z*2	0.847	0.074	11.49	0.000
*Z*3	-0.233	0.036	-6.50	0.000
*Z*4	0.713	0.067	10.58	0.000
*Z*5	0.161	0.087	1.86	0.000
_ cons	-0.091	0.014	-6.43	0.000
Arellano-Bond 检验 *AR*（1）= -4.367（*P* 值为 0.000） *AR*（2）= 1.764（*P* 值为 0.175）				
Sargan *P* 值	0.932			

注：*AR*（1）*P* 值为对一阶差分后的扰动项进行一阶自相关检验得到的 *P* 值，*AR*（2）为对一阶差分后的扰动项进行二阶自相关检验得到的 *P* 值。Sargan *P* 值为工具变量的过度识别检验得到的 *P* 值。表 5—19 同。

（二）不同要素密集度工业行业的检验结果

要素禀赋结构对技术和经济结构选择具有决定性作用①，如 Mamuneas 等②研究发现资助的影响效果随着产业的不同而不同。在低技术密集度产业，公共资助研发对企业 R&D 投入的挤出效果大于 1:1 在高技术密集度产业，如机械、电子设备、运输设备和科学仪器产业，资助对

① 林毅夫：《新结构经济学——重构发展经济学的框架》，《经济学季刊》2010 年第 1 期，第 35—56 页。

② Theofanis P. Mamuneas, M. Ishaq Nadiri, "Public R&D Policies and Cost Behavior of the US Manufacturing Industries", *Journal of Public Economics*, No. 1, 1996, pp. 57 - 81.

企业R&D投入的挤出效果比较弱。Becker等[①]将产业分为高和中低技术密集型产业两组研究 R&D 投入的决定因素，结果发现政府资助只对低技术产业 R&D 显著，而对高技术产业 R&D 不显著。因此，在实证检验中，考虑到不同要素密集度的工业行业差异性较大，本书根据盛斌等[②]的划分方法，把中国的工业行业按照要素密集程度划分为初级产品部门、劳动和资源密集制造部门、低技术制造部门、中等技术制造部门、高技术制造部门及未分类部门等六大类，并结合 OECD 制造业技术划分标准和郭克莎[③]分类标准对 37 个工业行业重新进行调整和再归类，以分组样本数据为依据进一步考察基于不同要素密集度工业行业政府激励对技术创新效率的影响。在此需要特别说明的是，盛斌把“化学原料及化学制品制造业”归类在“高技术制造部门”，笔者以 OECD 制造业技术划分标准为依据，将此行业归类到“中等技术制造部门”。此外，盛斌将“橡胶制品业”归入“中等技术制造部门”，而将“塑料制品业”归入“高技术制造部门”。根据郭克莎的分类标准及《2013 年中国科技统计年鉴》将橡胶制品业与塑料制品业合并为“橡胶和塑料制品业”，因此笔者认为应该将这两类行业统一划分到中等技术制造部门。此外，笔者将盛斌尚未分类的部门如“印刷业和记录媒介的复制”“文教体育用品制造业”、“工艺品及其他制造业”进行了重新归类。具体划分情况见表 5—18。

表 5—18　　　　基于要素禀赋归结的中国工业行业

A 初级产品部门	B 劳动和资源密集制造部门	C 低技术制造部门
01 煤炭开采和洗选业	10 纺织业	17 文教体育用品制造业
02 石油和天然气开采业	11 纺织服装、鞋、帽制造业	25 黑色金属冶炼及压延加工业

① Bettina Becker, Stephen G. Hall, *The Determinants of High – Tech Versus Low-Tech R&D Investment: Evidence from Testing the Pooling Assumption*, NIESR Discussion Papers, 2003, p. 217.

② 盛斌、马涛:《中间产品贸易对中国劳动力需求变化的影响：基于工业部门动态面板数据的分析》,《世界经济》2008 年第 3 期，第 12—20 页。

③ 郭克莎:《我国技术密集型产业发展的趋势、作用和战略》,《产业经济研究》2005 年第 5 期。

续表

A 初级产品部门	B 劳动和资源密集制造部门	C 低技术制造部门
03 黑色金属矿采选业	12 皮革、毛皮、羽毛（绒）及其制品业	27 金属制品业
04 有色金属矿采选业	13 木材加工及木、竹、藤、棕、草制品业	34 工艺品及其他制造业
05 非金属矿采选业	14 家具制造业	
06 农副食品加工业	15 造纸及纸制品业	
07 食品制造业	16 印刷业和记录媒介的复制	
08 饮料制造业	18 石油加工、炼焦及核燃料加工业	
09 烟草制品业	24 非金属矿物制品业	
21 化学纤维制造业		
26 有色金属冶炼及压延加工业		
D 中等技术制造部门	**E 高技术制造部门**	**F 未分类的部门**
19 化学原料及化学制品制造业	20 医药制造业	35 电力、热力的生产和供应业
22 橡胶制品业	32 通信设备、计算机及其他电子设备制造业	36 燃气生产和供应业
23 塑料制品业	33 仪器仪表及文化、办公用机械制造业	37 水的生产和供应业
28 通用设备制造业		
29 专用设备制造业		
30 交通运输设备制造业		
31 电气机械及器材制造业		

资料来源：以盛斌（2008）分类标准为主，同时根据 OECD 制造业技术划分标准及郭克莎（2005）的分类标准对 37 个行业重新归类。

本书根据盛斌和马涛（2008）与郭克莎（2005）按不同要素密集度的划分标准，对中国 37 个工业行业进行调整和重新归类，以分组样本数据为依据进一步考察基于不同要素密集度工业行业政府激励对技术创新效率的影响，估计结果如表5—19所示。

从政府科技投入看，只有中等技术制造行业的结果不显著。其中，初级产品行业、劳动和资源密集型制造行业、低技术制造行业的结果表明，政府的科技投入对技术创新效率为负，而政府科技投入行为在高级制造行业表现为正向作用，但统计意义上不显著。这说明中国的政府科技投入对技术创新效率在除中、高级制造业外的行业产生了明显的负面影响，或者说政府的科技投入并未发挥其应有的作用，反而带来技术创新效率的“损失”。其可能原因在于：相对于初级产品、劳动和资源密集型、低技术制造行业而言，政府对于中、高级制造业的科技投入支持力度更大，更具有整体统一的规划。随着产业结构的升级，财政科技的投入加速了向高级制造业的转型，使得我国的产业结构更趋合理。

从政府知识产权保护看，五大行业虽然均为正相关，但政府在知识产权保护方面发挥的作用并不明显。其中，初级产品、劳动和资源密集型制造行业不显著，政府在高技术制造行业的知识产权保护对于技术创新效率来说作用最大（系数为0.295）。在当前国际国内日益激烈的竞争中，企业要想立于不败之地，取决于开发、使用和保护其创造和创新的能力，因此对于高技术制造行业而言，知识产权的利用和保护更加重要。需要指出的是，在国际产业结构调整和转移的背景下，中国虽然正大力发展高新技术产业，但受产业结构和经济水平的限制，仍然以劳动密集型企业和资本密集型企业为主，在知识的获取方面处于较为被动的地位，政府在知识产权保护方面仍然可谓“力不从心”。

从企业规模看，企业规模越大，越有利于技术创新效率的提升。同时可以发现，初级产品到低技术制造业的企业规模影响因子更大，而中高技术制造业的企业规模对技术创新效率的影响相对较小。这可能由于低技术行业的差异化程度较少，存在竞争更为激烈，而这些企业规模越大，越有利于形成规模效应，从而有利于促进技术创新效率的提高。而中高企业的差异化程度相对较大，较为容易形成寡头垄断，企业技术创新效率不易受规模的影响。

行业竞争对技术创新效率的影响都为显著的正相关，这与整个行业的结论一致。行业竞争有利于企业保持新技术开发的动力，不断提升创新效率，以使自己处于有利的地位，而垄断的存在往往容易扼杀企业进一步创新的动力。从结果比较来看，低技术制造业的行业竞争对技术创新效率的影响作用最为明显，这表明低技术制造业竞争越激烈，越有利于技术创新效率的提高。

从国有企业占比看，只有劳动和资源密集型制造行业、高技术制造行业两大类结果显著，影响方向却截然不同。其中，劳动和资源密集型制造行业的国有企业占比越高，其技术创新效率越高，而高技术制造行业却相反。一般而言，政府在高技术行业的行政导向和行政指令更为明显，对一些新兴技术行业的干预和导向可能会影响其整体技术创新效率的提高。

从行业开放度来看，五大行业的结果显示为正相关，其中初级产品行业、劳动和资源密集型制造行业和高技术制造行业显著。这表明来自境外的研发资本在上述几个行业的资金支持作用较为明显。

从行业平均经营绩效看，五大行业均为显著正相关，这表明企业技术创新效率的提升在一定程度上也得益于经营绩效的提高。企业只有实现资源的有效配置，才更具备可持续发展的根本动力。

表 5—19　基于不同要素密集度的政府激励对企业技术创新效率的估计结果

变量	初级产品行业	劳动和资源密集型制造行业	低技术制造行业	中等技术制造行业	高技术制造行业
*EFFL*1	0.264*** (5.70)	0.349** (3.24)	0.205*** (4.19)	0.221* (2.21)	0.445*** (2.61)
*X*1	-0.073** (-2.49)	-0.068** (-2.04)	-0.136*** (-3.78)	0.030 (0.51)	0.049 (1.06)
*X*2	0.001 (1.42)	0.001 (1.37)	0.002 (0.90)	0.035 (1.77)	0.024*** (7.03)
*Z*1	0.236*** (2.39)	0.213** (2.22)	0.122** (2.49)	0.035*** (6.65)	0.005** (2.37)
*Z*2	0.528*** (2.65)	0.587** (1.98)	0.859** (5.94)	0.337** (2.41)	0.391* (1.96)

续表

变量	初级产品行业	劳动和资源密集型制造行业	低技术制造行业	中等技术制造行业	高技术制造行业
Z3	-0.423 (-0.52)	0.013*** (4.25)	-0.439 (-0.58)	-2.718 (-2.12)	-6.403** (-2.16)
Z4	0.042** (5.07)	0.056* (0.36)	0.210 (1.44)	0.197 (1.98)	0.163** (1.46)
Z5	0.029** (2.18)	0.018** (2.43)	0.219** (2.15)	0.016* (1.86)	0.265* (1.73)
_cons	-0.618 (-0.80)	-5.517** (-2.11)	-4.787 (-1.48)	-2.061** (-1.70)	-3.402 (-1.31)
Arellano-Bond 检验	AR (1) = 0.00 AR (2) = 0.18	AR (1) = 0.01 AR (2) = 0.21	AR (1) = 0.02 AR (2) = 0.31	AR (1) = 0.00 AR (2) = 0.34	AR (1) = 0.00 AR (2) = 0.19
Sargan P 值	0.832	0.724	0.872	0.863	0.912

注：圆括号内为 t 统计量，***、**、* 分别表示在 1%、5% 和 10% 水平上的统计显著性。

第四节　本章小结

本章从区域层面和行业层面对技术创新中的政府激励作用进行了研究。区域层面得出如下结论：第一，从我国各地技术创新投入—产出分析看出，东部地区不论在 R&D 经费投入强度还是在专利申请受理数、授权数，或者技术市场成交额来看，一直遥遥领先。第二，企业技术创新效率测算的结果表明，我国企业技术创新效率整体上保持持续增长的态势，但是整体区域层面的企业技术创新效率仍然较低，均值仅为 0.355，离前沿面还有较大距离，提升空间较大。此外，中国区域技术创新效率呈现东部高、中部中、西部低的空间分布特征。从趋势分析看，东部地区一如既往地独树一帜，中部和西部的差距呈收敛趋势。第三，从整体看，政府激励对区域企业技术创新效率的回归结果显示，可以看到政府的六种政府激励中，除了产学研合作的结果并不显著外，其他政策都显著。从作用效果看，除政府采购和金融政策不利于企业技术创新效率外，直接投资、税收优惠、知识产权保护都对企业技术创新效率起到了一定的作用。其中知识产权保护的影响最为重要，政府直接投资次之。第四，从分地区看，政府激励政策对东部地区的影响最为明显，除了政府采购外，其他政策全部为正向影响。从中部地区看，金融支持和政府采购政策反而抑制了技术创新效率的提高，产学研合作并未发挥实质性作用。从西部地区看，金融支持和政府采购政策对技术创新效率的影响为负，产学研合作和知识产权保护的影响为正但不显著。此外，本章还探讨了除政府激励政策外，城市化率、产业结构、对外开放度指标对企业技术创新效率的影响。

行业层面得出的结论如下：第一，企业技术创新效率的测算结果表明中国工业行业整体企业技术创新效率不高，其提升空间比较大。其中，制造业技术创新效率最高，采掘业次之，水电气业最后。政府投资支持力度并不是很大的传统劳动密集型制造业的技术创新效率仍然较高，而垄断行业如燃气生产和供应业、电力、热力、水的生产和供应业等的技术创新效率较低。第二，基于要素密集程度看，政府的直接资金支持并不利于整体行业企业的技术创新效率，对分行业的初级产品、劳动和资源密集型、低技术制造行业同样带来了技术创新效率的“损失”，只对中等技术制造行业和高技术制造行业表现为促进作用。因此，政府要加强“顶层设计”和“统一规划”，在激励政策方面应该注意把握方式和方向，应该多集中投资于那些与企业技术创新活动相关的行业领域。第三，政府对知识产权的保护，不论是对整体行业还是分行业，均表现为正向影响，但对整体行业、分行业中的初级产品行业、劳动和资源密集型制造行业、低技术和中等技术行业不显著，对高技术行业虽然显著，但是影响作用很小。这说明知识产权保护并没有发挥其应有的作用。技术创新具有公共产品的属性，若不加保护将会被无偿使用，会影响企业再创新的热情和动力。因此，要充分认识知识产权保护对技术创新提高的重要意义，通过确立和完善知识产权的相关政策法规，加强专利管理，以保护企业创新者的利益和积极性。第四，从政府干预的另一个间接渠道，即国有企业占比来看，除了劳动和资源密集型制造行业外，对整体和分行业的其他行业来说，并不利于技术创新效率的提升。这可能是因为在政府干预下，很多企业的创新管理和激励机制受到不同程度的影响，从而阻碍了技术创新效率的提高。

第六章

企业技术创新中政府激励作用的区域样本分析

——基于企业层面的问卷调查

技术创新为制造业发展带来了显著贡献，而从当前的发展趋势看，服务业在国民经济发展中的作用更加凸显。如何通过技术创新提升服务业的内在品质，已成为各界思考的重要问题。虽然已有的研究指出技术创新不仅仅发生在工业产业中，而且可以发生在服务业和其他经济部门，但是目前国内外对于服务业及其他非工业部门中技术创新的研究还非常不充分，因此国外一些研究者（Fagerberg 等①，Jonathan 等②）呼吁要加强对服务业技术创新的研究并已经开始了这方面的尝试。本书突破以往研究的数据局限，以江苏省苏南五市的服务业发展为例，通过问卷调查获得第一手数据，尝试在微观企业层面政府激励影响技术创新方面做了进一步的补充。

本章首先简要回顾了江苏省服务业政府激励与技术创新的基本情况，然后对问卷调查的基本情况做了说明，第三部分围绕问卷调查中有关苏南五市服务业企业技术创新中的政府激励评价进行分析，最后通过二元逻辑斯蒂回归模型对技术创新中的政府激励政策的作用进行验证。本章在问卷设计中体现了前面政策激励的三个方面，即投入激励、整合激励和产出激励，并通过政策效果检验和政策评价研究，有助

---

① Fagerberg J.，Manuel Mira Godinho，*Innovation and Catching-up*，Oxford：Oxford University Press，2005.

② Jonathan Michie，Christine Oughton，Mario Pianta，"Innovation and the Economy"，*Internationl Review of Applied Economics*，No. 16，2002，pp. 254－267.

于全面了解技术创新中的政府激励的实际作用效果，具体思路见图6—1。

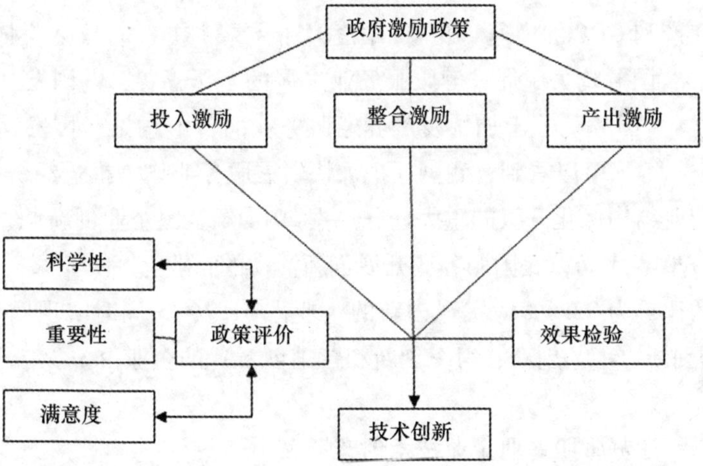

图6—1　企业层面技术创新中政府激励的关系模型

第一节　江苏省服务业企业技术创新与政府激励基本情况

加快发展现代服务业，是现代经济的重要特征，是产业结构调整的重中之重，也是经济转型升级的战略举措。20世纪60年代初，世界主要发达国家产业结构呈现出由“工业型经济”向“服务型经济”转变的大趋势。据世界银行统计，目前全球服务业产值比重平均已超过60%，部分发达国家超过了75%。与发达国家相比，我国的服务业发展尚处在起步阶段。2007年3月，国务院下发了《关于加快发展服务业的若干意见》。党的十八大报告提出了推动服务业特别是现代服务业发展壮大的任务要求，为服务业发展指明了方向。党的十八届三中全会提出，要打造战略性新兴产业，推动服务业特别是现代服务业发展壮大，着力解决制约经济持续健康发展的重大结构性问题。2012年对服务业来说是一个重要拐点，这一年国务院下发了《服务业发展“十二五”规划》，这一年服务业在 GDP 的占比第一次超过了二产，之后在 GDP 中的份额不断提升。2015 年服务业占比达到了 50.5%，增速明显高于二产和 GDP 的增速。此外，国家将指导精神进一步深入具体行业，制定了《国务院关于促进健康服务业发展的若干意见》（国发〔2013〕40 号)》《国务院关于加快发展养老服务业的若干意见（国发〔2013〕35 号)》等。可以看到，我国已把加快发展服务业作为推进经济结构调整、产业结构优化升级的重大任务。据 2014 年全国企业创新调查统计，2013—2014 年间，我国服务业开展创新活动的企业有 84178 家，占全部企业的比重为 32.6%，实现创新的企业占 31.7%，同时实现四种创新(产品创新、工艺创新、组织创新和营销创新）的企业占 5.8%。[①]

一　江苏省服务业企业技术创新情况

江苏服务业已成为经济发展的重要引擎，是经济结构转型、创造就业的重要抓手。“十三五”时期，是江苏率先全面建成小康社会的决胜时期，是建设“强富美高”新江苏的重要阶段。近年来，江苏省委、省政府高度重视服务业发展，相继出台了一系列鼓励和扶持服务业发展的政策措施，服务业得到了迅速发展。从表 6—1 可以看出，江苏“十二五”既定目标已基本实现。2016 年，江苏省实现服务业增加值 38152 亿元，增速高出地区生产总值增速 1.4 个百分点；服务业增加值占地区生产总值的比重为 50.1%，占比首次超过 50%，对经济增长的贡献率达 57.6%。1978—2015 年，江苏省服务业增加值年均增长 14.5%，高于同期 GDP 年均增长 12.4% 的速度。从财税收入看，服务业成为税收增长的重要源泉。2015 年，江苏服务业税收完成 5468 亿元，同比增长了 13%，所占国地税总收入的比重达 47%，如图 6—2 所示。“十三五”期间，江苏经济社会发展将会呈现更多依靠消费引领、服务驱动的新特征。

---

① 国家统计局社会科技和文化产业统计司：《2014 全国企业创新调查统计资料》，中国统计出版社 2016 年版。

表6—1　　江苏省“十一五”实现情况和“十二五”规划目标

指标	“十一五”实现情况		“十二五”规划目标	
	2010年（亿元）	年均增长（%）	2015年（亿元）	年均增长（%）
服务业增加值	16731.4	14.4		
服务业增加值占GDP的比重	41.60	1.14	48	≥1
服务业从业人员占全社会从业人员比重	41.40		48	≥1
生产服务业增加值占服务业增加值比重			≥40（力争43）	
金融业增加值	1966.7	23.10	5200	20
物流业增加值	2659.5	14.10	5400	15
科技服务业增加值			500	17
软件和信息服务业增加值			1800	25
商务服务业增加值			1250	16
文化产业增加值	1385.5	25	5500	30
商贸流通业			8600	16
旅游业增加值	2090.5	19.60	4000	16
房地产增加值			5000	16

资料来源：江苏省“十二五”服务业发展规划及相关政府网站。

图6—2　江苏服务业增加值及比重

注：本表按当年价格计算。

资料来源：江苏省统计局。

“十二五”期间，江苏省聚焦十大重点领域，引领服务业高端化发展。这十大服务业分别为金融服务、现代物流、科技服务、软件和信息服务、创意设计、商贸会展、文化教育、节能和环境服务、旅游健康以及传统服务业转型升级十大重点产业领域，推动服务业重点产业规模提升，大力拓展服务业新领域，促进服务业内部结构进一步得到优化，全面提升服务业整体竞争力。同时，江苏省制订实施了《江苏省服务业创新百企示范工程实施方案》，提出在“十二五”期间培育形成100家服务业创新示范企业。即在上述十大服务业重点产业领域中，选择创新意识强烈、行业特色鲜明、发展基础较好、带动作用明显，在技术创新、业态创新或品牌创新工作方面取得显著成绩的100家服务业企业作为创新示范企业。2013年，江苏已认定21家服务业企业作为首批创新示范企业，其中技术创新型企业有9家，业态创新型企业为8家，品牌创新型企业为4家。

江苏苏南地区服务业发展持续保持引领态势，区域服务经济稳步增长。表6—2显示了苏南五市服务业增加值状况，在苏南五市中，苏州规模最大，南京位居第二，无锡次之。从地区角度看，苏南五市2015年服务业实现增加值占全省总量的61.18%，远高于苏中和苏北之和，南京、苏州、无锡、常州四市的服务业增加值占GDP的比重超过50%，分别达58.4%、51.5%、51.3%和50.9%。苏州的服务业发展一直领跑苏南，2016年完成服务业增加值7975.8亿元，占全市生产总值的比重首次超过50%。南京位居第二，2016年完成了6133.31亿元，其服务业占GDP的比重达到58.4%，已在全省率先形成“三二一”的产业发展格局。

苏南地区坚持先进制造业和现代服务业“双轮驱动”，从2016年的统计数据可以看到，苏南的金融、商务、保险服务业等进一步发展，科研、信息、教育等现代知识型服务业崛起为主流业态，苏南积极改善服务业结构，瞄准高附加值和高效益目标，大力实施服务业超越工程，抢占服务业“制高点”，引领经济转型。从现代服务业结构看，与苏南所处的工业化阶段是紧密联系的。各个地级市依托经济发展情况和自身资源禀赋，重点发展了符合自身实际情况的特色服务产业。如南京重点发展软件业，加快推进国家软件名城建设，启动了软件业“一谷两园”规划建设，2015 年软件业务收入达到3094. 02 亿元；无锡广播影视、创意设计、动漫游戏等新兴文化产业快速发展，服务外包强劲攀升，目前服务外包企业 1400 多家，从业人员超过 16 万人；苏州以服务外包和金融业为重点服务业发展对象。2015 年，苏州金融业得到了快速发展，苏州的服务外包产业粗具规模，服务业发展水平快速提升。

表 6—2　　苏南地区第三产业增加值　　单位：亿元

	2010 年	2011 年	2012 年	2013 年	2014 年	2015 年
苏南	11006. 28	13287. 61	15416. 80	17243. 29	19473. 43	21251. 20
南京	2660. 49	3220. 41	3845. 73	4356. 56	4983. 02	5571. 61
镇江	785. 48	938. 29	1095. 11	1248. 88	1499. 89	1642. 63
常州	1261. 43	1518. 37	1742. 74	1972. 01	2355. 30	2610. 56
无锡	2479. 57	3029. 05	3418. 90	3714. 22	3971. 29	4183. 11
苏州	3819. 31	4581. 50	5314. 32	5951. 62	6663. 93	7243. 24

资料来源：《2016 年江苏统计年鉴》。

二　江苏服务业企业技术创新中的政府激励

在充分发挥市场机制配置资源的同时，政府在现代服务业发展中的作用不可忽视，其为服务业企业的成长和壮大提供了一个公平、规范、有序的平台和配套的服务体系。江苏省“十二五”规划提出加快构建以服务经济为主的现代产业体系，编制全省“十二五”服务业发展总体规划并制定出台 20 多个重点行业领域专项规划。同时，江苏政府注重长期发展方向和总体规划，结合实际情况制定了《江苏省“十三五”现代服务业发展规划》《江苏省“十二五”服务业发展规划》《江苏省现代服务业产业指导目录》，在此基础上出台了《江苏省政府关于加快发展生产性服务业促进产业结构调整升级的实施意见》(苏政发〔2015〕41 号)、《江苏省促进国际服务外包产业加快发展若干政策措施实施办法》(苏财办〔2008〕43 号)、《关于加快发展现代服务业的若干政策》(苏发〔2005〕17 号)、《江苏省服务业提速计划》(苏政发〔2010〕66 号）等政策文件，对科技创新、创业的政策措施进一步细化，并制定了操作层面的配套政策或文件。同时，在苏南现代示范区建设、江苏沿海开发、长江经济带产业转型升级等方面，江苏省委、省政府注重把握服务业发展与全省经济整体转型升级、区域协调发展、城乡一体化以及生态环境建设的有机衔接与相互促进，更好地发挥服务业的引领和带动作用。

围绕服务业发展总体规划和战略部署，江苏省政府分步骤、分阶段、有重点地实施了专项行动计划。2010—2012 年，通过实施“服务业三年提速计划”，金融、软件信息、文化旅游等产业得到了迅速壮大，服务外包、云计算、物联网、电子商务等新兴业态有了飞速发展，培育建设了 100 个省级现代服务业集聚区，江苏省各市逐步形成特色鲜明、优势互补的服务业发展格局。“十二五”以来，以高端化、规模化和国际化为导向，又启动实施了《江苏省现代服务业“十百千”行动计划(2012—2015)》，围绕服务业十大重点产业领域，强化百个服务业重大项目示范带动作用，年新增千亿元社会投资；推动百个省级现代服务业集聚区提档升级，年新增千亿元营业收入；培育百家创新型服务业领军企业，户企年均达千万元利税水平。

加快推进南京国家服务业综合改革试点和深入实施省级服务业综合改革试点，作为加快发展现代服务业、积极探索服务业体制突破和机制完善、创新服务业发展模式的重要举措。确定无锡滨湖区、张家港市、徐州市云龙区、常熟高新技术开发区等四个行政区，以及宿迁市湖滨新城和淮安现代商务区等两个集聚区作为首批省服务业综合改革试点单位，其中云龙区是苏北唯一入选的行政区。在试点区域“一区一策”中，有针对性地提出了一系列改革措施。

(1) 在政府直接资助方面，江苏省加大科技财政支持力度，设立专项资金发展服务业，提高服务业能力和技术创新能力。省级财政每年用于支持现代服务业发展的资金达 15. 5 亿元，采取补助、贴息、产业基金等多种方式，加大对服务业新兴业态、省现代服务业集聚公共服务平台、省服务业重点项目、创新企业和创新团队的支持力度。以无锡服务外包为例，共有 113 个项目获得国家、省市服务外包专项扶持资金 5013. 96 万元，争取政策扶持力度为江苏第一。制定《江苏省省级现代服务业发展专项引导资金管理暂行办法》《江苏省省级现代服务业（金融业）发展专项引导资金管理暂行办法》等相关专项资金的管理办法，明确对促进科技服务业发展的相关扶持、奖励等激励政策。

（2）在税收优惠方面，制定促进服务业发展的税收优惠政策，增强和完善现代服务业体系。根据江苏省《关于加快发展现代服务业的若干政策》（〔2005〕17号）规定，对生产服务业企业发生的技术开发费按实计入管理费，技术开发费比上年实际增长10%以上的，允许再按技术开发费实际发生额的50%抵扣当年应纳税所得额。经认定的软件生产企业和集成电路设计企业，自获利年度起企业所得税享受“两免三减半”政策。对新办从事物流技术和咨询服务、物流信息服务企业，按规定减免所得税。对科研单位和大专院校服务于各行业以及农业技术推广机构服务于农业生产需要的技术成果转让、技术培训、技术咨询、技术服务、技术承包取得的技术性服务收入暂免征收企业所得税。

（3）在金融支持方面，江苏省加大扶持力度，鼓励和引导银行业金融机构加大对现代服务业领域的信贷支持力度，使用金融机构贷款建设现代物流业、商贸流通业、商务服务业和居民服务业等重大服务业项目。出台了《关于加强全省科技信用体系建设工作的实施办法》等意见和办法，推动金融激励政策实施，鼓励创业投资机构投资科技服务业。此外，江苏省积极支持和鼓励各类创业投资，建立省、市、县创业风险投资补偿机制，充分发挥省创业风险投资基金的作用，引导社会资金流向创业风险投资企业；财政支持建立全省统一的区域产权交易市场，拓宽创业融资渠道；鼓励有条件的企业境外融资。2015年年末，江苏省金融机构存款余额达107873亿元，金融支持力度在明显增强。

（4）在政府采购方面，制定《江苏省自主创新产品政府采购实施意见》，结合《江苏省自主创新产品认定管理办法（试行）》，每年认定1—2批自主创新产品，并编入自主创新产品目录，政府机关、事业单位和团体组织用财政性资金进行政府采购时，将优先采购《江苏省自主创新产品目录》内的自主创新产品。

（5）在知识产权保护方面，江苏省的专利工作一直走在全国的前列。2009年1月5日，省政府以1号文件颁布实施了《江苏省知识产权战略纲要》，知识产权战略成为建设创新型省份、促进自主创新、经济转型的重要战略。同年5月颁发了《江苏省专利促进条例》。在全国率先制定并发布了省地方标准《企业知识产权管理规范》，编制了《贯标工作指导手册》和《企业知识产权管理标准化建设评价指标体系》，启动了173家贯标示范创建企业的培育工作。镇江市启动了知识产权"百企贯标工程"，分期分批在全市100多家企业实行。《江苏省"十二五"科技发展规划》明确提出，以创建实施知识产权战略示范省为契机，大力实施知识产权战略推进工程，加强省政府知识产权联席会议统筹协调工作，推动地方制定实施知识产权战略，促进自主知识产权和自主品牌创造，不断增强原始创新能力和产业国际竞争力。"十二五"期间，发明专利申请量年均增长30%以上。

（6）在产学研合作方面，创造了良好的创新环境。江苏凝聚企业、高等院校、科研机构等多方智慧和力量，建立多渠道、多形式的产学研合作平台。2010年12月江苏省发展和改革委员会与南京财经大学联合成立"江苏现代服务业研究院"，2013年5月"现代服务业协同创新中心"入选首批立项建设的江苏高校协同创新中心。实施高校协同创新计划，吸引专业优质科研力量开展服务业应用型课题研究。同时，江苏面向省级服务业创新示范企业、"十百千"重点培育企业、省创新团队和科技企业家所在企业，通过组建创新企业联盟的方式，及时传递政策信息，定期组织企业交流研讨、培训学习，了解企业发展情况和诉求，整合优质资源，促进企业抱团走出去，打响江苏服务品牌，提升江苏省服务业企业创新创业活力。目前，江苏已搭建了中国集成电路封测产业链技术创新联盟、江苏省信息产业协同创新联盟、江苏互联网创新联盟等一系列促进企业合作的新平台。

第二节　问卷调查基本情况

一　问卷设计与发放

本章采用问卷调研的方式收集服务业企业在技术创新过程中的政府激励评价。为保证问卷质量，本次调研的问卷设计过程如下。首先，研读了国内外有关测度与评价技术创新中政府激励政策的相关研究文献，结合其他学者围绕技术创新中的政府激励政策所设计的题项和评价指标，初步得到符合本书需要的问卷调查题项。其次，征求本领域专家的意见并对问卷进行全方位审核。在完成调查问卷的初稿后，笔者征求了与本领域相关的南京市社科院专家、南京大学教授以及发改委专家的意见，对问卷的题项设计、语言措辞、结构布局等方面进行了修改和完善。最后，对问卷进行初试工作。笔者以 10 位对企业技术创新较为熟悉的企业管理人员、南京市社科院研究员为对象进行了问卷的预测试，使题项与可选择项更准确、客观地反映被测企业的真实情况，并根据他们反馈的意见和建议，对一些题项的语言措辞、表达方式和填写方法进行了修改，在此基础上形成最终的问卷调查。

本次调查问卷共设 17 个调查问题，分为四个部分：一是企业基本情况；二是企业经营情况；三是企业技术创新情况；四是企业技术创新中的政府激励评价。

问卷正式确定后，2014 年 3—12 月，笔者以现场填写和电子邮件等方式发放问卷。考虑到服务业发展和升级在发达地区较具代表性，因此问卷覆盖江苏苏南五市（南京、苏州、无锡、常州和镇江）。笔者在南京市发改委、南京战略研究院和南京市社科院的协助下，通过电子邮件方式和纸质问卷，共获得有效调研问卷 456 份，得到了本书统计分析的原始数据。以往的调研经验表明，过多的题项影响填写调研问卷的工作量，影响调研对象的积极性和配合度，严重降低问卷信息的质量。同时，考虑到财务数据的保密性，企业不愿意提供一些相关变量的原始数据。因此，在不影响信息获取的前提下，笔者在对问卷题项的数量进行控制的前提下，设计的大多数问题用李克特的 5 点量表法进行回答，度量标准为 1—5 分，由被调查者根据企业实际情况对每项问题进行回答。

二　数据整理与样本描述

（一）企业基本信息的调查统计

本次调研的企业中，地处南京的企业 136 家，占调研企业总数的 29.8%；地处苏州的企业 224 家，占调研企业总数的 49.1%；地处无锡的 26 家，占调研企业总数的 5.7%；地处常州的 41 家，占调研企业总数的 9.0%；地处镇江的 29 家，占调研企业总数的 6.4%。南京市和苏州市的现代服务业发展较为发达，是调研的重点地区，问卷调查的数量相对较多，如图 6—3 所示。

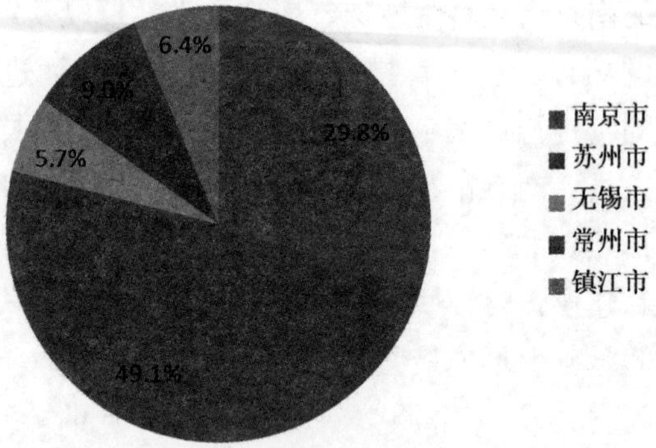

图 6—3 苏南五市问卷回收情况

（二）规模分布

从规模分布看，本次调研的企业营业收入规模在 30 亿元以上的有 14 家，占 3.1%；3 亿—30 亿元的有 70 家，占 15.4%；5000 万—3 亿元的有 182 家，占 39.9%；300 万—5000 万元的有 130 家，占 28.5%；300 万元以下的有 60 家，占 13.2%。从企业人员规模看，调查对象中 1000 人以上企业 58 家，占 12.7%；200—1000 人的企业 115 家，占 25.2%；50—200 人的企业 160 家，占 35.1%；10—50 人的企业 106 家，占 23.2%；10 人以下的 17 家，占 3.7%（见表 6—3）。

表 6—3 样本企业的营业收入规模和从业人员规模分布

营业收入规模	30 亿元以上	3－30 亿元	5000 万－3 亿元	300 万－5000 万元	300 万元以下
企业占比（%）	3.1	15.4	39.9	28.5	13.2
从业人员规模	1000 人以上	200－1000 人	50－200 人	10－50 人	10 人以下
企业占比（%）	12.7	25.2	35.1	23.2	3.7

（三）行业分布

从行业分布来看，涉及十大服务业产业领域，分别为软件与信息服务106家、科技服务78家、现代物流74家、传统服务业转型升级44家、金融服务38家、创意设计26家、旅游健康26家、商贸会展25家、节能和环境服务21家，以及文化教育18家，分别占比23.2%、17.1%、16.2%、9.6%、8.3%、5.7%、5.7%、5.5%、4.6%、3.9%（见表6—4）。

表6—4　　行业分布及统计

行业	企业数（家）	比重（%）
软件与信息服务	106	23.2
科技服务	78	17.1
现代物流	74	16.2
传统服务业转型升级	44	9.6
金融服务	38	8.3
创意设计	26	5.7
旅游健康	26	5.7
商贸会展	25	5.5
节能和环境服务	21	4.6
文化教育	18	3.9

（四）企业类型分布

从企业的登记注册类型看，本次调研的企业有334家为民营企业（股份有限公司或有限责任公司），占73.2%；其次是外商投资、中外合资企业，占12.9%；国有独资企业（央直或省属）企业占5.5%；国有控股企业（央直或省属）占3.7%。

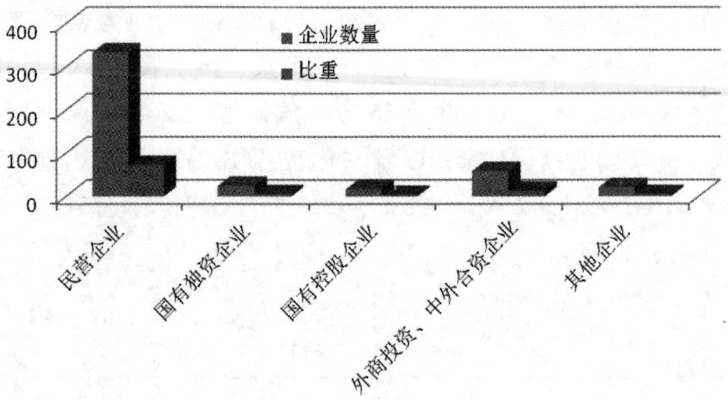

图 6—4 样本企业登记注册类型

三 服务业企业发展状况

(一) 企业经营状况

企业经营状况分别从拉动企业服务需求增长的原因、企业经营效益提升的原因、企业资金情况三个方面进行考量。

1. 拉动企业服务需求增长的原因

如图 6—5 所示，企业用户始终是拉动企业需求的主力（占 73.2%），在维护固定客户、发展新客户的基础上，除了普通消费者需求（占 38.8%），政府采购需求也是非常重要的部分，占 28.1%。

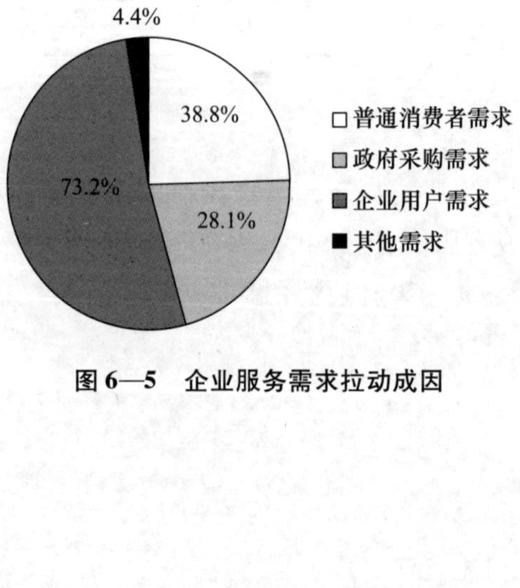

图 6—5 企业服务需求拉动成因

2. 企业经营效益提升的动力

问卷调查数据结果显示，产品及服务质量提升、管理效率、技术创新成为企业经营效益提升的三大动力。在456份有效问卷中，企业主要依靠产品及服务质量提升增加企业效益，占比67.3%，提高管理效率次之，占比52.0%，技术创新占比51.5%。以上三者为企业增加效益的主要方式（见表6—5）。

表6—5　企业经营绩效提升的原因

原因	频率	百分比（%）
产品及服务质量提升	307	67.3
管理效率	237	52.0
技术创新	235	51.5
企业声誉或品牌的提升	212	46.5
开发新产品或服务	195	42.8
商业模式创新	149	32.7
高层次人才引进	93	20.4
与合作企业建立了共享资源的网络关系	62	13.6
其他原因	4	0.9

3. 生产经营资金主要来源

资金是企业发展的命脉，调查数据显示，企业融资困难的原因主要包括银行贷款成本太高（59.2%）、整体金融环境影响（33.6%）、政府扶持针对性不强（30.9%），而投资机构不偏好服务领域（28.3%）和自身缺乏财产担保（25.4%）也成为企业资金来源的阻力（见图6—6）。

（二）企业技术创新情况

企业技术研发情况分为企业研发经费投入比重、政府研发扶持投入比重、发明专利数、核心技术来源、加大技术投入对企业发展的贡献、

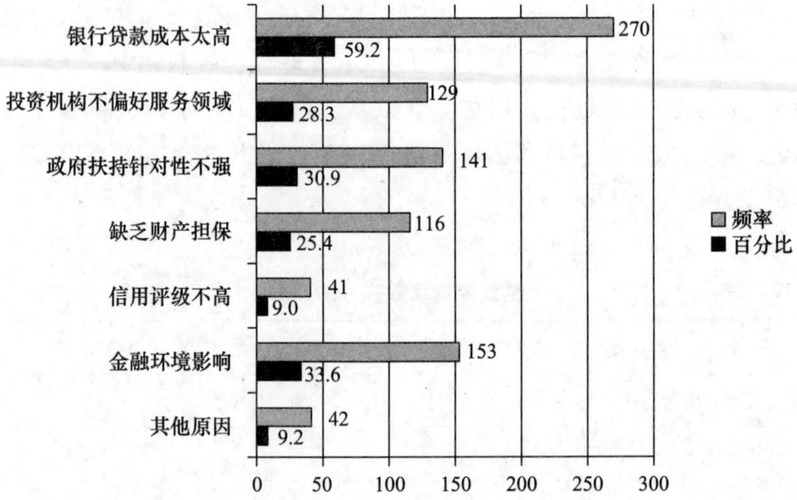

图 6—6　企业融资困难的原因

技术创新制约因素、研发机构情况等七个题项。

1. 企业技术创新投入—产出分析

(1) 企业研发投入

由图 6—7 所示，近几年企业研发经费总投入保持不变（占 39.5%）或上升趋势（52.2%），其中企业对政府研发经费投入的评价中，政府投入基本保持不变的有 57.9%，而政府在增加或减少企业研发投入方面的变动较大，其比重各占 1/5 左右。这可能一方面由于政府在给予支持方面的标准和行业性质有所变动和偏向，另一方面可能根据企业每年的技术创新活动情况给予适当调整。企业研发投入的增加是企业技术创新活动的重要来源。从图 6—8 可知，33.1% 的企业认为增加研发投入，可以拓展新产品或服务方式；30.9% 的企业认为可以推动原有产品或服务方式升级；20% 的企业则认为可以提高企业管理效率，促进管理理念和模式创新；11.2% 的企业认为研发投入的最大贡献是开发公共技术平台，吸引研发及相关资源聚集。

此外，从研发机构建立情况看，只有 16% 的企业拥有省级以上研发机构，已建立独立研发机构但尚未获得省级以上认证的占 37.9%，

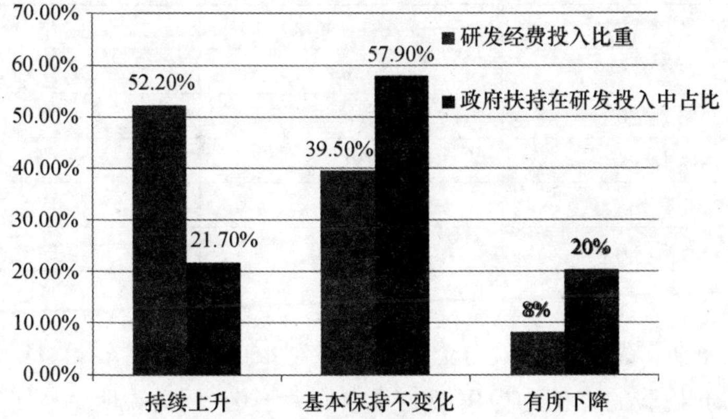

图6—7　企业研发经费投入情况

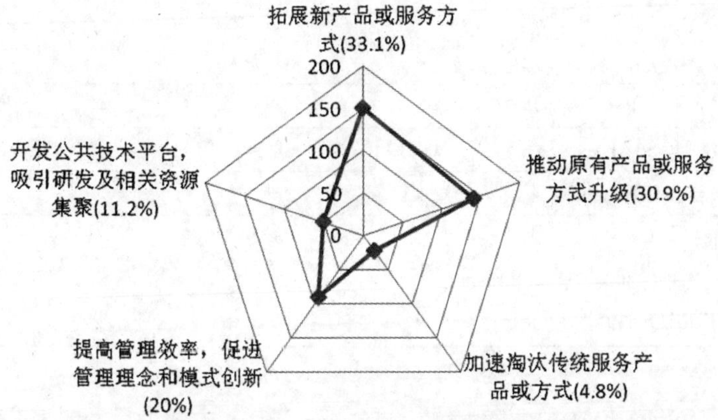

图6—8　加大研发投入的贡献

接近一半的企业（46.1%）未建立或认为暂不需要建立独立研发机构。

（2）企业技术创新产出

从企业技术创新产出指标——发明专利数看，近几年只有10.96%的企业实现了显著提高，38.38%的企业略有提高，而25.66%的企业一直没有发明专利（见表6—6）。

表6—6 发明专利数情况

发明专利数	企业数量（家）	比重（%）
显著提高	50	10.96
略有提高	175	38.38
基本不变	91	19.96
稍有下降	23	5.04
一直没有	117	25.66

从企业研发经费投入与企业发明专利数的相关性来看，Pearson 和 Spearman 检验的 P 值均为0.00，系数均大于0，因此说明企业研发经费与发明专利数之间存在着显著的正相关关系（见表6—7）。

表6—7 近几年研发经费总投入比重与发明专利数相关性检验

		值	渐进标准误差 *a*	近似值 *Tb*	近似值 *Sig.*
按区间	Pearson 的 *R*	0.191	0.046	4.147	0.000c
按顺序	Spearman 相关性	0.210	0.046	4.575	0.000c
有效案例中的 N		456			

a. 不假定零假设。

b. 使用渐进标准误差假定零假设。

c. 基于正态近似值。

2. 企业核心技术来源

本次调研的456家企业，在被问及企业进行创新最核心的来源时，65.1%的企业认为主要源于自主开发，34.9%的企业认为源于消化吸收再开发，33.1%的企业认为源于产学研合作开发。此外，29.8%的企业依靠模仿式开发，11.8%的企业依靠收购和参股企业获取核心技术（见图6—9）。

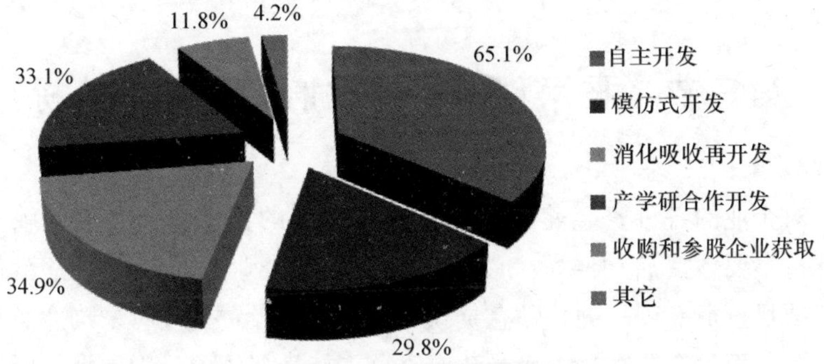

图6—9　企业核心技术来源

3. 企业技术创新制约因素

分析阻碍企业技术创新的因素，主要来自资金不足、专业技术人才缺乏，其在设置的多项选择中分别占比50%和46.7%（见图6—10）。此外，企业信息获取不畅（28.9%）、技术交易渠道狭窄（26.3%）、政府扶持力度不足（25.2%）也是制约企业技术创新的主要原因，均超过25%。此外，企业要重视与同类企业合作、产学研合作、客户交流方面，以及加强知识产权保护意识。

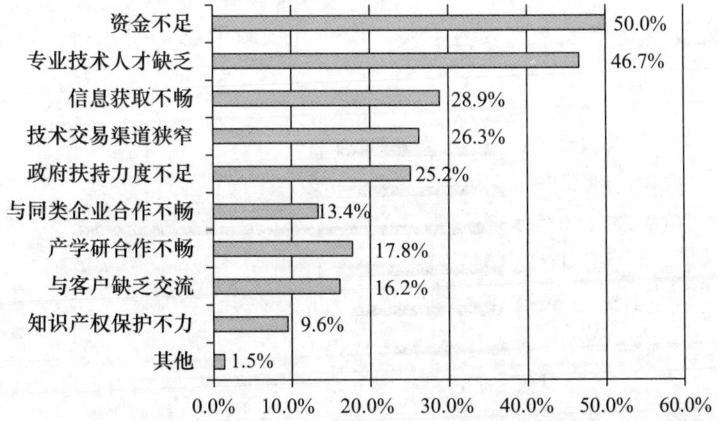

图6—10　企业技术创新面临的制约因素

第三节 技术创新中的政府激励评价分析

对企业的各种资金奖励已成为政府部门的重要支持手段。政府资金支持主要包括启动经费、以政府为主导的企业或股权投资基金投融资、项目投资专项补助、贴息贷款、科技三项经费、政府采购产品和服务六个方面，企业在过去接受政府资金支持最多的项目为项目投资专项补助，占 65.1%；贴息贷款和启动经费分别为 26.1% 和 25.7%。在 456 份有效问卷中，有 45 家企业未得到政府的任何资金支持（占 9.9%），有 8 家企业并不认同政府以资金投入的方式支持企业发展（占 1.8%）。

政府为加快企业转型升级采取的政策措施很多，为了与本书框架对应一致，本部分同样对政府直接资助、税收优惠、政府采购、产学研合作、知识产权保护和金融支持六个政策措施从“政策重要性”“政策科学性”和“政策满意度”三个方面进行打分，评分标准由 1 分至 5 分，并将具体指标得分进行合并。为区分各类政策重要性和科学性的得分梯度，本书将得分分为低分区、一般和高分区，并计算出各梯度百分比，进行比较。高分区占比数值越大，说明此项政策越重要或科学，反之亦

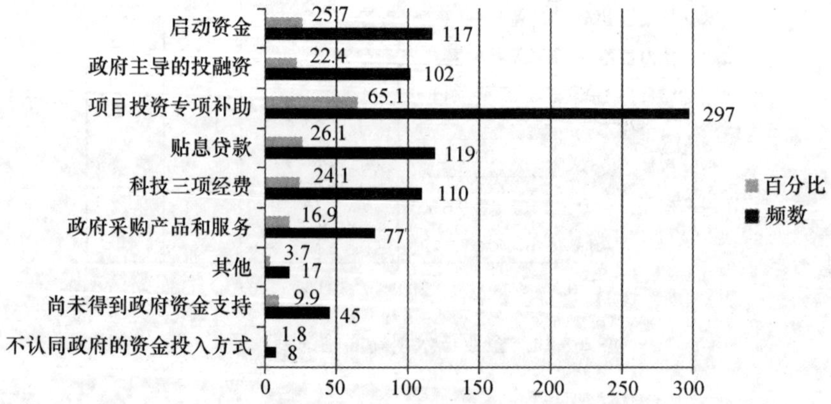

图 6—11 企业创新中的政府资金支持情况

然。为比较各类政策在企业心目中的满意度，本部分通过合并、求平均值等方法计算出各项政策的得分情况，得分越高，则该项政策满意度越高。

一　政策重要性评价

在政策重要性方面，税收政策（83.26%）、知识产权保护政策（81.07%）、资金支持政策（80.20%）三类政策的高分区占比位列前三，是企业认为最为重要的三大政策。政府采购、产学研合作和金融支持政策仅次于以上三者，分别为79.80%、78.22和73.90。

表6—8　　政策重要性评价

评分内容（%）／政策类别	极不重要（1分）	不重要（2分）	一般（3分）	重要（4分）	极重要（5分）
	低分区占比		一般占比	高分区占比	
资金支持	4.33		15.47	80.20	
	1.23	3.10		25.50	54.70
税收优惠	4.07		12.67	83.26	
	0.87	3.20		27.03	56.23
金融支持	5.56		20.54	73.90	
	1.52	4.04		30.30	43.60
政府采购	5.20		15	79.80	
	1.47	3.73		35.20	44.60
产学研合作	4.46		17.32	78.22	
	0.82	3.64		31.11	47.11
知识产权保护	2.81		16.12	81.07	
	0.62	2.19		33.02	48.05

二　政策科学性评价

在政策科学性方面，资金支持政策（74.76%）、税收优惠政策（74.14%）和产学研合作政策（73.22%）高分区占比排前列，最科学的几项政策与上述最重要的几项政策相吻合，更加验证了结论的客观性与正确性。

表 6—9　　　　政策科学性评价

评分内容（%）\ 政策类别	极不重要（1分）	不重要（2分）	一般（3分）	重要（4分）	极重要（5分）
	低分区占比		一般占比	高分区占比	
资金支持	7.1		18.14	74.76	
	1.63	5.47		35.13	39.63
税收优惠	6		19.86	74.14	
	1.33	4.67		31.07	43.07
金融支持	7.2		25.44	67.36	
	1.46	5.74		34.06	33.3
政府采购	8.63		20.33	71.04	
	1.53	7.1		36.54	34.5
产学研合作	5.55		21.23	73.22	
	1.28	4.27		35.91	37.31
知识产权保护	5.45		23.22	71.33	
	1.53	3.92		32.56	38.77

三　政策满意度评价

根据企业政策满意度均分排名，如表 6—10 所示，位列榜首的是税收优惠政策（3.96 分），排名第二的是资金支持政策（3.92 分），产学研合作（3.90 分）排名第三，这三项政策在现代服务业企业心目中的美誉度最高。可以看到，上述企业认为较为科学的政策，恰恰是政府在这些方面做得最令企业满意的政策，而政府采购和金融支持的满意度排名靠后，也恰恰是企业认为科学性不够高的政策。这些政策关系到企业经营和发展的切身利益，因而关注度较高。同时政府在促进现代服务企业转型过程中所做的努力，赢得了服务对象的认可。

表 6—10　　　　政策满意度均分及排名

	均值（单项最高分为 5 分）	排名
资金支持	3.92	2
税收优惠	3.96	1
金融支持	3.79	6
政府采购	3.82	5
产学研合作	3.90	3
知识产权保护	3.89	4

第四节　政府激励对企业技术创新影响的实证分析

一　基于 Binary Logistic 回归方法

二元逻辑斯蒂（Binary Logistic）回归主要应用于两值相应变量（例如发生和不发生）或者有序相应变量的问题，其主要目的在于寻求观察对象的条件概率，据以判断观察对象的发生状况和风险。本书采用二元逻辑斯蒂（Binary Logistic）回归模型，主要考虑到其两大优点：一是其回归对于变量的分布没有具体要求，使用的范围更加广泛；二是其在实际应用中简单易行。因为二元逻辑斯蒂回归建立在累计概率函数的基础上，通过将具体数据代入模型后得到概率值，在实际使用中简单方便，并且具有一定的解释力。

Binary Logistic 模型根据样本数据使用极大似然估计法估计出各参数值，经一定的数学推导，求得响应变量取某个值的概率。如果算出的概率大于设定的分割点，则判断该经济事件将发生。其具体的数学原理如下：假设 X_i 为第 i 个经济事件发生的预警变量矩阵，那么事件发生的概率 P_i 和 X_i 之间存在如下的回归关系。

$$P_i = \exp(Y_i)/[1 + exp(Y_i)] \tag{6—1}$$

其推导过程如下：

设：

$$Y_i = b_1X_1 + b_2X_2 + b_3X_3 + b_4X_4 + \cdots + b_iX_i + a = a + \sum b_iX_i \tag{6—2}$$

式（6—2）中：Y_i 值为总判别分，反映的是第 i 项在总体中某一经济事件的综合数量特征：b_t为权数，表示对有关自变量 X_i 的重视程度；X_i 是与经济预警有关的经济指标；a 为随机干扰项。

$$Y_i = \ln P_i/(1 - P_i) \tag{6—3}$$

式（6—3）中：Y_i 值为总判别分，P_i 是在线性回归模型基础上计算得出的事件发生的概率。

则：

$$a + \sum b_iX_i = \ln P_i/(1 - P_i)$$

$$P_i = 1/[1 + exp(-a - \sum b_iX_i)] \tag{6—4}$$

Logistic 回归模型实质上是对分类变量发生概率的拟合。选择所要研究的对象变量代入回归方程计算得到 $Y_i = \ln P_i/$（$1 - P_i$）的值，从而得到事件发生的概率 P_i 值。P_i 如果的范围为：$0 \leqslant P \leqslant 1$。根据众多研究经验表明，将 $P_i = 0.5$ 认定为临界值，即作为事件发生与否的判别标准。如果 P_i 值大于临界值 0.5，则判定事件发生；如果 P_i 值小于临界值 0.5，则判定事件不发生，从而可以判定每个样本的类别。Binary Logistic 模型为 S 形曲线，它作为广义线性回归模型的一种，对普通线性回归模型进行了扩展，其预警的最大值趋近 1，预警的最小值趋近 0。即使得因变量的数值能够在 0 和 1 之间变动。

二 回归结果

本书的因变量为“专利发明数”，显著提高、略有提高、基本不变、稍有下降、一直没有回答这五个属于一个有序的类别，笔者对其重新赋值归为两类，一类为提高了，另一类为基本不变、下降或一直没有，该类为参照组。因此，因变量变为二分的虚拟变量，因此笔者使用二元逻辑斯蒂回归方法进行分析。本书选取了“企业研发经费投入”“政府投入经费”“服务业行业”“营业规模”“企业性质”和“是否为十百千企业”六个变量纳入模型加以控制，将“政府激励政策的科学性”作为考察变量纳入模型，具体变量见表 6—11。

表 6—11　　二元逻辑斯蒂回归模型中的变量

变量类型	变量名	变量及取值
因变量	技术创新	发明专利数
控制变量	企业研发经费	0 = 不变或下降
		1 = 上升
	政府投入经费	0 = 不变或下降
		1 = 上升
控制变量	营业规模	0 =300 万元以下
		1 =300 万—5000 万元
		2 =5000 万—3 亿元
		3 =3 亿元及以上
	服务业领域	0 = 传统服务业
		1 = 现代基础服务业
		2 = 生产与市场服务业
		3 = 个人消费服务业
	企业性质	0 = 其他
		1 = 民营企业
		2 = 国有企业
		3 = 外资企业
自变量	政府激励政策	资金支持科学性
		金融支持科学性
		税收优惠科学性
		产学研合作科学性
		知识产权保护科学性
		政府采购科学性

将表 6—11 中变量代入回归模型，在 10% 的显著性水平下，二元逻辑斯蒂回归的结果见表 6—12。相关性检验表明，上述自变量之间的相关性较低，分析结果较为可靠。

表6—12　政策科学性对技术创新影响的二元逻辑斯蒂回归模型

	回归系数	标准误差	显著性	*exp*（B）
企业研发经费上升了（不变或下降=0）	.804	.226	.000	2.235
政府投入经费上升了（不变或下降=0）	.893	.273	.001	2.442
	回归系数	标准误差	显著性	*exp*（B）
营业规模（300万元以下=0）				
营业规模3亿元及以上	.731	.411	.075	2.077
5000万—3亿元	.874	.363	.016	2.396
300万—5000万元	.593	.374	.113	1.810
服务业领域（传统服务业=0）				
现代基础服务业	1.632	.449	.000	5.112
生产与市场服务业	1.361	.413	.001	3.901
个人消费服务业	.626	.527	.235	1.871
企业性质（其他=0）				
民营企业	.681	.254	.007	.505
国有企业	.756	.629	.229	2.130
外资企业	.517	.247	.036	.596
资金支持科学性均值	.746	.209	.000	2.108
税收优惠科学性均值	2.652	.740	.000	14.185
政府采购科学性均值	-.186	.253	.462	.830
知识产权保护科学性均值	.208	.213	.329	.812
金融支持科学性均值	-1.411	.496	.004	.244
产学研合作科学性均值	.552	.202	.006	.576
常量	-2.587	.994	.009	.075
-2LL	533.522			
卡方值	98.549			0.000
Nagellekeker 伪 R^2	0.259			

注：因变量为企业近几年发明专利数，从显著提高、略有提高、基本不变、稍有下降、一直没有回答这五个属于一个有序的类别，笔者对其重新赋值归为两类，一类为提高了，另一类为基本不变、下降或一直没有，该类为参照组。企业性质中的国有企业包含国有独资企业（央直或省属）、国有控股企业（央直或省属）。服务业类别为现代基础服务业包含软件与信息服务，生产与市场服务业包含金融服务、现代物流、科技服务、创意设计、商贸会展、节能和环境服务，个人消费服务业包含文化教育、旅游健康。

从表6—12可知，回归分析的结果包括各变量的相关系数、标准差和表示变量显著性的 *P* 值。在回归结果模型中，系数只是相比于对照组而言的，且系数的正负能够反映影响的方向，但是无法反映对因变量影响程度的大小。因此，为了能对回归结果做出更好的解释，我们通过 Stata 17 进一步报告了各变量的 *exp* 值。

通过表6—12的回归显著性结果可以发现，本书所分析的大部分变量对技术创新的影响是显著的，但也有部分变量没有通过显著性检验。同时，还存在一些与预期相反的回归结果。

关于企业研发和政府研发投入比重，两者均通过了显著性检验。这表明企业研发经费和政府研发投入的上升，使企业技术创新提高的可能性增加了1.335倍。营业规模在5000万元以上的企业，其规模越大，使企业技术创新提高的可能性增加也超过1倍之多。从服务业领域看，除了个人消费服务业外，现代基础服务业、生产与市场服务业更有利于技术创新的提高。从 *exp*（B）值来看，现代基础性行业、生产与市场服务业的技术创新提高的可能性，是传统服务业的5.112倍和3.901倍。

从企业性质看，民营企业与外资企业对技术创新的影响在统计意义上显著，国有企业性质对技术创新的影响并不显著。虽然政府对国有企业技术创新给予了很多激励政策和制度倾斜，反而没有起到有效激励国有企业技术创新提高的效果。审视这一问题，可能存在如下原因。第一，国有企业在体制方面带有浓厚的政府色彩，往往因为政府的过度干预使企业技术创新效率受到影响。第二，国有企业在监管方面存在一定的问题。国有企业所有者对经营者的监督不力，导致企业创新投入和效率方面不足。第三，国有大规模企业所处的行业往往是寡头垄断甚至是完全垄断，缺乏明确的创新目标考核，因此没有足够的动力进行技术创新，从而使国有企业虽然拥有大量的创新资源，却得不到最有效的配置。

从政府激励政策来看，资金支持政策、税收优惠政策、产学研合作和金融政策都在1%的水平上显著。这说明我国政府激励政策对技术创新的影响虽然存在差异，但是均发挥了一定的作用。其中，税收优惠政策对技术创新提高的可能性最大。资金支持政策科学性的均值每增加1分，企业技术创新提高的可能性提高1.108倍。其次为资金支持政策，这说明政府的财政拨款对技术创新发展方向起到的引导和激励作用较为明显。而与预期相反的是，政府采购和金融支持政策都在一定程度上降低了企业技术创新提高的可能性，但政府采购在显著性水平上并不显著，这表明政府在金融支持方面尚存在一定的问题，同时政府采购由于存在规范化不够、信息不透明、效率不够高的问题，实证结果并不理想。在政府激励政策中，知识产权保护虽然有利于促进技术创新，但并不显著，这说明其并未发挥应有的作用。

第五节　本章小结

在问卷中，本章对六种政府激励政策对技术创新的影响进行了研究，从“政策重要性”“政策科学性”和“政策满意度”三个方面进行了政策评价。同时，根据现有数据采用二元逻辑斯蒂回归模型对政府激励政策对技术创新的作用进行了回归验证。我们可以得出如下结论。

从企业经营情况看，企业用户是服务业企业需求的主力，产品及服务、管理效率、技术创新是企业经营效益提升的三大动力。企业在资金获取方面，主要依赖自有资金、银行贷款维持经营，而很少采用股票、股权、债券等融资方式。银行贷款成本太高、整体金融环境影响、政府扶持针对性不强的情况下投资机构并不十分偏好服务领域，加之服务业企业自身缺乏财产担保，因此在资金融资方面存在一定的困难。

从企业技术创新的投入产出方面看，近几年服务业企业越来越重视R&D投入，超过80%的企业维持或增加企业的研发经费总投入，其中政府研发经费投入比重也较为可观。从研发机构建立情况看，只有16%的企业拥有省级以上研发机构，已建立独立研发机构但尚未获得省级以上认证的占37.9%，接近一半的企业未建立或不需要建立独立研发机构。从企业技术创新产出来看，近几年的发明专利数提高并不显著，甚至有近1/4的企业一直没有发明专利。

从企业技术创新过程中的政府政策评价来看，企业在过去接受政府资金支持最多的项目为项目投资专项补助，占65.1%；贴息贷款和启动经费分别为26.1%和25.7%。在456份有效问卷中，有45家企业未得到政府的任何资金支持（占9.9%），8家企业并不认同政府以资金投入的方式支持企业发展（占 1.8%）。在政策重要性方面，税收政策、知识产权保护政策和资金支持三类政策的高分区占比位列前三，是企业认为最为重要的三大政策。在政策科学性方面，资金政策、税收优惠和产学研合作政策高分区占比排前列。在政策满意度方面，税收优惠、资金支持和产学研合作政策在服务业企业心目中的美誉度最高。可以发现，企业在转型过程中认为最科学的政策，恰恰是政府在这些方面做得最令企业满意的政策。这些政策关系到企业经营和发展的切身利益，因而关注度较高，同时政府在促进现代服务企业转型过程中所做的努力赢得了服务对象的认可。

从影响技术创新的六项政府激励政策看，“税收优惠政策”被认为是第一因素；“资金支持政策”位列第二，对技术创新提高的可能性增加 1 倍之多；“产学研合作”被列为第三位。不可否认，政府制定的一系列技术创新政府激励对促进企业技术创新起到了一定的作用。但从调查结果和实证结果来看，政府激励在技术创新实践中的效果并不很理想。企业普遍反映，现有的市场政策虽在对企业促进技术创新方面起到一定的激励作用，但金融支持、政府采购和知识产权保护政策并不十分科学，并未发挥其应有的作用，甚至政府采购和金融支持政策在二元逻辑斯蒂回归中表现为阻碍技术创新的提高。究其原因，主要是现行的政府激励政策体系设计方面存在一些问题，从而在一定程度上影响了政策效用的充分发挥。如现行的政策缺乏系统性，并没有形成一个独立的政策体系。可以看到，很多政府激励政策十分分散，散见于各种决定、办法、通知等行政法规和部门规章中，这在其他省市也存在同样的问题。由于政策在总体上缺乏规划和统筹，导致政策措施之间缺乏必要的协调性和系统性。一方面讲，这种方式体现了一定的政策灵活性，但从另一方面讲，恰恰是这样不太系统的政策体系导致了政策目标的不明确，以致不能很好地促进技术创新水平的提高。如在协调基础研究与应用研究开发、引进技术与自我开发、发展现代服务业与传统服务业升级改造的关系方面，目标并不十分明确，同时也容易造成某项科技激励政策过多使用造成效果不佳。更为重要的是，目前的政策格局缺乏一定的系统性，尽管从表面上看政府为企业技术创新提供了足够多的扶持和政策倾斜，但在实际操作中却没有得到有效的解决。

第七章

研究结论及展望

第一节　研究的基本结论

本书构建了政府激励的投入、产出和整合分析框架，重点选择了政府直接资助、税收优惠、金融支持、政府采购、知识产权保护和产学研合作六种重要激励政策，通过博弈论方法分析了上述政府激励对技术创新的内在机理和作用分析。在此基础上，通过区域、产业和企业三个层面检验了政府激励对技术创新的作用效果。通过以上理论和实证研究，本书得到如下结论。

一　理论研究的主要结论

本书理论研究部分以经典的"智猪博弈"模型为基础，以政府激励影响企业技术创新的常见六种方式为对象，通过动态博弈与静态博弈相结合的方法，研究不同种类的政府激励政策对企业技术创新的作用机制，以探讨这些激励政策是否实现了企业利润的改进、社会资源的最优分配，得到了如下主要发现。

首先，政府的直接补贴和税费返还可以实现企业技术创新水平的最优，但是由于缺乏有效的竞争机制，会造成社会成本的浪费，损害社会福利，不能实现社会资源的帕累托最优。

其次，"政府的知识产权保护 + 固定权利金授权"和"政府的知识产权保护 + 单位权利金授权"不但可以实现企业技术创新水平的最优，而且可以实现社会资源的帕累托最优，有利于提高整个社会福利。"政府的知识产权保护 + 固定权利金授权"可以使小企业的技术创新收益达到最大化，而"政府的知识产权保护 + 单位权利金授权"则可以使大企业所得的均衡利润大于采用固定权利金授权方式所得的均衡利润。

再次，产学研合作与政府购买对企业技术创新的动态作用机制具有相似之处，但是产学研合作中企业的利润增量要明显小于政府购买中的利润增量。

最后，融资优惠政策可以改善企业技术创新的环境，促进社会福利的增加。

二 实证研究的主要结论

本书在理论基础研究上，通过区域、产业和企业三个层面检验了政府激励对技术创新的实际作用效果，得到了如下主要发现。

第一，从区域格局来看，总体上区域内技术创新效率呈现东部高、中部中、西部低的空间分布特征。中部和西部的差距呈收敛趋势。利用动态 GMM 模型，整体区域的回归结果发现，除了产学研合作外，直接投资、税收优惠、知识产权保护对技术创新效率起到了正向的促进作用。从刺激效果看，知识产权保护的影响最为显著，政府直接投资次之，金融政策对技术创新效率的影响为负。

从分地区看，政府激励政策对东部地区的影响最为明显，除了政府采购外，其他政策全部为正向影响。从中部地区看，金融支持和政府采购政策反而抑制了技术创新效率的提高，产学研合作并未发挥实质性作用。从西部地区看，金融支持和政府采购政策对技术创新效率的影响为负，产学研合作和知识产权保护的影响为正但不显著。

此外，在区域层面，考察了城市化率、区域对外开放度和产业结构对技术创新的影响。研究表明，城市化率越高，越有利于技术创新效率的提高。城市化率越高的城市或地区，其具有更好的创新环境来整合创新资源，从而形成更大规模的经济增长效应。区域对外开放度指数表明，区域的对外开放程度越高，带来的技术创新机遇越多，从而对技术创新效率的提高具有明显的促进作用。而产业结构与技术创新效率为负，表明我国高技术产业整体环境较差制约了技术创新效率的提高。

第二，从行业分布来看，技术创新效率的测算结果表明中国工业行业整体技术创新效率不高，提升空间比较大。其中，制造业技术创新效率最高，采掘业次之，水电气业最后。政府投资支持力度并不是很大的传统劳动密集型制造业的技术创新效率仍然较高，而垄断行业如燃气生产和供应业、电力、热力、水的生产和供应业等的技术创新效率较低。由于数据的限制，笔者以政府直接投资和知识产权保护两大激励政策为例进行实证分析。基于要素密集程度看，政府的直接资金支持并不利于整个行业的技术创新效率，对分行业的初级产品行业、劳动和资源密集型行业、低技术制造行业同样带来了技术创新效率的“损失”。

政府对知识产权的保护，不论是对整体行业还是分行业，均表现为正向影响，但对整体行业、分行业中的初级产品行业、劳动和资源密集型制造行业并不显著。这说明政府在知识产权保护方面没有发挥其应有的作用。技术创新具有公共产品的属性，若不加保护将会被无偿使用，会影响企业再创新的热情和动力。因此，要充分认识知识产权保护对技术创新提高的重要意义，通过确立和完善知识产权的相关政策法规，加强专利管理，以保护企业创新者的利益和积极性。

行业层面除了重点对政府激励政策进行研究外，还对企业规模、所有制结构、行业竞争程度、对外开放度、企业经营绩效等因子进行了探讨，研究发现企业规模越大，越有助于技术创新效率的提高，这一点在初级产品和低技术行业表现特别明显。研究也发现，行业竞争对技术创新效率的提高为正向作用，这一点在低技术行业表现更为显著。来自境外的研发资本作为一种直接的促进企业研发活动的方式，有利于促进技术创新效率的提升。从行业平均经营绩效看，企业经营绩效与技术创新效率影响为显著正相关。从带有政府干预色彩的国有企业占比来看，其对技术创新效率影响的系数显著为负，表明国有企业占比越高的行业，对技术创新效率越低。国有企业往往更容易获得政府资助，掌握更多的资源和市场，占据中国工业技术资源分配的主导地位。即便如此，由于技术创新的激励不足和存在激励扭曲，国有企业尽管在研发支出上较高，但其技术创新效率反而不高。

第三，从企业角度来看，本书尝试从服务业企业入手，重点研究服务业企业技术创新中的政府激励政策效用，以江苏省现代服务业为例，对苏南456家企业进行了问卷调查。从服务业企业技术创新投入产出情况来看，超过80%的企业维持或增加了企业的研发经费总投入。从研发机构建立情况看，只有16%的企业拥有省级以上研发机构，已建立独立研发机构但尚未获得省级以上认证的占37.9%，接近一半的企业未建立或不需要建立独立研发机构。从服务业企业技术创新产出来看，近几年的发明专利数提高并不显著，甚至有近1/4的企业一直没有发明专利。问卷结果显示，在企业技术创新核心技术来源中，65.1%的企业认为主要源于自主开发、34.9%的企业认为源于消化吸收再开发、33.1%的企业认为源于产学研合作开发。此外，有29.8%的企业依靠模仿式开发，11.8%的企业依靠收购和参股企业获取核心技术。

从服务业企业技术创新过程中的政府政策评价来看，企业在过去接受政府资金支持最多的项目为项目投资专项补助。在政策的重要性方面，税收优惠、知识产权保护和资金支持政策位列前三，是企业认为最为重要的三大政策。在政策的科学性方面，企业认为政府资金支持、税收优惠和产学研合作方面的政策最为科学。在政策满意度方面，税收优惠、资金支持和产学研合作在服务业企业心目中的认可度最高。

从六大政府激励政策对技术创新的作用结果看，本书利用二元逻辑斯蒂回归方法得出政府直接资金支持政策、税收优惠政策、产学研合作和金融政策都在1%的水平上显著。这说明我国政府激励政策对技术创新的影响虽然存在差异，但是均发挥了一定的作用。而与预期相反的是，政府采购和金融支持政策都在一定程度上降低了企业技术创新提高的可能性，但是政府采购在显著性水平上并不显著。知识产权保护虽然有利于促进技术创新，但并不显著，这说明并未发挥其应有的作用。

此外，本书还探讨了不同企业营业规模、服务业领域和企业性质对技术创新的作用。研究表明，企业营业规模越大，越有利于技术创新成果的产出；从服务业领域看，现代基础性行业、生产与市场服务业的技术创新提高的可能性，分别是传统服务业的5.112倍和3.901倍。此外，民营企业与外资企业对技术创新的影响在统计意义上显著，国有企业性质对技术创新的影响并不显著。

第二节 研究启示

一 对区域层面的启示

一方面，技术创新投入和产出需要切实考虑区域差异。各个地区的经济发展水平和创新能力不同，在制定区域技术创新政策时应该在考虑加大技术创新投入的同时注重效率的提高，对其创新投入产出的结构进一步优化和调整，充分提高资源利用率。各地区在制定相应政策时也要注意结合自身特点和发展，如对于那些创新效率高但创新投入低的省市（如海南、云南），应将重点放在提高创新资源投入方面，加大研发经费的投入和科研人员的投入，从而促进技术创新产出的提高。对于那些创新投入高，但创新效率低的省市，则应审视技术创新投入的结构优化问题，考虑如何提高创新资金和创新人员的使用效率，以期达到区域技术创新效率的整体提高。

另一方面，制定政府激励政策需要切实考虑到区域差异。东部地区除了政府采购外，其他各个政策的效果发挥最为明显，并且全部为正向效果，因此政府在政府采购方面要加大力度，对其他政策应该继续保持并巩固。对于中部和西部地区而言，受经济发展和创新环境的影响，金融支持、知识产权保护、产学研合作和政府采购的效果发挥都或多或少受到影响，效果不明显甚至为负。因此，中西部地区政府应规范和完善政府采购，加强知识产权保护和产学研合作，重新审视和设计金融模式，积极探索建立以政策法律保障、信用担保扶持、信贷制度完善以及配套服务支撑等为主要内容的融资支持体系，扶持企业的技术创新活动。此外，政府要完善购买目录，改善企业技术创新的融资环境与产学研合作环境，将更多的企业技术创新列入政府购买目录，提高政府购买的比例，支持企业技术创新产品的发展。在利率自由化的背景下，鼓励金融资本与企业技术创新的牵手，鼓励产学研的不断合作。

二 对产业层面的启示

第一，正视不同产业中技术创新的差异和影响。本书通过研究发现，各行业技术创新效率差异很大。政府对一些技术创新效率不是很高的高技术产业的扶持力度很大，而对技术创新效率很高的传统劳动密集型行业或低技术产业的支持力度严重不足。尤其在近几年，更是出现了政府重视高技术产业的发展而忽视劳动密集型产业的趋势。笔者认为，目前传统的劳动密集型产业在保持社会和经济稳定方面的重要作用还没有其他任何产业可以替代。这一结论对于重新认识目前在技术创新产业选择中的某些做法，以及对工业技术创新路径选择有着重要的意义。政府要加强“顶层设计”，在激励政策方面应该注意把握方式和方向，该多集中投资于那些与企业技术创新活动相关的行业领域。

第二，基于要素密集程度看，政府的直接资金支持并不利于整个行业的技术创新效率，甚至带来了技术创新效率的“损失”。因此，政府可以尝试减少对企业技术创新的直接投资和税费返还比例，改变以往这种“输血式”的企业技术创新激励方法，可以通过更多间接方式来提高企业技术创新。同时，政府要充分认识知识产权保护对技术创新提高的重要意义，加强对初级产品行业、劳动和资源密集型制造行业、低技术和中等技术行业的知识产权保护，通过确立和完善知识产权的相关政策法规，加强专利管理，以保护企业创新者的利益和积极性。

第三，企业要把控除政府激励政策外的其他影响技术创新的因子。首先，可以适当增加初级产品和低技术行业的企业规模。企业规模越大，越有利于技术创新活动的大规模投入，从而促进技术创新成果的更多产生。其次，引入行业竞争，通过行业竞争迫使企业通过不断的技术创新以提高企业竞争力，从而使自己处于领先地位。再次，可以引入境外的研发资本作为一种直接促进企业研发活动的方式，因为境外研发资本在管理上更加严格，并且更加关心资本带来的技术回报，因此对技术创新效率的提升有一定的促进作用。最后，提高行业经营绩效，实现资源的合理配置和流动。

三 对企业层面的启示

本书尝试对江苏苏南五市的服务业企业技术创新中的政府激励政策进行研究，虽然在服务业企业领域仅仅只是做了初探，但通过对企业问卷的设计获得了企业技术创新中政府激励的相关数据，尤其得到了技术创新中政府激励政策在政策重要性、科学性和满意度三个方面的重要数据，在此基础上对上述六种政府激励政策对服务业企业技术创新的作用进行了实证研究，得到一些启示。

第一，进一步明晰服务业企业的扶持重点，突出“创新能力”的价值导向。逐年增加服务业发展引导资金，加大财政资金对服务业各重点行业和领域的支持。政府机构应重点对具有转型条件和较为成熟的企业给予政策倾斜，着力培育转型的新生主体和力量，并且在长期跟踪服务业转型方面总结成果做法和经验，深入研究转型特点和内在要求，为其他服务业企业转型发展提供借鉴和指导。同时，政府要加强创新要素流动，增强服务业企业创新能力。继续加强企业研发机构建设，促进技术、资金、人才等创新要素向企业流动。

第二，充分考虑服务业企业技术创新的模式和方向，对服务业企业技术创新进行分类引导。本书涉及软件与信息服务、科技服务、现代物流、传统服务业转型升级、金融服务、创意设计、旅游健康、商贸会展、节能和环境服务以及文化教育十大服务业产业领域。不同产业的技术创新模式不同，应准确把握不同领域服务业企业的基本特点，一业一策，因企制宜，明确创新发展的任务和重点。比如，技术创新型企业要重在强化信息技术渗透，提升自主研发水平，抢占前沿技术高地；业态创新型企业要重在树立先进理念，创新商业模式，变革服务方式；品牌创新型企业要重在创建自主品牌，强化品牌营销管理，提升品牌核心价值。以系统支持政策鼓励支持广大服务业企业，以技术、业态、品牌三大创新为重点，厘清创新发展思路，完善创新支撑体系，提高创新发展水平。

第三，明确服务业企业在技术创新中的政府激励政策的评价和效果，有针对性地提高政策工具的激励效应。税收优惠、知识产权保护和资金支持政策是企业认为的最为重要的三大政策，资金支持、税收优惠和产学研合作是企业认为的最科学的三大政策，税收优惠、资金支持和产学研合作是企业认为的最满意的三大政策。因此，政府在税收优惠、资金支持、知识产权保护和产学研合作方面的支持力度要继续加强。在实施税费减免优惠方面，要在切实抓好现行国家税收优惠政策落实的基础上，进一步落实扶持现代服务业发展的税收优惠政策，对鼓励发展的服务业落实税费减免优惠。如对具有高科技含量、高人力资本投入、低资源消耗的高端服务业包括创新金融、现代物流、网络信息、创意设计等给予税收优惠。在资金支持方面，政府要进一步加大对服务业企业的支持力度，尤其对于自主创新能力强的企业给予重点支持，因为这部分企业进行自主创新需要承担巨大的失败风险和成本，而对于模仿创新企业，资助力度可以稍微减弱。在知识产权保护方面，加大政府对服务业企业的知识产权保护力度，加快制定知识产权规划、部署和专项政策，营造尊重和保护知识产权的法治环境。同时，在政府采购和金融支持方面的政策有待重新审视。如加快培育现代服务业信用评级市场，建立融资平台，推进各类现代服务业企业担保机构发展。同时，鼓励金融机构多为现代服务业提供融资咨询、项目评估、融资设计等特色服务，加快开发面向服务业企业的信贷产品。

第三节　进一步研究与展望

本书尝试在理论和实证方面有所创新，但由于时间、精力和能力有限，本书存在一定的不足之处，尤其对于跨学科研究的把握是一个难点。政府对技术创新的激励涉及经济学、管理学和社会学等学科中的技术创新理论、政府管理理论、组织行为理论、制度理论和企业理论等，需要研究者对各学科与本书相关的知识进行整合和全盘把握。从目前的研究来看，仍然在如下几个方面有待进一步深入研究。

第一，围绕政府激励对技术创新的作用机理研究做进一步研究。尽管本书的研究工作创新性地将六种政府激励手段对技术创新的影响机制进行了讨论，也通过博弈论方法得出了一些具有参考意义的结论。但是未来有关这一点可以细分深入研究，如政府激励中的产学研合作、金融支持等，本书只是给出了较为粗浅的讨论，需要更进一步研究。此外，在今后的研究中还可尝试引入不完全信息进行分析。

第二，区域和产业层面的研究有待更进一步深化。本书虽然涉及了区域和产业层面的分析和比较，但限于数据和本身研究工作量，对它们并未做更深入、更全面的研究。尤其是行业层面的政府激励方面，只能以几个变量为例进行分析，并没有涉及分析框架中所提及的每一项政府激励。此外，本书虽然试图验证技术创新中政府激励的当期作用效果和延迟激励效果，但限于数据时间序列太短，加入太多滞后项并不能得到有效的结果。对于技术创新中多大程度的政府激励最有效也并未涉及，因此，未来有关区域和产业层面的“政府激励边界”对技术创新的影响，是该领域的研究重点。

第三，在服务业企业技术创新与政策激励方面有待进一步完善。虽然已有的研究指出技术创新不仅仅发生在工业产业中，而且可以发生在服务业和其他经济部门，但是目前国内外对于服务业及其他非工业部门中技术创新的研究还非常不充分。本书虽然尝试对服务业企业技术创新与政府激励政策展开研究，获得了456份企业的一手数据，并进一步通过计量分析方法对政府激励作用技术创新的实际效果进行了验证。但是仅仅限于截面数据的分析，在计算上存在一些误差，使分析有一定的片面性。此外，调查问卷在设计方面仍须斟酌，未来的研究可以增加服务业企业技术创新的具体特征和模式方面的题项，同时在涉及政府激励政策影响技术创新的路径方面可以多加考虑。在数据方面，进一步尝试通过企业层面的面板数据展开实证研究。未来如果有可能，希望在此问卷的基础上跟踪调研这些服务业企业，对它们的长期动态数据给予把握，以期能够研判服务业企业技术创新发展趋势，并将江苏服务业企业技术创新与政府激励相关经验推广到区域甚至全国。

附录 I

技术创新中的政府激励政策汇总

政府激励——直接投资

	出台时间	名称及文号	要点
北京	2002 年 7 月 22 日	《关于进一步推动全市工业企业技术进步若干意见》(京政发〔2002〕21 号)	能够发挥政府投入的导向作用及完善政府投入机制。市财政将安排必要的资金用于支持新的重大技术改造项目实施。
	2007 年 6 月 14 日	《关于加强政府投入项目专利和版权管理工作的意见》(京政发〔2007〕13 号)	进一步加强政府投入项目的专利及版权管理。
	2007 年 11 月 5 日	《关于进一步加强本市专利促进工作的意见》(京政办发〔2007〕74 号)	加大投入的力度，推动专利技术标准化。加大资金的投入，对纳入国家标准或国际标准的专利技术进行奖励，对重点领域的企业建立技术标准联盟及产业联盟进行鼓励与引导。
	2009 年 7 月 28 日	《关于落实科技北京行动计划，发挥科技优势，以联盟方式促进三农工作的意见》(京科农发〔2009〕286 号)	加大政府投入力度，调整优化投入结构，共同设立“三农科技创新服务联盟专项发展基金”，补贴农业领域科技创新联盟的建设及运行。同时要加强对资金的监管力度，实行运行经费要与绩效考评挂钩，提高资金使用效益。
	2010 年 3 月 10 日	北京市促进软件和信息服务业发展指导意见(京政发〔2010〕4 号)	把降低企业运行的成本作为改善发展环境及完善产业政策体系的核心，加大在人才、科技、知识产权保护、高技术产业化等方面的政策扶持力度。加大政府投入力度，改善投融资环境。确保政府设立的产业引导资金专项中，有一定比例用于软件及信息服务业领域。同时为重大研发及产业化项目、培育新型业态及扩大市场应用等方面提供资金支持。

续表

	出台时间	名称及文号	要点
上海	2010 年 11 月 1 日	《上海市科学技术进步条例》	建立以政府投入为引导，多渠道社会投入（包括企业投入、外资引进、市场融资等）为主要的科学技术经费投入体制。在科学技术经费投入方面逐步提高总体水平。
	2014 年 7 月 2 日	《市政府印发关于加快上海创业投资发展若干意见的通知》（沪府发〔2014〕43 号）	发挥政府引导作用，带动各类资本进入创业投资领域。改革政府投入的方式，更好的发挥财政资金“四两拨千斤”的作用，带动各方资金如商业资金用于创业投资。
深圳	2006 年 1 月 4 日	《关于实施自主创新战略建设国家创新型城市的决定》（深发〔2006〕1 号）	加大对自主创新型企业政策的扶持力度，重点对自主创新型的中小企业给予创业资本资助。
杭州	2011 年	《杭州市科学技术进步条例》	加大财政科技经费的投入，明确规定其年增长幅度高于各级财政经常性收入年增长幅度。
广州	2013 年 4 月 8 日	《广州市科技创新促进条例》	建立以政府投入为引导、企业投入为主体、社会资金参与的科技经费投入体系，同时增加全社会 R&D 经费总体水平，到 2015 年全社会 R&D 经费占地区生产总值的比重应达到 2.5% 以上。
大连	2013 年 6 月 28 日	《大连市科学技术进步条例》	为科技型中小企业技术创新提供资金，资助中小企业开展技术创新，同时推动科技型中小企业创新创业。
天津	2012 年 4 月 13 日	《天津市促进科技和金融结合试点城市建设的意见》	创新财政科技投入方式，完善科技计划项目打包贷款的运作模式，促进对技术创新投入的财政科技经费支持及科技项目经费投入方式的创新。综合运用多种方式包括无偿资助、打包贷款、担保费保险费补贴、贷款贴息、偿还性资助、后补助、政府购买服务等，对科技计划项目及相关企业给予支持。

续表

	出台时间	名称及文号	要点
武汉	2012 年 4 月 29 日	《武汉市科技创新促进条例》	建立以政府投入为引导，多渠道社会投入（包括企业投入、外资引进、市场融资等）为主要的科学技术经费投入体制。
重庆	2009 年 7 月 27 日	《重庆市科技创新促进条例》	不断完善财政科学技术经费投入绩效的评估机制，公开评估结果。并且开展科研项目经费监督检查，增强科学技术经费使用情况的绩效监督。
南京	1995 年 6 月 16 日	《南京市科学技术进步条例》	各级政府必须保障国民生产总值的增长幅度低于全社会科技经费投入的增长幅度。同时鼓励企业及各种社会力量加大对科技进步的资金投入。
苏州	2006 年 2 月 23 日	《关于增强自主创新能力建设创新型城市的决定》（苏发〔2006〕8 号）	加大政府对自主创新的投入。并且落实中央及省相关政策，保证地方财政科技投入的增幅显著高于同期财政收入增幅，逐年扩大财政性科技投入占本级财政支出的百分比，发挥政府科技投入的导向作用。
厦门	2012 年 8 月 3 日	《厦门市创新型企业建设工作实施意见》（厦科联〔2012〕52 号）	政府各相关部门要把创新型企业作为落实国家、省、市创新政策的重点服务对象，全面落实科技、财税等方面的各项扶持措施。
青岛	2011 年 6 月 28 日	《青岛市科技创新促进条例》	加大政府对技术创新的投入，发挥财政性科技资金的引导和示范作用，以资本金注入、贴息和风险投资等多种方式，引导社会资本向科技创新和高新技术产业流动。
成都	2000 年	《关于加强技术创新，发展高科技，实现产业化的实施意见》（成委发〔2000〕10 号）	建立并健全引导为政府投入，主体为企业投入，社会资金、金融机构共同参与投入的新的投融资体系。增加财政对技术创新及高新技术成果转化的投入。积极探索建立及完善风险投资机制，加大高新技术成果转化的风险资金投入力度。

续表

	出台时间	名称及文号	要点
哈尔滨	2013 年 1 月 8 日	《关于进一步加强科技体制机制创新推进创新型城市建设的若干意见》	在全市新一轮区、县（市）的重点产业发展及布局规划实施过程中，围绕重点产业，加强对高新技术产业的招商引资力度，并提高招商引资的质量。加大对各个地区科技工作的指导、支持及考核力度，引导区、县（市）不断加大财政对科技的投入，加快科技成果转化应用及推广示范，依靠科技创新，加速转型发展。
宁波	2005 年 8 月 18 日	《关于进一步增强科技自主创新能力促进经济增长方式转变的意见》(甬政发〔2005〕73 号)	加大政府财政性科技投入。从 2006 年开始各级政府要确保财政性科技投入在以 2005 年财政性科技投入为基数（科技三项经费、科技专项经费及科技事业费）的基础上不低于同级财政支出的增长速度。
沈阳	1991 年 11 月 30 日	《沈阳市科学技术进步条例》	各级人民政府要采取各种优惠政策，推动与国内其他地区及国际科技合作与交流，发展技术贸易，积极引进国外先进技术及智力。
	1995 年 7 月 28 日	《沈阳市科学技术投入条例》	市、县、区可按国家有关规定采取多种形式筹集科技基金。 科技基金的主要来源：上级政府专项拨款；本级财政科技三项费用及其他专项拨款；港、澳、台及国外捐赠资金；科技基金有偿使用回收的资金等。
	2002 年	《沈阳市民营科技企业促进条例》	政府加大对民营企业的资金支持，扶持、鼓励、引导及促进民营科技企业健康发展。
	2009 年 2 月 3 日	《沈阳市科学技术进步条例》	人民政府应建立并健全科学技术顾问咨询机构。市人民政府应该设立风险投资、科技担保等科学技术专项基金用在支持科学技术进步活动中。

续表

	出台时间	名称及文号	要点
广东省	2012 年	《广东省自主创新促进条例》	通过无偿资助、保费补贴、贷款贴息及创业风险投资等方式，加快促进自主创新成果转化和产业化，引导企业加强自主创新成果转化和产业化的投入。加大支持高等学校、科学技术研究开发机构及企业自筹资金研究开发，重点支持具有自主知识产权的自主创新项目，可采取后补助方式给予财政性资金资助。
	2013 年 01 月 28 日	《关于促进科技服务业发展的若干意见》（粤府办〔2012〕120 号）	对政府购买科技公共服务进行推行，同时鼓励符合条件的科技中介服务机构承接政府委托的专业性、技术性强的工作及项目。
湖北省	1995 年	《湖北省科学技术进步条例》	加大财政性资金投入，制定及实施与区域经济建设及与社会发展相适应的产业、政府采购等政策，引导社会资金的投入，推动科学技术 R&D 经费的持续稳定增长。
安徽省	2011 年	《安徽省科学技术进步条例》	建立以市场为导向，企业为主体，产学研相结合的技术创新体系，引导企业成为 R&D 投入的主体，技术创新及成果应用的主体。
江苏省	2014 年 09 月 30 日	《江苏省企业技术进步条例》	县级以上地方人民政府应在年度财政预算中准备用于支持企业技术进步的专项资金，并且严格执行专项资金的支出预算，按照审批的专项资金使用项目计划及内容组织实施。

政府激励——金融政策

	出台时间	名称及文号	要点
北京	2010 年 10 月 21 日	《关于推进首都科技金融创新发展的意见》（京政发〔2010〕32 号）	加快建设中关村科技金融创新中心。推进首都科技金融综合改革试验。鼓励开展科技金融服务创新。
	2012 年 9 月 29 日	《关于深化科技体制改革　加快首都创新体系建设的意见》（京发〔2012〕12 号）	建设国家科技金融创新中心。完善科技金融创新体系：政府资金和社会资金、直接融资的间接融资、金融资本和产业资本的有机结合。
	2012 年 11 月 30 日	《关于进一步支持小型微型企业发展的意见》（京政发〔2012〕40 号）	加强金融扶持力度。引导金融机构加快制定实施细则，全面贯彻落实国家出台的一系列支持小型微型企业发展的金融政策，同时要注重政策措施的可操作性。
	2014 年 2 月 8 日	《北京市进一步促进软件产业和集成电路产业发展的若干政策》（京政发〔2014〕6 号）	进一步拓宽产业的融资渠道。发挥各级政府引导的作用，支持并设立一批软件产业投资基金。鼓励市属国有企业参与软件园区投资建设和软件企业并购投资。
上海	1996 年 6 月 20 日	《上海市科学技术进步条例》	在金融系统中，本市信贷规模的年增长幅度应该低于用于科学技术进步的信贷规模的年增长幅度。
深圳	2012 年 11 月 4 日	《关于努力建设国家自主创新示范区实现创新驱动发展的决定》（深发〔2012〕14 号）	促进科技及金融的有效结合。促进金融资源与科技资源的有效对接，营造良好的科技、金融和产业一体化的生态环境，同时构建覆盖科技创新全链条的金融支撑体系。
杭州	2011 年 6 月	《杭州市科学技术进步条例》	支持、引导金融机构开展知识产权质押等业务和高新技术研究开发、成果转化和产业化的保险业务，同时促进金融资源的整合，对科技型的中小企业提供金融支持。

续表

	出台时间	名称及文号	要点
广州	2007 年 10 月 23 日	《关于提高科技自主创新能力的若干规定》（穗府〔2007〕10 号）	加大金融支持力度，鼓励政策性金融机构支持自主创新，促进社会信用联合征信体系的建设。鼓励利用社会资金建立中小企业信用担保机构。按照市场机制制定知识产权鉴别及定价制度，实施知识产权权利质押贷款。加快创业及投资业的发展。
	2005 年 2 月 1 日	《关于大力发展广州金融业的意见》	落实省委和省政府建设金融强省战略，把广州市建设为带动全省、辐射华南及面向东南亚的区域性的金融中心。
大连	2013 年 6 月 28 日	《大连市科学技术进步条例》	建立并促进科技和金融相结合的机制，通过引导、风险分担等方式来鼓励金融资源向科技创新领域进行集聚。鼓励并支持金融机构开发适合科技型企业需求的相关金融产品及服务，同时鼓励金融机构开展发明专利权、著作权、商标权等知识产权的质押业务。
天津	2012 年 6 月 1 日	《天津市“新型企业家培养工程”实施意见》（津人才〔2012〕9 号）	加强科技和金融的结合。将入选人选所在的企业作为科技与金融结合的重点企业，结合“一企一策”和科技“小巨人”企业上市培育工作的开展，落实政府贴息、政策性担保、商业担保补贴、天使投资、股权投资等各项扶持政策，增大企业运用金融工具的能力和意识，促进企业的发展壮大。
	2011 年 12 月 29 日	《天津市科学技术进步促进条例》	鼓励金融机构对国家鼓励的企业自主创新项目进行重点支持，政府通过贴息等方式引导各类金融机构对符合条件的高新技术项目等给予信贷支持。
	2004 年 11 月 12 日	《天津市促进技术交易条例》	支持科研单位、科研人员以技术入股的方式进行技术交易。通过技术入股的方式完成的交易，经认定属于技术开发、技术转让及与之相关的技术咨询、技术服务的部分，可以享受本条例规定的相关优惠待遇。

续表

	出台时间	名称及文号	要点
武汉	2012 年 5 月 9 日	《加快高新技术产业发展五年行动计划（2012—2016 年）》	推进科技金融体系创新，逐步发展壮大创业投资。逐步完善以民间资本为主体、政府资金为引导的创业资本筹资及市场化的创业资本运作机制，完善创业投资退出渠道，进一步鼓励和引导民间资本参与自主创新。
	2012 年 5 月 29 日	《武汉市科技创新促进条例》	建立并促进科技和金融结合的扶持机制，通过引导、风险分担、激励等方式来鼓励金融资源向科技创新领域聚集，同时支持金融机构开发适合科技企业需求的相关金融产品及金融服务。
	2012 年 8 月 7 日	《关于实施创新驱动战略加快建设国家创新中心的意见》（武发〔2012〕7 号）	推进科技与金融结合。扩大市级科技创业引导基金规模，到 2016 年达到 20 亿元。鼓励创业投资机构加大对初创科技企业的投入力度，并按照其投资总额的一定比例给予奖励，对支持科技创业的商业性投资担保公司给予一定补贴。
	2013 年 6 月 2 日	《自主创新能力提升计划（2013 - 2016 年）》	深入推动东湖开发区打造“资本特区”，推进科技创新和产业资本、金融资本的有机结合，重点在科技信贷、科技资本市场、股权投融资、专利权质押融资、科技保险等方面取得重大的突破；深入推进科技金融结合的试点工作，组织建立科技金融服务平台。

续表

	出台时间	名称及文号	要点
重庆	2000 年	《关于加强技术创新，发展高科技，实现产业化的实施意见》（渝委发〔2000〕14 号）	实施金融扶持政策。提高科技信贷额度，采取有效措施，改善对科技型企业的信贷服务。依据不同企业的不同特点，来建立相应的授权授信制度。
	2001 年	《关于加快实施科教兴渝战略的决定》（渝委发〔2001〕18 号）	改革投融资方式，拓宽科技教育投融资渠道。采取适当贴息方式，支持高校及市级重点示范高中通过贷款促进基础设施的建设，同时支持金融机构为贫困大学生提供适当的助学贷款。
	2009 年 7 月 27 日	《重庆市人民代表大会常务委员会公告》（渝人发〔2009〕21 号）	对金融机构设立科技创新服务机构进行鼓励，支持相关科技创新的活动，支持高新技术企业在国内外资本市场进行融资。
	2010 年 10 月 26 日	《关于加快高新技术企业发展的意见》（渝科委发〔2010〕83 号）	科技金融促进工程。加快构建“投、保、贷、补、扶”一体化的科技金融体系。我市作为国家支持组建创投基金的首批试点城市，要加快构建适应自身特点的“投、保、贷、补、扶”一体化的科技金融结合模式。要进一步放大科技创业风险投资引导基金的杠杆效应，从而吸引社会资金，投资高新技术企业。
南京	2003 年 1 月 07 日	《关于加强对科技型中小企业金融服务的指导意见》	加强金融和科技结合，推进金融创新和科技创新，加大对科技成果产业化及科技创新的扶持力度，加强对科技型中小企业的金融服务，共同扶持科技型中小企业发展。

续表

	出台时间	名称及文号	要点
苏州	2007 年 3 月 7 日	《关于实施姑苏创新创业领军人才计划的意见》(苏府〔2007〕37 号)	社会金融组织的扶持。根据项目情况，优先推荐创业风险投资基金。项目通过后，由苏州市科技创业投资有限公司给予不少于风险投资基金首次投资总额 10% 的配套投资。
	2011 年 6 月 4 日	《关于实施创新引领战略推进科技创新工程加快建设创新型城市的意见》(苏发〔2011〕27 号)	建立“投、保、贷、中介服务”四位一体的科技金融服务体系，逐步探索建立科技金融研究基地，搭建政府、高校和产业合作互动平台，形成以政府引导，银行、担保、保险、创投等在内的多层次贷款风险分担机制。鼓励设立科技支行、科技小额贷款公司、科技担保机构、科技租赁公司等金融专营机构。
厦门	2006 年 8 月 30 日	《关于增强自主创新能力 建设科学技术创新型城市的实施意见》(厦委发〔2006〕13 号)	建立多元化的投融资体系，为创新创业提供相应的资金支持。将财政性科技投入视为公共战略性投资，加大对应用技术研究及开发的支持力度。在金融扶持政策方面，政府可以利用担保、贴息等方式，对各类商业性银行对自主创新与产业化进行引导和支持。
	2008 年 4 月 5 日	《厦门经济特区科学技术进步条例》	各级人民政府应当采取财政和金融等措施，鼓励企业进行技术创新活动。鼓励企业引进和吸收先进技术、设备。
	2012 年	《关于深化科技体制改革 全面加快区域创新体系建设的实施意见》(厦委发〔2012〕5 号)	加大科技投入，促进科技金融融合。
	2012 年 8 月 3 日	《厦门市创新型企业建设工作实施意见》(厦科联〔2012〕52 号)	优先推荐社会资金向创新型企业融资。积极吸引社会资金参与企业自主创新，激励企业增加研发投入。

续表

	出台时间	名称及文号	要点
青岛	2010 年 11 月 10 日	《青岛市科学技术局创新型企业培育管理暂行办法》（青科字〔2010〕7 号）	鼓励创新型企业与金融机构和担保机构进行合作，有关金融机构可以采取固定资产抵押、知识产权质押和股权质押组合等方式，对创新型企业发展过程中的融资需求予以优先贷款支持。 鼓励创新型企业与金融机构和担保机构进行合作，有关金融机构可以采取固定资产抵押、知识产权质押和股权质押组合等方式，对创新型企业发展过程中的融资需求予以优先贷款支持。
	2011 年 6 月 28 日	《青岛市科技创新促进条例》	科学技术行政部门应该鼓励、引导金融机构开发适应科技型企业需求的相关金融产品及金融服务。
	2011 年 11 月 1 日	《青岛市科学技术局科技金融专项资金管理办法》（青科字〔2011〕4 号）	为确保本市科技金融专项资金的规范运作，推动科技型中小企业成长，加速科技成果转化，根据《关于促进科技和金融合作试点实施方案》（国科发财〔2010〕720 号）、《国家科技成果转化引导基金管理暂行办法》（财教〔2011〕289 号）和《青岛市科学技术专项资金管理暂行办法》（青财文〔2008〕65 号）等有关规定，结合本市实际，制定本办法。
成都	2013 年 10 月 30 日	《成都市科技金融资助管理办法》	为进一步完善我市科技金融服务体系，提高创新型企业投融资的能力，促进金融和科技的紧密结合，促进企业创新发展。
哈尔滨	2004 年 3 月 1 日	《关于加快高新技术产业发展的若干规定》（哈发〔2004〕4 号）	健全技术产权交易市场，推进高新技术企业的投融资和产权交易。建立风险投资退出机制，促进存量资产优化重组。

续表

	出台时间	名称及文号	要点
宁波	2011 年 4 月 11 日	《宁波市科技创新促进条例》	建立以资本市场为纽带的科技创新金融支持体系，促进金融资源整合，为科技企业提供高效的投融资服务。
	2011 年 10 月 29 日	《关于保增促调推进中小微企业平稳健康发展的若干意见》（甬政发〔2011〕112 号）	规范金融秩序，改进金融服务。增加有效资金投入。加大对中小微企业的金融支持力度。切实降低企业融资成本。积极推进金融创新。引导和发挥民间资本作用。优化金融服务。
沈阳	1995 年 7 月 28 日	《沈阳市科学技术投入条例》	鼓励非银行金融机构依法开展科技投资、保险、担保和租赁等业务。建立金融和科技相结合的协调机构，负责总体筹措和科技贷款安排。市、县、区人民政府科技行政部门及其他有关部门负责科技贷款项目的立项和管理，协助金融机构做好科技贷款的审查、投放和回收工作。
	2003 年	《沈阳市民营科技企业促进条例》	金融机构应当支持民营科技企业的发展，根据国家信贷政策和民营科技企业的需要，予以信贷扶持。
广东省	2010 年 5 月 11 日	《关于加快经济发展方式转变的若干意见》	加强金融对科技的创新，开展科技金融试点工程，构建科技资本市场服务体系，加速建立深圳、广州两地的技术产权交易中心。
	2012 年 11 月 20 日	《广东省人民政府办公厅关于促进科技服务业发展的若干意见》	加快科技金融服务发展。统筹协调科技金融资源，构建科技金融合作平台，推动创业投资机构、券商、银行及保险机构促进科技金融产品和服务模式的创新，推动科技创新能力的提升。

续表

	出台时间	名称及文号	要点
湖北省	2014 年 4 月 11 日	《关于深化科技体制改革加快创新体系建设的意见》(鄂发〔2013〕4 号)	加大金融支持力度。大力培育和发展创业投资，发挥省创投引导基金的示范带动作用，举办年度中国中部（湖北）创投大会。加大知识产权质押融资力度，推进科技保险业务发展。支持东湖高新区打造全国性科技金融中心。
	2014 年 7 月 26 日	《推进创新湖北建设的实施意见》	促进科技金融结合。推动设立科技金融专营机构，聚焦战略性新兴产业和高成长企业群体，为不同业态、不同成长阶段企业提供差异化服务，促进科技与金融资本的对接。
安徽省	2008 年 10 月 31 日	《关于促进经济平稳较快增长的若干意见》（皖政〔2008〕89 号)	加大金融支持力度，协调各银行业金融机构扩大信贷投放，特别要加大对企业流动资金贷款支持力度，尽可能降低利率水平。
江苏省	2012 年 10 月 10 日	《关于加快企业为主体市场为导向　产学研相结合技术创新体系建设的意见》（苏发〔2012〕17 号)	建设科技金融合作示范区（省级），增强对科技企业的金融支持。设立省级天使投资引导资金，稳步扩大资金规模，实行省市联动，引导社会资本加大对初创期科技型小、微企业的支持力度
	2012 年 6 月 21 日	《关于加快促进科技和金融结合的意见》(苏政发〔2012〕79 号)	加快金融和科技结合，加快科技成果转化、促进经济转型升级。
	2014 年 09 月 30 日	《江苏省企业技术进步条例》	鼓励金融机构进一步加大对企业技术进步的融资支持力度，对国家和省重点技术进步项目的融资需求给予优先考虑。

政府激励——税收优惠

	出台时间	名称及文号	要点
北京	2012 年 9 月 29 日	《关于深化科技体制改革 加快首都创新体系建设的意见》（京发〔2012〕12 号）	鼓励及支持企业加大研发投入。将符合条件的民办科研机构纳入税收优惠政策范围，支持民营企业开展技术创新活动。
	2012 年 11 月 30 日	《关于进一步支持小型微型企业发展的意见》（京政发〔2012〕40 号）	落实小型微型企业税收优惠政策。认真贯彻落实国家各项扶持小型微型企业发展的税收优惠政策。
	2014 年 2 月 8 日	《北京市进一步促进软件产业及集成电路产业发展的若干政策》（京政发〔2014〕6 号）	经确认的高新软件出口企业，在商务部门软件出口合同登记中归入《中国高新技术产品出口目录》软件类的产品，享受出口免税政策。
上海	2010 年 2 月 12 日	《关于进一步促进本市中介服务业发展若干意见》（沪府发〔2010〕4 号）	加大加强财政支持力度和财税政策支持力度（牵头部门：市财政局、市发展改革委、市经济信息化委员会）实施税费优惠政策。
	2012 年 11 月 20 日	《国务院关于进一步支持小型微型企业健康发展的意见》（沪府发〔2012〕98 号）	加大对小型微型企业的财税扶持力度。继续落实国家及本市支持小型微型企业发展的税收优惠政策。
	2013 年 2 月 25 日	《关于进一步做好支持上海市小型微型企业健康发展相关税收工作的通知》（沪国税法〔2013〕9 号）	落实并支持小型微型企业健康发展的相关税收优惠政策。

续表

	出台时间	名称及文号	要点
上海	2013 年 10 月 15 日	《关于中国（上海）自由贸易试验区有关进口税收政策的通知》（财关税〔2013〕75 号）	对《中国（上海）自由贸易试验区总体方案》中的有关税收政策的说明
	2014 年 6 月 10 日	《国家税务总局关于扩大小型微利企业减半征收企业所得税范围有关问题的公告》（沪国税所〔2014〕16 号）	对小微利企业发展的税收优惠政策的相关规定。如符合规定条件的小型微利企业，在预缴和年度汇算清缴企业所得税时，可按照规定自行享受小型微利企业所得税优惠政策，无须税务机关审核批准，但在报送年度企业所得税纳税申报表时，应同时将企业从业人员、资产总额情况报税务机关备案。
	2014 年 6 月 13 日	《财政部　国家税务总局关于简并增值税征收率政策的通知》（财税〔2014〕57 号）	为进一步规范税制、公平税负，经国务院批准，决定简并及统一增值税征收率，将 6% 及 4% 的增值税征收率统一调整为 3%。
	2014 年 7 月 3 日	《2014 年度中小企业信用担保机构可免征营业税》（沪经信企〔2014〕414 号）	落实中小企业信用担保机构扶持政策，促进担保机构规范、健康发展，做好 2014 年度中小企业信用担保机构免征营业税申报工作的有关事项
	2014 年 10 月 8 日	《关于完善技术先进型服务企业有关企业所得税政策问题的通知》（财税〔2014〕59 号）	经认定的技术先进型服务企业，按 15% 的税率征收企业所得税；经认定的技术先进型服务企业发生的职工教育经费支出，不超过工资薪金总额 8% 的部分，准予在计算应纳税所得额时扣除；超过部分，准予在以后纳税年度结转扣除。

续表

	出台时间	名称及文号	要点
上海	2014 年 10 月 14 日	《关于继续实施支持及促进重点群体创业就业有关税收政策》（沪财税〔2014〕77 号）	对商贸企业、服务型企业及街道社区具有加工性质的小型企业实体，当年新招用符合条件的人员，在定额标准下依次扣减营业税、地方教育附加、河道工程修建维护管理费、城市维护建设税、教育费附加及企业所得税。对符合条件的人员从事个体经营的，在限额下依次扣减营业税、城市维护建设税、教育费附加、河道工程修建维护管理费、地方教育附加及个人所得税。
杭州	2006 年	《关于鼓励企业建立及引进研发机构的实施办法》（杭政办〔2006〕25 号）	企业研发机构进口国内不能生产或在国内生产达不到检测精度要求的仪器或设备，按国家有关规定可以享受进口设备免征进口关税和进口环节增值税的优惠政策。
	2006 年 8 月 25 日	《关于统筹财政科技资金落实科技创新财税政策的意见》（杭政办〔2006〕23 号）	用足用好税收优惠政策，支持促进企业科技创新。
	2006 年 8 月 31 日	《关于加快“一名城、四强市”建设的若干政策意见》（市委办〔2006〕13 号）	加大财政税收政策扶持，解决“有钱办事”问题；继续贯彻及落实各项税收优惠政策。
	2012 年 8 月 29 日	《关于实施创新强市战略完善区域创新体系发展创新型经济的若干意见》（市委〔2012〕18 号）	加大企业创新税收和奖励扶持。企业购置特定的机械设备，在进口税收方面享受减免政策外，因技术进步带来产品的更新换代时，可以缩短折旧年限，从利润总额中扣除相应的折旧费。
	2013 年 4 月 25 日	《关于推进杭州市十大产业创新团队建设的实施意见》（市委办发〔2013〕38 号）	发挥财税政策的杠杆作用，落实国家有关企业技术创新的税收减免政策。积极利用补助、贴息等方式，支持十大产业创新团队和领军人才实施重大自主创新项目。

续表

	出台时间	名称及文号	要点
广州	2007 年 10 月 23 日	《关于提高科技自主创新能力的若干规定》（穗府〔2007〕10 号）	继续给予高新技术企业所得税优惠。经认定后的在高新技术产业开发区内新办的高新技术企业，从获利年度起 2 年内免征企业所得税，2 年后减按 15% 的税率征收企业所得税。
	2013 年 4 月 8 日	《广州市科技创新促进条例》	税务行政管理部门应当在本部门网站上向社会公开税收法律法规、税收优惠政策、办理减免税费的种类、条件、程序、期限以及落实税收优惠政策、办理减免税费的情况。
深圳	2007 年 1 月 1 日	《关于加快我市高端服务业发展的若干意见》（深府〔2007〕1 号）	符合国家现行高新技术企业税收优惠政策规定的文化创意企业，可享受相应的税收优惠政策。
大连	2013 年 6 月 28 日	《大连市科学技术进步条例》	从事技术开发、技术咨询、技术服务、技术转让活动，按照国家规定享受税收优惠。
天津	2005 年 9 月 8 日	天津市实施《中华人民共及国中小企业促进法》办法	政府及有关部门应当运用税收优惠政策及财政资金，扶持建立中小企业服务机构，与现有的行业性服务机构、社会性服务机构以及社会团体、中介机构相联系，形成多主体、多层次、全方位的中小企业社会化服务体系。
	2011 年 12 月 29 日	《天津市科学技术进步促进条例》	鼓励企业从事技术研究、技术开发以及技术应用活动，按照国家及本市的有关规定享受税收等优惠政策。推动研究开发新技术、新产品、新工艺的改造，促进技术改造及设备更新。

续表

	出台时间	名称及文号	要点
武汉	2005 年 6 月 5 日	《武汉市技术市场条例》	从境外引进技术所订立的合同，当事人可以持技术转让合同批准文件（有关部门出具），在税务部门申请按照国家规定给予税收优惠。
	2012 年 5 月 9 日	《武汉市加快高新技术产业发展五年行动计划（2012—2016 年）》	加强财税政策支持。市、区要整合财政资金，实现市、区联动，共同策划及支持重大高新技术产业化项目。
重庆	2000 年	《关于加强技术创新，发展高科技，实现产业化的实施意见》（渝委发〔2000〕14 号）	实施财税扶持政策。政府择优采购本市生产的高新技术产品和设备。继续实行现行的税收优惠政策（高新技术企业）。
	2001 年	《关于加快实施科教兴渝战略的决定》（渝委发〔2001〕18 号）	完善税费优惠政策。免征营业税的范围包括技术转让、相关的技术咨询及技术服务的收入以及技术开发。对于进口先进技术和国内稀缺设备实行税收扶持政策。
	2010 年	《关于加快高新技术企业发展的意见》（渝科委发〔2010〕83 号）	落实好高新技术企业税收优惠政策，对高新技术企业的生产性建设用房的城市建设配套费实行免缴，以及研究开发费税前加计扣除。
南京	2010 年 8 月 30 日	《南京市技术先进型服务企业认定管理办法（试行）》（宁政办发〔2010〕122 号）	对于经认定的技术先进型服务企业，享受《通知》规定的税收优惠政策，持相关认定材料向当地税务机关办理并享受税收优惠政策事宜。

续表

	出台时间	名称及文号	要点
苏州	2013 年 1 月 29 日	《关于强化企业技术创新主体地位加快科技创新体系建设的若干政策意见》（苏发〔2013〕3 号）	把落实企业研发费用加计扣除、高新技术企业所得税优惠、创新先锋企业奖励等重点科技政策和科技研发支出占比、高新技术产业产值等相关指标考核纳入综合考评内容，确保“十二五”期间享受科技税收优惠的税收减免额年均及企业数量分别增长 20%，对完成目标成效突出的市（县、区），给予表彰，并在资源配置上予以重点倾斜。
厦门	1992 年 8 月 28 日	《关于对科研机构及技术咨询业企业给予税收优惠政策的通知》（厦税政一〔1992〕73 号）	为了充分发挥税收经济杠杆作用，进一步扶持科研单位及技术咨询业企业的事业发展
	2006 年 08 月 30 日	《中共厦门市委厦门市人民政府关于增强自主创新能力　建设科学技术创新型城市的实施意见》（厦委发〔2006〕13 号）	落实国家税收激励政策国家火炬高新区高新技术企业的优惠政策按国务院相关规定执行。
	2008 年 4 月 5 日	《厦门经济特区科学技术进步条例》	经科学技术行政部门依照国家有关规定认定的高新技术企业及产品，按照国家、省、市有关规定享受财税优惠政策。
青岛	2011 年 6 月 28 日	《青岛市科技创新促进条例》	投资于中小型高新技术企业的创业投资企业，依法享受有关税收优惠政策。符合国家规定条件的高新技术企业，依照有关规定享受税收优惠政策。
成都	2013 年 10 月 30 日	《成都市支持企业创新能力建设若干政策》	落实国家认定企业技术中心、科技重大专项、国家中小企业公共技术服务示范平台等的各项进出口税收优惠政策。

续表

	出台时间	名称及文号	要点
哈尔滨	2004 年 12 月 18 日	《哈尔滨市技术市场条例》	技术合同经认定登记后，当事人可以按照国家及省的有关规定享受信贷、税收及奖励方面的优惠待遇。从境外引进技术所订立的合同，当事人可以按照国家的规定享受税收优惠待遇。
宁波	2003 年 6 月 26 日	《关于促进民营经济大发展大提高的政策意见》（甬党〔2003〕9 号）	加大财税支持力度。加大对相关民营企业财政支持，对符合条件的民营企业建设项目，在安排国债资金、财政贴息或补助资金时，享受其他经济主体同等的政策；给予相关民营企业适度的税费优惠；继续执行创优创牌奖励政策。
	2011 年 10 月 29 日	《关于保增促调推进中小微企业平稳健康发展的若干意见》（甬政发〔2011〕112 号）	增加税收政策支持，全面落实各项税收优惠政策，提高小微企业增值税和营业税起征点。对符合条件的国家中小企业公共技术服务示范平台，切实落实科技开发用品进口税收优惠政策。
沈阳	1991 年 11 月 30 日	《沈阳市科学技术进步条例》	科研单位可采取多种形式与企业联合组建科研生产经营实体或联合经营，所分得的收入按国家有关规定免征所得税。免税所得用于科技发展。
	2007 年 11 月 29 日	《沈阳市高新技术产业带有关政策的实施办法（暂行）》（沈科发〔2007〕46 号）	对产业带内高新技术企业（含纳入达标辅导期管理市级高新技术企业）给予政策性补贴。对产业带内新认定的市级高新技术企业，以认定当年为基数，自下一年起享受上述补贴政策。

续表

	出台时间	名称及文号	要点
广东省	2010 年 5 月 11 日	《关于加快经济发展方式转变的若干意见》	落实现代服务业相关税收优惠政策。
	2011 年 11 月 30 日	《广东省自主创新促进条例》	落实国家及省促进自主创新的税收、金融等优惠政策，制定办事指南，简化办事程序，为事业单位、企业及科学技术人员享受有关优惠政策提供便捷服务。此外，单位及个人可以依法捐赠财产或者设立科学技术基金资助自主创新活动，并可以依法享受税收优惠政策。
湖北省	2012 年 5 月 31 日	《湖北省科学技术进步条例》	税务主管机关应该切实落实国家支持企业技术创新的税收优惠政策。
安徽省	2011 年 2 月 25 日	《安徽省科学技术进步条例》	各级税务机关应当落实国家支持企业技术创新的税收优惠政策。
江苏省	2011 年 8 月 15 日	《关于加强企业创新促进转型升级的实施意见》（苏政发〔2011〕117 号）	落实并鼓励支持创新优惠政策。落实引进技术设备免征关税、零部件免征进口关税及进口环节增值税、重大技术装备进口关键原材料及企业购置固定资产抵扣增值税等鼓励企业创新的各项优惠政策。
	2012 年 10 月 10 日	《关于加快企业为主体　市场为导向　产学研相结合技术创新体系建设的意见》（苏发〔2012〕17 号）	落实及完善、支持企业创新的政策措施。真正把落实好科技税收优惠政策作为鼓励企业加大研发投入的重要手段。加大高新技术企业税收优惠及企业研发费用税前加计扣除等重点政策落实力度，切实做到应减则减、应免尽免。

政府激励——产学研合作

	出台时间	名称及文号	要点
北京	2012 年 9 月 29 日	《关于深化科技体制改革 加快首都创新体系建设的意见》(京发〔2012〕12 号)	加强企业主导产学研用协同创新的机制，发挥企业在科技投入、科研组织、技术创新决策及成果转化中的主体作用。
	2012 年 11 月 30 日	《关于进一步支持小型微型企业发展的意见》(京政发〔2012〕40 号)	引导及支持小型微型企业与高等院校、研究机构开展技术合作，定期组织开展技术交流活动，共建产学研联合体，组建技术创新联盟。
上海	2013 年 2 月 5 日	《上海市科技型中小企业技术创新资金管理办法》(沪科〔2013〕25 号)	以企业为主体的产、学、研联合创新项目，高新技术园区、各类孵化及产业化基地的创新创业项目，创投机构已投资资助的创新项目。
	2013 年 6 月 20 日	《上海市企业自主创新专项资金管理办法》(沪经信法〔2013〕353 号)	专项资金用于支持产业技术创新体系建设及产业化关键技术攻关项目，重点支持战略性新兴产业、先进制造业、现代服务业企业实施以下项目：产学研合作。鼓励企业联合高等院校、科研机构开展产学研合作，建设产学研合作创新示范基地，联合开展产业政策研究、关键技术攻关等。
杭州	2006 年	《关于统筹财政科技资金落实科技创新财税政策的意见》(杭政办〔2006〕23 号)	鼓励相关企业充分利用国内外高等院校、科研机构的科技和人才资源，开展产学研合作，开发科研项目，攻关高新技术产业化过程中的共性技术、关键技术，促进企业自主创新能力提升。
	2007 年	《关于加快推进高新技术产业由“点”到“面”发展的若干意见》(市委〔2007〕19 号)	推动产学研联合。吸引有名院校及世界 500 强企业创建科技创新载体，支持企业与高等院所、科研机构、产业技术联盟联合建立研究开发机构等技术创新组织，同时支持中小企业尤其是科技型中小企业开展技术创新。

续表

	出台时间	名称及文号	要点
杭州	2012 年	《关于实施创新强市战略完善区域创新体系　发展创新型经济的若干意见》（市委〔2012〕18 号）	切实推进产学研协同创新。鼓励支持高校院所、科研机构将非经营性国有资产转化为经营性国有资产，加快促进科技成果研发及产业化。加快科技人员双向兼职及流动，支持高等院校、科研机构派驻科技人员到企业从事相关科技创新成果产业化。
	2012 年	《关于实施创新强市战略完善区域创新体系　发展创新型经济的若干意见》（市委〔2012〕18 号）	鼓励支持企业和国内外科技创新大院名校/企业开展产学研合作，引进/共建创新载体，促进科技成果在杭产业化。
广州	2007 年 10 月 23 日	《关于提高科技自主创新能力的若干规定》（穗府〔2007〕10 号）	加快产学研结合及科技成果的转化。鼓励企业与高等院校、科研机构共建企业博士后科研工作站和技术中心，构建形式多样的战略联盟，推动产业关键共性技术研发。支持产学研联合开展引进消化吸收再创新。优先鼓励产学研合作组建的技术平台，承担重大引进技术消化吸收再创新项目。
	2010 年 10 月 26 日	《广州市创新型企业建设工作方案》	深化政产学研用合作。主体为企业，促进并形成多种形式政产学研用合作组织及战略联盟，建立产学研相结合的产业关键、共性技术创新平台。支持创新型企业开展深层次政产学研用合作。
	2013 年 4 月 8 日	《广州市科技创新促进条例》	建立引导为政府、主体为企业、导向为市场、支撑为高等学校及科研机构、产学研相结合的科技创新体系。加快对产学研专项资金的设立，用于建立产学研合作联盟，合作并开展产业关键共性技术攻关，实现创新成果的产业化。

续表

	出台时间	名称及文号	要点
深圳	2004 年 1 月 16 日	《关于完善区域创新体系 推动高新技术产业持续快速发展的决定》（深发〔2004〕1 号）	大力促进产学研合作向深度及广度发展，推动科技成果产业化。进一步实施产学研联合开发工程，鼓励产学研各方发挥综合优势，在联合开发核心、关键技术，协助解决产业发展的重大技术瓶颈方面有所突破。
	2008 年 9 月 19 日	《关于加快建设国家创新型城市的若干意见》（深发〔2008〕8 号）	加强产学研结合。充分利用移民城市的人际网络资源，开展具有一定效率和规模的产学研合作。支持产学研共建联合技术攻关、研发机构和共担科技项目。深入研究产学研合作的各方利益分配情况，探索在市场经济条件下共性技术攻关及重大关键技术的新体制。
	2013 年 3 月 18 日	《深圳经济特区技术转移条例》	市、区科技行政管理部门（以下简称市、区科技部门）负责技术转移的促进、协调及服务工作，履行下列职责：推进技术转移的产学研合作；鼓励产学研合作。
大连	2009 年 4 月 21 日	《关于提高自主创新能力的若干规定》	鼓励在连高等院校、科研院所开展科技创新。对于面向本市重点产业发展的产学研合作项目，市科技计划优先予以支持。
天津	2012 年 12 月 10 日	《关于进一步促进科技型中小企业发展的政策措施》（津政发〔2012〕22 号）	对科技型中小企业购买方面给予一定支持，如给予技术交易额或合同额 10%、最高 50 万元的财政补贴用于购买高等院校、科研机构的科技成果或开展产学研合作项目；给予最高 100 万元的财政补贴用于国外科技成果引进。鼓励高校、科研院所、科技中介服务机构选派科技特派员，为企业提供技术改造、技术开发、成果转化等服务，绩效优秀的，给予奖励。

续表

	出台时间	名称及文号	要点
武汉	2010 年 5 月 22 日	《武汉市人民政府关于强化企业技术创新主体地位　提升企业自主创新能力的若干意见》	支持以企业为主体来建立产学研知识产权联盟、技术创新联盟及产业联盟。对经市科技部门核准的产学研战略联盟开展具有行业影响力的活动，给予适当经费补贴，对市级联盟给予一次性最高 30 万元补贴。优先支持市级产学研战略联盟申报国家、省级科技计划项目。进一步支持企业与高校联合建立技术开发中心、中试基地、股份制科技经济实体等，形成以利益为纽带、产权明晰、优势互补的常态化合作机制。
重庆	2000 年	《关于加强技术创新，发展高科技，实现产业化的实施意见》（渝委发〔2000〕14 号）	充分发挥高等院校在技术创新中的重要作用。加快建立集高等院校人才培养、高新技术产业化、科研于一体的科技工作体制。鼓励及支持企业与高等院校、科研院所以资产、技术、项目、人才为纽带共建产学研合作关系。
	2004 年	《关于加快区域科技创新体系建设的决定》（渝委发〔2004〕35 号）	构建以企业为主体的产学研战略联盟。通过机制体制创新，加快科研机构、高等院校及企业建立战略联盟，优化科技资源配置，提升技术创新绩效。
南京	2010 年 3 月 12 日	《南京市推进科技创新，推动产业转型发展创新型经济的行动计划》（宁委发〔2010〕15 号）	鼓励支持民营科技企业申报各类政府科技计划项目，重点扶持由民营科技企业主导的产学研合作项目，调动民营企业研发投入的积极性。

续表

	出台时间	名称及文号	要点
苏州	2006 年 2 月 23 日	《关于增强自主创新能力 建设创新型城市的决定》（苏发〔2006〕8 号）	不断提高产学研联合层次。加快建设符合市场的产学研联合机制及组织形式，探讨合作方式的创新，合作领域的拓展，以及合作层次的提高，鼓励在利益共享、风险共担的基础上建立研究开发机构、产业技术联盟等技术创新组织，鼓励产学研联合体围绕我市高新技术产业发展的重点领域及传统产业改造升级的关键技术组织研发攻关。
	2011 年 6 月 4 日	《关于实施创新引领战略 推进科技创新工程 加快建设创新型城市的意见》（苏发〔2011〕27 号）	加大产学研合作渠道。深化政府作为主导、企业作为主体、市场作为导向、新兴产业作为目标的产学研合作机制。探讨多样化形式的产学研合作组织形式，如“科技镇长团”、“研究生工作站”、“创新驿站”、“企业科技行”等，鼓励地方、企业与高等院校、科研机构开展合作，加大对科技人才引进、创新载体建设，促进高校科技资源向地方集聚，提高基层科技工作的力量。
厦门	2006 年	《关于增强自主创新能力 建设科学技术创新型城市的实施意见》（厦委发〔2006〕13 号）	积极探索政产学研合作新模式，建立政府引导，企业为主体，科研机构，高等院校相结合的创新合作机制。加强企业、科研机构与高等院校的紧密结合，实施一批辐射面广、关联性强的产学研合作项目，实现技术创新资源的共享。
	2007 年 3 月 14 日	《厦门市科技型中小企业技术创新资金管理暂行规定》（厦科联〔2007〕6 号）	优先支持并创新资金鼓励产学研的联合创新，优先支持具有高技术、自主知识产权、高附加值、节能降耗、能大量吸纳就业、出口创汇及有利于环境保护的各类项目。

续表

	出台时间	名称及文号	要点
厦门	2008 年 4 月 5 日	《厦门经济特区科学技术进步条例》	引导及支持高等院校、企业及科研院所之间加强产学研合作，构建以市场为导向、企业为主体、产学研相结合的技术创新体系，加快提高科技区域科技竞争力及成果转化能力。
	2012 年	《关于深化科技体制改革 全面加快区域创新体系建设的实施意见》（厦委发〔2012〕5 号）	支持高校及科研院所与企业共同培养人才及联合技术攻关，提供信息成果服务。高校要根据产业发展及企业技术需求开展产学研用结合，合理设置学科专业，建立以服务需求及提升创新能力为导向的科技服务体系。
青岛	2011 年 07 月 29 日	《青岛市科技创新促进条例》	加强企业与高等院校、科研机构合作，构建研发中心，采取委托开发等多种方式建立产业技术创新战略，加强产学研合作，促进创新成果产业化。
成都	2006 年 4 月 14 日	《关于增强自主创新能力深入推进高科技成都建设的决定》（成委发〔2006〕27 号）	促进企业与高等院校、科研机构合作，构建产学研技术联盟，建立开放的共性技术研发平台；鼓励科技文献、情报信息、基础数据及大型仪器设备共享平台的建设。
哈尔滨	2004 年 3 月 1 日	《哈尔滨市关于加快高新技术产业发展的若干规定》（哈发〔2004〕4 号）	发挥市校（所）合作委员会的作用，不断扩大拓宽合作的渠道，不断完善合作的机制，推进产学研一体化。对产学研一体化的产业化及技术创新项目，优先支持和重点扶持通过科技三项费用及发展高新技术产业专项资金。
	2009 年 6 月 6 日	《哈尔滨市建设创新型城市有关工作的责任分工》	对符合本市重点产业发展规划并以企业为主体的产学研合作项目，可优先列入市科技计划。此项工作由市科技局负责。

续表

	出台时间	名称及文号	要点
宁波	2005 年 08 月 18 日	《关于进一步增强科技自主创新能力 促进经济增长方式转变的意见》（甬政发〔2005〕73 号）	建设以企业为主的产学研相结合的各类研发机构，鼓励企业与高等院校、国内外科研机构共建研发机构及重点实验室，同时支持企业建立博士后工作站。
	2011 年 4 月 11 日	《宁波市科技创新促进条例》	发挥产学研优势，推动产学研合作，实行产业化方式。鼓励企业与科研机构、高等院校联合建立研究开发机构，或采取委托开发、联合开发、共建经济实体及产学研战略联盟等多种方式，促进产学研合作，实现创新成果产业化。
	2011 年 12 月 31 日	《宁波市网上技术市场产学研合作管理暂行办法》（甬科计〔2011〕157 号 甬财政教〔2011〕1642 号）	加强产学研合作，引导企事业单位通过网上技术市场平台进行技术合作与交易，提升企业的技术创新能力。
沈阳	2009 年 2 月 3 日	《沈阳市科学技术进步条例》	积极鼓励企业与国内外其他企业或高等学校、科学技术研究开发机构联合建立科学技术研究开发机构。支持企业和研究院所、高等学校建立产学研联合体。
广东省	2004 年 7 月 27 日	关于贯彻落实《中共广东省委 广东省人民政府关于加快建设科技强省的决定》的实施意见（深发〔2004〕7 号）	推进产学研结合，加快科技成果产业化，加强企业与高等院校、科研机构合作，促进技术难题攻关与技术创新成果转化。围绕新兴产业、战略产业及优势产业，发挥产学研作用，建立“产学研联合项目信息库”。

续表

	出台时间	名称及文号	要点
广东省	2004 年 8 月 9 日	《关于加快建设科技强省的决定》（粤发〔2004〕12 号）	提高高等院校的科技创新，建设产学研结合体系。鼓励在高等院校建立国家级、省级重点学科、重点实验室及科研基地，加强具有优势及特色的基础性研究，促进技术创新。
	2006 年 8 月 8 日	《关于加强产学研合作提高广东自主创新能力的意见》（粤府〔2006〕88 号）	加强产学研合作，增强产业竞争力及自主创新能力，推动广东经济社会协调发展。
	2008 年 9 月 24 日	《关于深化省部产学研结合工作的若干意见》（粤府〔2008〕73 号）	充分认识深化省部产学研结合工作的重要意义。深化省部产学研结合的重点工作。营造有利于深化省部产学研结合工作的环境。
	2010 年 5 月 11 日	《关于加快经济发展方式转变的若干意见》	加强省部示范基地、产学研创新平台及创新联盟建设，开展国家技术创新工程试点及珠三角自主创新综合试验区建设。
	2012 年 7 月 26 日	《广东省自主创新促进条例》	加快建立以企业为主导、市场为导向，高等院校及研发机构为支撑的产学研相结合体系，支持企业与高等院校、研究机构共同建设博士后创新实践基地、博士后科研工作站、产学研结合基地或产学研创新联盟，引导信息、人才、技术与资金等创新要素集聚企业，推动产学研合作。
	2012 年 11 月 20 日	《关于促进科技服务业发展的若干意见》（粤府办〔2012〕120 号）	培育发展新型科研机构。鼓励发展创新创业创富相统一、产学研一体化、运作机制市场化及科研团队年轻化国际化的新型科研机构。

续表

	出台时间	名称及文号	要点
湖北省	1995 年 9 月 26 日	《湖北省科学技术进步条例》	鼓励企业、科学技术研究开发机构、高等学校共同建立持续稳定的合作机制，提升产学研结合的组织化程度，保障科学技术生产与研究开发紧密连接。
	2014 年 4 月 11 日	《推进创新湖北建设的实施意见》（鄂发〔2013〕9 号）	加强产学研创新。推进产学研相结合，引导科研机构、高等院校与企业建立合作机制，形成具有长期、稳定、制度化的产学研利益共同体。
安徽省	2009 年 12 月 14 日	《关于促进产学研结合构建及发展产业技术创新战略联盟的实施意见》（科策〔2009〕204 号）	加快建立市场为导向、企业为主体、产学研相结合的创新体系，推动产业技术创新能力的提升，促进产学研合作及产业技术创新战略联盟的建立。
	2011 年 2 月 25 日	《安徽省科学技术进步条例》	支持企业与高等院校、科研机构联合开发、建立产业技术创新战略联盟，提升产业技术创新能力。鼓励中介服务机构、金融机构参与产学研合作。
	2011 年 3 月 3 日	《关于进一步促进产学研结合　支持产业技术创新战略联盟发展的意见》（科策〔2011〕28 号）	支持产学研合作兴办经济实体、研发机构、产业技术创新战略联盟，鼓励开展产业技术创新链研究、体制机制创新。加强对试点联盟工作的指导及服务。设立产学研合作专项资金。建立产学研合作统计报告制度。
江苏省	2000 年 10 月 19 日	《江苏省促进科技成果转化条例》	支持企业与科研机构、高等院校、科技团体或技术推广机构等社会组织以及个人开展产学研合作，通过多种形式，联合实施科技成果转化。

续表

	出台时间	名称及文号	要点
江苏省	2006 年 4 月 18 日	《省政府关于鼓励及促进科技创新创业若干政策的通知》	促进科技成果转化及产学研结合，建立产学研结合的协调机制，支持产学研合作组建的技术平台，将科技成果转化专项资金优先考虑产学研结合的项目。
	2011 年 11 月 26 日	《江苏省科学技术进步条例》	省设立产学研联合创新资金，引导及推动研究开发机构、高等学校及其他组织及个人积极实施创新技术研发与成果转移，共同开展科学技术创新工作。
	2014 年 9 月 30 日	《江苏省企业技术进步条例》	支持产学研相结合，支持企业和研究开发机构、高等院校进行知识交流、人才及技术转移，共享研发设施，开展协同创新建设，加大中间试验、工程化等成果转化关键环节的投入，实施重大自主创新成果转化，提高产业化水平。

政府激励——政府采购

	出台时间	名称及文号	要点
北京	2008 年 11 月 29 日	《关于在中关村科技园区开展政府采购自主创新产品试点工作的意见》（京政发〔2008〕46 号）	充分认识在中关村开展政府采购自主创新产品试点工作的目的及重要意义政府采购自主创新产品是增强企业自主创新能力的重要举措，也是发挥政府采购调控功能及公共财政职能的重要措施。
	2012 年 11 月 30 日	《关于进一步支持小型微型企业发展的意见》（京政发〔2012〕40 号）	加强对小型微型企业产品的政府采购。落实国家政府采购支持小型微型企业发展的各项政策，制定实施细则。

续表

	出台时间	名称及文号	要点
上海	2009 年 3 月 16 日	《上海市政府采购自主创新产品操作规程（试行）》（沪财库〔2009〕8 号）	发挥政府采购政策功能，鼓励、扶持自主创新产品的研究及应用，规范本市政府采购自主创新产品活动。
	2009 年 3 月 27 日	《上海市自主创新产品认定管理办法（试行）》（沪科合〔2009〕012 号）	在《上海市政府采购自主创新产品目录》中优先考虑政府采购、重大工程采购以及其他使用财政性资金采购重大装备及产品。对于具有较大市场潜力并需要重点扶持的试制品及首次投向市场的产品，可以通过政府采购方式由采购人或政府进行首购。
深圳	2004 年 1 月 16 日	《关于完善区域创新体系 推动高新技术产业持续快速发展的决定》（深发〔2004〕1 号）	通过预算控制、工程设计、招投标等形式，鼓励及引导政府部门、事业单位及企业优先购买本国或本地高新技术企业的产品。在同等条件下，政府采购优先考虑本国或本地产品。
	2006 年 1 月 4 日	《关于实施自主创新战略建设国家创新型城市的决定》（深发〔2006〕1 号）	积极运用政府采购推进企业自主创新。对企业开发的符合政府采购技术标准及产品目录、具有自主知识产权的产品，实行政府首购。
	2006 年 4 月 17 日	《深圳市财政局关于通过政府采购扶持自主创新的配套政策》（深府办〔2006〕60 号）	合理有效地编制政府采购文件，将自主创新产品及服务纳入政府采购目录。对具有自主知识产权的重要高新技术装备及产品实行政府首购。优化自主创新产品评标方法，完善政府采购扶持自主创新型企业、科研机构及产品的配套服务措施。

续表

	出台时间	名称及文号	要点
杭州	2009 年 3 月 5 日	《关于积极应对金融危机 保持工业经济平稳较快发展的若干意见》（杭政〔2009〕3 号）	加大政府采购力度，调动企业参与重大项目招投标的积极性。
广州	2007 年 10 月 23 日	《关于提高科技自主创新能力的若干规定》（穗府〔2007〕10 号）	加大政府采购支持力度。加强政府采购自主创新产品协调机制的建立。严格预算控制，优先考虑自主创新项目。建立激励自主创新的政府首购及订购制度。
大连	2009 年 4 月 21 日	《关于提高自主创新能力的若干规定》	建立自主创新产品政府采购制度。
天津	2005 年 9 月 8 日	天津市实施《中华人民共及国中小企业促进法》办法	政府及有关部门应当组织中小企业参加政府采购投标等活动，在每年政府采购计划中应当安排一定比例面向中小企业的订货合同及服务协议。
武汉	2012 年 5 月 29 日	《武汉市科技创新促进条例》	利用财政性资金及国有资本购置大型科学仪器、设备等形成科学技术资源的单位，不履行科学技术资源共享使用义务或者违规收费的，依法给予处分。
重庆	2010 年	《关于加快高新技术企业发展的意见》（渝科委发〔2010〕83 号）	争取在落实自主创新产品政府采购、首购等政策上取得突破性进展。
南京	2010 年 11 月 4 日	《南京市政府采购协议（定点）供货商诚信档案管理暂行办法》	为进一步规范政府采购协议供货市场秩序，促进政府采购协议（定点）供货商依法诚实经营及公平竞争，维护政府采购当事人合法权益，进一步推动我市政府采购工作健康发展。

续表

	出台时间	名称及文号	要点
苏州	2005 年 10 月 13 日	《苏州市药品政府采购（集中招标采购）不良行为处理暂行办法》（苏纠办〔2005〕7 号）	进一步规范药品政府采购（集中招标采购）当事人的行为。
厦门	2006 年 8 月 30 日	《关于增强自主创新能力　建设科学技术创新型城市的实施意见》（厦委发〔2006〕13 号）	加大政府采购支持自主创新产品力度，严格执行国家关于通过政府采购扶持自主创新的相关政策。
青岛	2010 年 8 月 10 日	《青岛市政府采购项目档案管理办法》（青财采〔2010〕10 号）	加强政府采购项目档案管理，有效保护及利用政府采购项目档案资源。
成都	2001 年 04 月 05 日	《成都市政府采购管理办法（试行）》	加强政府财政支出管理及政府采购的监督及管理，规范政府采购的行为，提高财政性资金的使用效益，加强廉政建设。
哈尔滨	2008 年 9 月 27 日	《哈尔滨市政府采购自主创新产品实施办法》（哈财采〔2008〕380 号）	鼓励、扶持自主创新产品的研究及应用，充分发挥政府采购政策功能，规范政府采购自主创新产品活动。
宁波	2011 年 4 月 11 日	《宁波市科技创新促进条例》	建立自主创新产品的政府采购制度。在安全性、性能、技术等指标能够满足政府采购需要的情况下，政府优先采购自主创新的服务及产品；对于首次投放市场的，政府采购应率先购买。
沈阳	2007 年 1 月 24 日	《沈阳市政府采购评审专家管理使用实施细则》（沈财采〔2007〕70 号）	对政府采购活动加强管理，对评审专家执业行为进行规范，提高政府采购工作的质量。

续表

	出台时间	名称及文号	要点
广东省	2009年6月	《关于广东省自主创新产品政府采购的若干意见》（粤财采购〔2009〕13号）	充分发挥政府采购政策在促进自主创新中的导向功能，规范自主创新产品政府采购的运行机制。
	2010年5月11日	《关于加快经济发展方式转变的若干意见》	全面落实自主创新产品政府采购政策，支持民营企业产品及服务纳入政府采购范围，落实企业研发费用税前加计扣除政策。落实高新技术企业减按15%税率征收企业所得税。
湖北省	2006年	《湖北省人民政府关于增强自主创新能力　建设创新型湖北的决定》（鄂发〔2006〕8号）	建立财政部门牵头，发改委、科技等相关部门参与的政府采购自主创新产品的协调机制。
	2010年5月27日	《市人民政府关于推进武汉东湖国家自主创新示范区自主创新产品政府采购的意见》（武政规〔2010〕16号）	在政府采购预算中支持自主创新产品政府；建立关于自主创新产品政府采购的反馈机制；强化自主创新产品政府采购服务；创新自主创新产品政府采购方式。
安徽省	2007年7月2日	《安徽省自主创新产品政府采购管理暂行办法》（财购〔2007〕599号）	实施政府采购政策促进自主创新产品的发展。
	2008年10月31日	《安徽省人民政府关于促进经济平稳较快增长的若干意见》（皖政〔2008〕89号）	政府优先购买省产汽车、烟酒、家电等产品。对于固定资产投资项目中的材料及设备，企业生产过程的燃料、原材料、辅料等，同等条件下政府要优先购买本省产品。

续表

	出台时间	名称及文号	要点
江苏省	2006 年 4 月 18 日	《省政府关于鼓励及促进科技创新创业若干政策的通知》	建立自主创新产品财政性资金采购制度。财政部门会和有关部门在获得认定的自主创新产品范围内，来确定政府采购的目录。各级政府机关、事业单位及团体组织用财政性资金进行采购的，必须优先购买列入目录的产品。
	2006 年	《江苏省自主创新产品认定管理办法（试行)》	经省认定的自主创新产品，列入《江苏省自主创新产品目录》并向社会公布。我省各级政府机关、事业单位及团体组织用财政性资金进行政府采购时，应优先购买列入《江苏省自主创新产品目录》的产品。
	2007 年 3 月 13 日	《江苏省自主创新产品政府采购实施意见》（苏财购〔2007〕6 号)	发挥政府采购政策功能，促进企业自主创新。自主创新政府采购政策是发挥政府采购的宏观调控功能、拓展政府采购工作广度及深度、充分发挥公共财政职能的首要措施之一，也是促进企业自主创新的重要手段。

政府激励——知识产权保护

	出台时间	名称	要点
北京	2012 年 9 月 29 日	《关于深化科技体制改革 加快首都创新体系建设的意见》（京发〔2012〕12 号)	加快首都知识产权及标准化战略实施。完善知识产权保护公共服务平台，加强知识产权的创造、运用、保护及管理，培育发展知识产权服务业，规范知识产权市场秩序，开展知识产权宣传与普及教育活动。
	2012 年 11 月 30 日	《关于进一步支持小型微型企业发展的意见》（京政发〔2012〕40 号)	实施中小企业知识产权推进工程。积极培育具有自主知识产权优势的中小企业聚集区，同时发挥聚集区的辐射、带动作用，进一步提升中小企业聚集区知识产权保护能力及自主创新能力。

续表

	出台时间	名称	要点
上海	1996年6月20日	《上海市科学技术进步条例》	加强知识产权进行保护，尊重知识，尊重人才，尊重科学技术工作者的创造性劳动。
	2011年	《上海市知识产权优势企业认定办法》（沪经信法〔2011〕846号）	为了加快培育及发展战略性新兴产业，进一步促进知识产权优势集聚，全面提升本市企业知识产权创造、发展的实力及水平，规范知识产权优势企业认定工作。
	2012年12月28日	《上海市知识产权优势企业专项资金管理办法》（沪经信法〔2012〕972号）	进一步支持本市知识产权优势企业的发展。
深圳	2006年1月4日	《关于实施自主创新战略　建设国家创新型城市的决定》（深发〔2006〕1号）	积极实施知识产权、专利战略，创造自主知识产权环境。落实《深圳市知识产权战略纲要》。
	2008年9月19日	《关于加快建设国家创新型城市的若干意见》（深发〔2008〕8号）	加强知识产权保护。把知识产权作为发展的战略性资源及提高国际竞争力的核心要素，以保护为重点，加强全社会的知识产权意识，营造良好的知识产权保护氛围。加快培养产业急需、实务能力强、熟悉国际运行规则的复合型知识产权人才。
杭州	2006年8月25日	《关于提升企业自主创新能力的意见》（杭政〔2006〕5号）	实施知识产权、技术标准及品牌战略，鼓励企业加强知识产权的创造管理保护运用。支持企业开发具有自主知识产权的关键技术及重大产品。打造具有自主知识产权的品牌。
	2006年9月6日	《关于提高知识产权创造管理保护运用能力的实施意见》（杭政办〔2006〕28号）	全面推进知识产权创造，不断完善知识产权管理，大力加强知识产权保护，积极推动知识产权运用。

续表

	出台时间	名称	要点
杭州	2006 年 9 月 8 日	《关于统筹财政科技资金 落实科技创新财税政策的意见》（杭政办〔2006〕23 号）	鼓励企业自主知识产权的建设，提升企业核心竞争力。鼓励及支持企业申请国内外专利及其专利的实施及产业化，鼓励及支持企业积极参与制定及采用国际、国内先进标准并进行关键技术攻关。加快培育具有自主知识产权及国际竞争力的品牌，推进自主品牌创新。
	2009 年 9 月 23 日	杭州市服务外包知识产权保护若干规定（市政府令第 256 号）	为加强本市服务外包知识产权保护工作，优化服务外包产业投资及发展环境，促进服务外包产业发展。
	2012 年 8 月 29 日	《关于实施创新强市战略完善区域创新体系发展创新型经济的若干意见》（市委〔2012〕18 号）	完善知识产权保护机制及科技诚信制度。优化保密安全服务、维权援助，加强对知识产权的保护，对侵犯知识产权的违法行为进行严厉打击，鼓励创新主体增强创新成果信息安全保密能力进行。
广州	2007 年 10 月 23 日	《关于提高科技自主创新能力的若干规定》（穗府〔2007〕10 号）	加强知识产权创造及保护。
	2006 年	《关于加强知识产权工作的意见》（穗府〔2006〕58 号）	加强我市知识产权工作，促进自主创新，推动我市经济社会发展。
	2013 年 4 月 8 日	《广州市科技创新促进条例》	引导企业加大知识产权的投入，促进核心技术发明专利及重点产业等自主知识产权的创造、运用，高等学校、资助企业、科研机构及科技人才申请国内外专利，实施开展知识产权试点示范工程，鼓励企业开展知识产权质押融资。

续表

	出台时间	名称	要点
深圳	2004 年 1 月 16 日	《关于完善区域创新体系 推动高新技术产业持续快速发展的决定》（深发〔2004〕1 号）	鼓励企业研制自主知识产权的国际标准、国家标准及行业标准。
	2004 年 7 月 27 日	《中共广东省委 广东省人民政府关于加快建设科技强省的决定》（深发〔2004〕7 号）	加强知识产权保护，加快知识产权战略纲要制定，建立健全知识产权工作统筹协调机制，在知识产权创造、管理及保护的各个环节实施知识产权战略。完善知识产权立法，使知识产权“白皮书”编制工作常态化。推动知识产权的国际交流及合作。鼓励企业研制自主知识产权的产品技术标准，加快对标准战略的推进。
大连	2004 年	《大连市专利资助经费管理办法》	进一步推动科技进步及技术创新，鼓励发明创造，加强知识产权保护，促进我市专利事业及经济的发展。
	2009 年 4 月 21 日	《关于提高自主创新能力的若干规定》	创造及保护知识产权、在“市创新专项”中设市知识产权专项资金，对我市重点产业核心技术领域取得的自主知识产权尤其是发明专利予以资助。
	2009 年 12 月 12 日	《大连市知识产权战略纲要》（大政发〔2009〕71 号）	加快创新型城市建设，不断提高城市核心竞争力。
天津	2014 年 12 月 17 日	《关于联合推动创新型城市建设及科技型中小企业创新发展的意见》	共同推进培育科技强区、知识产权强区。充分发挥滨海新区龙头带动作用，环城工业强区、中心城区人才聚集的支撑作用，围绕可持续发展试验区、科技进步先进区及知识产权试点示范城区建设，加强科技进步考核监测、知识产权实力考核，共同推进区县科技与知识产权并举，全面提升区域创新活力及保护能力。

续表

	出台时间	名称	要点
武汉	2012 年	《关于实施创新驱动战略　加快建设国家创新中心的意见》	激励知识产权的创造及运用。加大市知识产权资助资金投入，鼓励企业、事业单位申请国内外专利、软件著作权及登记集成电路布图设计。完善知识产权保护作为核心的创新保护体系。加快知识产权管理地方性法规的立法步伐。
	2012 年 5 月 29 日	《武汉市科技创新促进条例》	鼓励公民、法人及其他组织申请及运用知识产权，发挥知识产权在建设创新型城市中的作用。市人民政府设立专项资金，按照规定对知识产权的申请及运用给予资助。
	2013 年 6 月 2 日	《武汉市自主创新能力提升计划（2013－2016 年)》	知识产权培育工程。深入实施企业知识产权培育工程。支持以企业为核心的专利战略联盟及技术标准联盟建设，强化企业在知识产权创造及运用中的主体地位；加强知识产权专业服务机构、知识产权维权援助机构及技术支撑能力及知识产权价值评估能力建设，优化专利结构及提高专利技术实施率；完善知识产权保护措施，依法严惩知识产权的违法犯罪行为。
	2014 年 4 月 28 日	《关于深化武汉地区高校科研机构职务科技成果使用处置及收益管理改革的意见》	加强知识产权应用及保护力度。探索建立知识产权法院，实施发明专利维持经费资助制度。由市级财政安排专项经费，对高校、科研机构技术前瞻性强、市场前景好的发明专利，在一定年限内给予专利维持经费资助支持。

续表

	出台时间	名称	要点
重庆	2000年	《关于加强技术创新，发展高科技，实现产业化的实施意见》（渝委发〔2000〕14号）	引导企业、科技机构、高等院校通过商业秘密保护协议及知识产权杠杆等方式来加强知识产权保护。推进知识产权管理机构建设，加大对知识产权的执法力度，对各种违法侵权行为坚决予以查处及制裁，加大知识产权宣传，让全社会重视知识产权保护，营造良好的创新法制氛围。
	2006年6月5日	《关于进一步加强区域性中心城市科技工作的意见》（渝科委发〔2006〕29号）	切实加强知识产权工作。各区市科委要明确设立知识产权管理机构，做到组织落实、人员落实，切实保证工作经费，认真履行统筹协调及管理本地区知识产权工作的职能。进一步加强专利申报工作力度，积极鼓励及支持发明创造，特别是支持企业自主创新，并切实帮助企业做好自主知识产权的维权工作。进一步抓好专利实施工作，促进科技成果转化为生产力。
	2009年7月27日	《重庆市人民代表大会常务委员会公告》（〔2009〕21号）	鼓励公民、法人及其他组织创造、运用、保护及管理知识产权，参与制定国际标准、国家标准、行业标准及地方标准。
	2010年	《关于加快高新技术企业发展的意见》（渝科委发〔2010〕83号）	鼓励企业实施知识产权战略。落实现行专利资助政策，鼓励企业申请外国专利。开展知识产权示范企业创建工作。支持企业研制一批国际标准、国家标准及行业标准。

续表

	出台时间	名称	要点
南京	2012 年 11 月 1 日	《关于加快培育高新技术后备企业的意见》（宁政发〔2012〕304 号）	加强后备企业自主知识产权培育。实施知识产权战略，加强知识产权的管理和保护，加快建立企业知识产权管理标准化示范和知识产权预警机制，增强企业知识产权创造、运用、管理及保护能力。
	2013 年 4 月 22 日	《南京市知识产权战略专项资金管理办法》（宁科规〔2013〕5 号）	提高我市知识产权创造、运用、保护及管理能力，推进科教资源优势转化为知识产权优势、知识产权优势转化为产业竞争力优势，促进全市科技进步及经济社会全面发展。
苏州	2006 年 2 月 23 日	《关于增强自主创新能力 建设创新型城市的决定》（苏发〔2006〕8 号）	实施知识产权战略，保护知识产权，构建自主的知识产权高地。实施专利战略。实施技术标准战略。实施名牌带动战略。
	2006 年 12 月 5 日	《苏州市知识产权战略实施纲要（2006～2020 年）》（苏府〔2006〕154 号）	加强知识产权保护，实施知识产权战略、增强自主创新能力。
	2011 年 6 月 4 日	《关于实施创新引领战略 推进科技创新工程 加快建设创新型城市的意见》（苏发〔2011〕27 号）	建设成为知识产权强市，提升对知识产权的创造运用能力，同时，加大知识产权保护力度。
	2013 年 1 月 29 日	《关于强化企业技术创新主体地位 加快科技创新体系建设的若干政策意见》（苏发〔2013〕3 号）	大力提升企业实施知识产权、技术标准战略的能力。进一步完善专利、商标、版权等的奖励资助政策，支持企业加强品牌建设，促进企业技术创新成果知识产权化、知识产权标准化、技术标准产业化。

续表

	出台时间	名称	要点
厦门	2006 年 8 月 30 日	《关于增强自主创新能力，建设科学技术创新型城市的实施意见》（厦委发〔2006〕13 号）	创新知识产权保护体系。加快专利战略的研究及运用，形成有效专利产业化及防范、技术创新成果知识产权化、应对国际技术壁垒的战略措施，从而有效保护自主创新。鼓励企业进行知识产权创造、实施与保护，加快促进技术标准和知识产权相结合，形成优势产业的事实标准。
	2007 年 5 月 22 日	《厦门市扶持促进知识产权的取得、引进、消化及产业化的实施细则》（厦财企〔2007〕20 号）	培育及扶持一批具有自主知识产权、市场前景好、技术含量高、符合厦门市产业政策的专利项目，加速专利技术产业化。
	2008 年 4 月 5 日	《厦门经济特区科学技术进步条例》	鼓励及支持企、事业单位制定及实施知识产权战略及技术标准战略，开展主导产品及核心技术的专利战略研究及自主知识产权品牌战略研究，将知识产权战略、技术标准战略与企业生产、经营发展战略相结合，为自主知识产权竞争力的提升及自主品牌建设提供支撑。
	2009 年 5 月 14 日	《关于批转厦门市知识产权战略纲要的通知》（厦府〔2009〕144 号）	提高城市核心竞争力，建设创新型城市，推动厦门市经济社会又好又快发展。
	2012 年	《关于深化科技体制改革 全面加快区域创新体系建设的实施意见》（厦委发〔2012〕5 号）	实施知识产权战略，促进自主创新。提高知识产权创造、运用、管理及保护水平，推进国家知识产权示范城市建设。

续表

	出台时间	名称	要点
厦门	2012 年 8 月 3 日	《厦门市创新型企业建设工作实施意见》（厦科联〔2012〕52 号）	支持创新型企业加强知识产权建设工作。优先推荐创新型企业参与专利试点企业认定，支持参与各类技术标准的制订工作，鼓励企业建立健全知识产权管理体系、技术标准体系及质量保证体系。
青岛	2010 年	《青岛市科学技术局创新型企业培育管理暂行办法》（青科字〔2010〕7 号）	支持创新型企业自主制定及参与制定国际国内技术标准，加强知识产权管理，开展建设知识产权示范试点。建立并逐渐完善知识产权特派员制度，帮助企业提高专利申请量及授权量，培育知识产权优势企业。
	2011 年 6 月 28 日	《青岛市科技创新促进条例》	支持企业 R&D 投入，研究并开发具有自主知识产权的新产品、新工艺及新技术。对与企业研究开发相关并具有自主知识产权的技术开发项目，可给予财政性科学技术计划项目立项资助。
成都	2002 年 8 月 21 日	《成都市人民政府加强知识产权工作的通知》（成府发〔2002〕54 号）	营造良好环境，鼓励形成自主知识产权。
	2007 年 10 月 15 日	《成都市知识产权事业发展“十一五”规划纲要》	贯彻落实“科教兴市”战略，深入推进高科技成都建设，提高城市综合竞争力。
	2008 年 2 月 19 日	《成都市人民政府加强知识产权工作的通知》（成府发〔2002〕54 号）	知识产权制度作为保护智力劳动成果的一项重要法律制度，在经济、科技、社会发展中发挥着激励发明创新、规范市场竞争、调整利益分配的重要作用。
	2013 年 10 月 30 日	成都市支持企业创新能力建设若干政策	促进企业创造运用知识产权支持企业开展知识产权战略研究。

续表

	出台时间	名称	要点
哈尔滨	2004 年 3 月 1 日	《关于加快高新技术产业发展的若干规定》(哈发〔2004〕4 号)	健全知识产权专家陪审制度，依法解决知识产权归属及分配中的纠纷，保护知识产权拥有者的合法权益。
宁波	2005 年 8 月 18 日	《关于进一步增强科技自主创新能力促进经济增长方式转变的意见》(甬政发〔2005〕73 号)	鼓励高校、企业及科研院所积极申报专利、版权及商标等知识产权，对获得国内外授权的发明专利、实用新型专利以及对行业产生重大影响的行业标准给予一定的政补助和奖励；支持发明专利的产业化，提高自主知识产权的高新技术产品的占比；鼓励企业参与行业标准的制定。
	2006 年 3 月 13 日	《贯彻〈关于进一步增强科技自主创新能力促进经济增长方式转变的意见〉实施细则》(甬科计〔2006〕18 号，甬财政教〔2006〕127 号)	进一步增强企业、事业单位对知识产权保护的意识，鼓励和支持企业建立知识产权制度，进一步提高自主创新能力。
	2006 年 8 月 22 日	《宁波市保护知识产权行动实施方案(2006—2007 年)》(甬政办发〔2006〕194 号)	继续打击商标侵权行为。严厉打击盗版行为。加大专利权保护力度。强化知识产权海关保护。加强展会知识产权管理。建立知识产权举报投诉服务平台。
	2011 年 4 月 11 日	《宁波市科技创新促进条例》	建立及完善知识产权扶持、资助及奖励制度，支持企业在知识产权方面的投入，同时加快核心技术发明专利及重点产业等自主知识产权的运用和创造。

续表

	出台时间	名称	要点
沈阳	2009 年 2 月 3 日	《沈阳市科学技术进步条例》	支持企业研究开发自主知识产权产品，培育科技名牌产品，发挥企业在技术创新中的主体作用。
	2004 年 11 月 24 日	《沈阳市科学技术计划项目知识产权管理办法》（沈知产发〔2004〕4 号）	发挥知识产权制度对于科技计划项目的引导及激励作用，推进科技计划项目在高起点上的创新，实现技术跨越发展。
广东省	2004 年 8 月 9 日	《关于加快建设科技强省的决定》（粤发〔2004〕12 号）	加强和促进知识产权工作及专利技术的产业化。设立知识产权专项资金，主要资助在国内、国外申请及实施发明专利，对有开发前景的专利进行支持使其实现产业化。
	2006 年 7 月 11 日	《关于提高自主创新能力提升产业竞争力的决定》（粤发〔2005〕14 号）	加大知识产权保护工作，在衡量自主创新能力及产业项目立项、科技与验收方面，将自主知识产权拥有量作为重要指标，将专利统计指标纳入到科技统计指标体系及产出指标范畴里去。
	2010 年 5 月 11 日	《关于加快经济发展方式转变的若干意见》	加强知识产权保护，实施知识产权、技术标准及品牌带动战略。进一步探索知识产权质押融资机制，规范及细化知识产权质押融资政策。
	2012 年 11 月 20 日	《广东省人民政府办公厅关于促进科技服务业发展的若干意见》	发展知识产权运用、创造、保护及管理等各个环节的服务，加强规范管理。扩大知识产权基础信息资源共享范围，使各类知识产权服务主体可低成本获得基础信息资源。推动服务机构为企业提供知识产权代理、咨询、检索、分析、数据加工等基础服务，支持服务机构开展评估、交易、转化、托管、投融资等增值服务。加强知识产权分析预警及相关技术咨询等对战略性新兴产业的服务能力。
	2012 年	《广东省自主创新促进条例》	促进商标权、专利权及著作权等知识产权的创造与运用，加强保护及管理自主知识产权。首次转化使用在本省的自主知识产权，项目所在地的县级以上人民政府应制定相关的政策措施，在项目立项、场所等方面给予相应支持。

续表

	出台时间	名称	要点
湖北省	1995 年 9 月 26 日	《湖北省科学技术进步条例》	加强知识产权保护，营造一个尊重知识产权的社会环境，激励人们的自主创新意识。鼓励企业知识产权战略的制定和实施，推动科学技术成果的专利化、标准化及科学技术产品品牌化，增强企业核心竞争力。
	2014 年 7 月 26 日	《推进创新湖北建设的实施意见》	实施知识产权战略。积极开展重大科技经济活动知识产权评议、知识产权优势企业培育、专利投融资服务等试点工作，提高各类创新主体运用知识产权制度的能力。
安徽省	2011 年 2 月 25 日	《安徽省科学技术进步条例》（公告第 32 号）	县级以上人民政府应当建立知识产权保护工作的协调机制；有关部门应当依法查处知识产权违法行为，处理侵权纠纷，保护知识产权人的合法权益。
江苏省	2000 年 10 月 19 日	《江苏省促进科技成果转化条例》	在科技成果转化中，当事人应当就技术开发、转让、咨询或者服务依法订立技术合同，明确相互之间的权利及义务。
	2006 年 4 月 18 日	《江苏省政府关于鼓励及促进科技创新创业若干政策的通知》	加强知识产权创造与保护。
	2009 年 1 月 5 日	《江苏省知识产权战略纲要》（苏政发〔2009〕1 号）	增强我省知识产权创造、运用、保护及管理能力，加快创新型省份建设步伐，促进经济社会又好又快发展。
	2011 年 8 月 15 日	《关于加强企业创新促进转型升级的实施意见》（苏政发〔2011〕117 号）	加强企业知识产权保护及运用。强化宣传引导，营造保护知识产权的社会氛围。

续表

	出台时间	名称	要点
江苏省	2012 年 6 月 21 日	《江苏省科学技术进步条例》	制定及实施知识产权战略，完善知识产权制度，健全知识产权工作机制，加强知识产权保护，激励自主创新。
	2012 年 10 月 10 日	《关于加快企业为主体 市场为导向 产学研相结合技术创新体系建设的意见》（苏发〔2012〕17 号）	加强创造、运用、保护及管理知识产权。强化知识产权强省并建设整体部署，加速对知识产权密集型企业及产业的培育。
	2014 年 9 月 30 日	《江苏省企业技术进步条例》	鼓励企业开展集成创新、原始创新、引进消化吸收再创新，形成实现知识产权产业化及自主知识产权。引导企业加强知识产权的保护及利用，提高知识产权创造、运用及管理能力。

附录Ⅱ

《技术创新中政府激励政策评价》调查问卷

第一部分　企业基本情况

1. 企业名称（非必填）：（　）

2. 贵企业的性质（单选）：（　）

（1）民营企业（股份有限公司或有限责任公司）

（2）国有独资企业（央直或省属）

（3）国有控股企业（央直或省属）

（4）外商投资、中外合资企业

（5）其他____________________

3. 贵企业所属服务业产业领域（主导产业）（单选）：（　）

（1）金融服务　（2）现代物流　（3）科技服务

（4）软件与信息服务　（5）创意设计　（6）商贸会展

（7）文化教育　（8）节能和环境服务　（9）旅游健康

（10）传统服务业转型升级（住宿餐饮、家庭服务、养老服务、农业服务业等）

4. 贵企业 2013 年度营业收入规模：（　）

（1）30 亿元以上　（2）3 亿—30 亿元　（4）5000 万—3 亿元

（5）300 万—5000 万元　（6）300 万元以下

5. 贵企业从业人员规模：（　）

（1）1000 人以上　（2）200—1000 人　（3）50—200 人

（4）10—50 人　（5）10 人以下

第二部分 企业经营情况

6. 近几年拉动贵企业服务需求增长的主要原因（可多选）：（ ）

（1）普通消费者需求 （2）政府采购需求 （3）企业用户需求

（4）其他（请注明）________

7. 近几年贵企业经营效益提升的主要原因是（可多选）：（ ）

（1）开发新产品或服务 （2）产品及服务质量提升 （3）技术创新

（4）管理效率提高 （5）企业声誉或品牌声誉提升

（6）商业模式创新 （7）高层次人才引进

（8）与合作企业建立了共享资源的网络关系

（9）其他（请注明）________

8. 贵企业在融资方面存在的困难主要因为（可多选）：（ ）

（1）银行贷款成本高 （2）专业投资机构不偏好服务业领域

（3）政府扶持针对性不强 （4）服务业自身缺乏财产担保

（5）自身信用评级不高 （6）整体金融环境影响

（7）其他（请注明）________

第三部分 企业技术创新情况

9. 贵企业近几年研发经费总投入比重（单选）：（ ）

（1）持续上升 （2）基本保持不变 （3）有所下降

10. 政府扶持资金近几年在贵企业研发投入中的比重（单选）：（ ）

（1）持续上升 （2）基本保持不变 （3）有所下降

11. 贵企业近几年发明专利数（单选）：（ ）

（1）显著提高 （2）略有提高 （3）基本不变

（4）稍有下降 （5）一直没有

12. 贵企业的核心技术来源是（可多选，按重要性排序）：（ ）

（1）自主开发 （2）模仿式开发 （3）消化吸收再开发

（4）产学研合作开发 （5）收购和参股企业获取

（6）其他（请注明）________

13. 从贵企业发展经验来看，加大技术研发投入对企业发展最主要的直接贡献体现在（单选）：（ ）

（1）拓展新产品或服务方式 （2）推动原有产品或服务方式升级

（3）加速淘汰传统服务产品或方式

（4）提高企业管理效率，促进管理理念和模式创新

（5）开发公共技术平台，吸引研发及相关资源集聚

14. 贵企业在进行技术创新的过程中，主要面临哪些方面的制约（可多选）：（ ）

（1）资金不足 （2）信息获取不畅 （3）与客户缺乏交流

（4）技术交易渠道狭窄 （5）产学研合作渠道不畅

（6）与同类企业的合作不够 （7）政府扶持力度不足

（8）知识产权保护不力 （9）专业技术人才缺乏

（10）其他（请注明）________

15. 贵企业技术研发机构设置情况（单选）：（ ）

（1）拥有省级以上研发机构

（2）已建立独立研发机构，尚未获得省级以上认证

（3）未建立独立研发机构

（4）不需要建立独立研发机构，原因________

第四部分 政府激励政策评价

16. 贵企业在技术创新过程中得到过的政府支持（可多选）：（ ）

（1）启动经费

（2）以政府为主导的创业或股权投资基金投融资

（3）项目投资专项补助

（4）贴息贷款

（5）科技三项经费

（6）政府采购产品和服务

（7）其他（请注明）______

（8）尚未得到政府的任何支持

（9）不认同政府以资金投入的方式支持企业发展，原因：______

17. 政府为加快转型升级采取了政策措施，请您对以下政策进行评价，用明黄色将所选分数框涂满。

• “政策重要性”评分标准由1分至5分，请您对目前该类政策对转型升级的重要程度给予评分：

1分代表极不重要，3分代表重要程度一般，5分代表极为重要。(分数越高，重要性越高)

• “政策科学性”评分标准由1分至5分，请您对目前该类政策对转型升级的科学程度给予评分：

1分代表极不科学，3分代表科学程度一般，5分代表极为科学。(分数越高，科学性越高)

• “政策满意度”评分标准由1分至5分，请您对目前该类别政策满意度给予评分：

1分代表极不满意，3分代表基本满意，5分代表极为满意。(分数越高，满意度越高)

评分内容 政策类别	政策重要性						政策科学性						政策满意度				
（一）税收政策																	
1）增值税减免	1	2	3	4	5		1	2	3	4	5		1	2	3	4	5
2）营业税减免	1	2	3	4	5		1	2	3	4	5		1	2	3	4	5
3）免税	1	2	3	4	5		1	2	3	4	5		1	2	3	4	5
（二）金融政策																	
4）牵头建立创业及股权投资基金	1	2	3	4	5		1	2	3	4	5		1	2	3	4	5
5）建立与企业及创业者信用联系的信贷机制	1	2	3	4	5		1	2	3	4	5		1	2	3	4	5

续表

评分内容 政策类别	政策重要性					政策科学性					政策满意度				
6）搭建金融机构、投资机构与中小企业信息交流的渠道	1	2	3	4	5	1	2	3	4	5	1	2	3	4	5
7）加强招商引资	1	2	3	4	5	1	2	3	4	5	1	2	3	4	5
（三）资金支持															
8）无偿资助	1	2	3	4	5	1	2	3	4	5	1	2	3	4	5
9）贷款贴息	1	2	3	4	5	1	2	3	4	5	1	2	3	4	5
10）奖励	1	2	3	4	5	1	2	3	4	5	1	2	3	4	5
（四）产学研合作															
11）支持组建研究平台、创新联盟	1	2	3	4	5	1	2	3	4	5	1	2	3	4	5
12）建立并完善合作渠道	1	2	3	4	5	1	2	3	4	5	1	2	3	4	5
（五）知识产权保护															
13）培育与保护知识产权	1	2	3	4	5	1	2	3	4	5	1	2	3	4	5
（六）政府采购															
14）加强政府采购	1	2	3	4	5	1	2	3	4	5	1	2	3	4	5

参考文献

外文文献

[1] Council on Competitiveness, *Inovate America: Thriving in a World of Challenge and Change*, Washington, DC, 2004.

[2] Coccia M., "The Interaction Between Public and Private R&D Expenditure and National Productivity", *Prometheus*, Vol. 29, No. 2, 2011.

[3] Lee C. Y., "The Differential Effects of Public R&D Support on Firm R&D: Theory and Evidence from Multi-country Data", *Technovation*, Vol. 31, No. 5 -6, 2011.

[4] Czarnitzki D., C. L. Bento, "Evaluation of Public R&D Policies: A Cross Country Comparison", *World Review of Science, Technology and Sustainable Development*, No. 9, 2012.

[5] Wahal S., McConnell J. J., "Do Institutional Investors Exacerbate Managerial Myopia?", *Journal of Corporate Finance*, No. 6, No. 3, 2000.

[6] Schumpeter, J. A., *The Theory of Economic Development: An Inquiry into Profits, Capital, Credit, Interest, and the Business Cycle*, Cambridge MA: Harvard University Press, 1912.

[7] Chen, Y., Puttitanun, T., "Intellectual Property Rights and Innovation in Developing Countries", *Journal of Development Economics*, Vol. 78, No. 2, 2005.

[8] Comanor W. S., "Market Structure, Product Differentiation and Andustrial Research", *Quarterly Journal of Economics*, No. 23, 1967.

[9] Levin R. C., Cohen W. M., Mowery D. C., "R&D Appropriability Opportunity and Market Structure: New Evidence on the Schumpeterian

Hypothesis", *American Economic Review*, No. 15, 1985.

[10] Levin, R. C., Klevorick, A. K., Nelson, R. R., et al., "Appropriating the Returns From Industrial Research and Development", *Brookings Papers on Economic Activity*, No. 3, 1987.

[11] Kogut, B., "Designing Global Strategies: Profiting from Operational Flexibility", *Sloan Management Review*, No. 27, 1985.

[12] Porter, M. E., "The Competitive Advantage of Nations", *Harvard Business School Management Programs*, 1993.

[13] Kamien Morton L., Nancy L. Schwarts, "Self-financing of An R&D Project", *American Economic Review*, No. 6, 1978.

[14] Dodgson, *Technological Collaboration in Industry*, Routledge, 1993.

[15] Roy Rothwell, " Towards the Fifth – generation Innovation Process", *International Marketing Review*, Vol. 11, No. 1, 1994.

[16] Mansfield E., "The Speed and Cost of Industrial Innovation in Japan and the United States: External vs. Internal Technology", *Management Science*, Vol. 34, No. 10, 1998.

[17] Mulherin, J. H., Boone, A. L., "Comparing Acquistitions and Divestitures", *Journal of Corporate Finance*, Vol. 6, No. 2, 2000.

[18] Acs, Z. J., Audretsch, D. B., "Innovation, Market Structure, and Firm Size", *Review of Economics and Statistics*, Vol. 78, No. 6, 1987.

[19] Acs, Z. J., Audretsch, D. B., "Innovation in Large and Small Firms: An Empirical Analysis", *American Economic Review*, Vol. 78, No. 4, 1988.

[20] Scherer, F. M., "Firm Size, Market Structure, Opportnity, and the Output of Patented Inventions", *The American Economic Review*, Vol. 55, No. 5, 1965.

[21] Pavitt, K.,"The Objectives of Technology Policy", *Science and Public Policy*, Vol. 14, No. 3, 1987.

[22] Hansen, B. E., "Tests for Parameter Instability in Regressions with I (1) Processes", *Journal of Business and Economic Statistics*, No. 33,

1992.

[23] Huergo, E. , "Selection and the Evolution of Industry", *Econometrica*, No. 50, 1982.

[24] Grossman G. , Helpman E. , " Innovation and Growth in the Global Economy", MIT Press, Cambridge MA, 1991.

[25] Painn, Wakelink, "Export Performance and the Role of Foreign Direct Investment", *The Manchester School of Economic and Social Studies*, No. 66, 1998.

[26] Luca Berchicci, "Towards an Open R&D System: Internal R&D Investment, External Knowledge Acquisition and Innovative Performance", *Research Policy*, Vol. 42, No. 1, 2013.

[27] Kin D. Y. and Lee Y. S. , "A Study on Corporate R&D Investment Model in Korea", *Economic Study*, Vol. 41, No. 1, 1993.

[28] Helfat, C. E. , "Know-how and Asset Complementarity and Dynamic Capability Accumulation: The Case of R&D", *Strategic Management Journal*, No. 18, 1997.

[29] Canto, J. G. D. , "Gonza' lez, I. S. A Resource-Based Analysis of the Factors Determining a Firm's R&D Activities", *Research Policy*, Vol. 28, 1999.

[30] Jian Cheng Guana, Richard C. M. Yamb, Esther P. Y. Tange, Antonio K. W. Laud, "Innovation Strategy and Performance during Economic Transition: Evidence in Beijing", *China Research Policy*, Vol. 38, No. 5, 2009.

[31] Katharine Wakelin, "Productivity Growth and R&D Expenditure in UK Manufacturing Firms", *Research Policy*, Vol. 30, No. 2, 2001.

[32] Yeonhee Lee, Sooyoung Kim, Hyejin Lee, "The Impact of Service R&D on the Performance of Korean Information Communication Technology Small and Medium Enterprises", *Journal of Engineering and Technology Management*, Vol. 28, No. 1 -2, 2011.

[33] Levin, R. C. Klevorick, A. K. Nelson, R. R. &S. G. Winter, "Appropriating the Returns from Industrial R&D", *Brookings Papers on E-*

conomic Activity, No. 3, 1987.

[34] Marcea Miozzo, Paul Dewick, "Building Competitive Advantage: Innovation and Corporate Governance in European on Construction", *Research Policy*, No. 31, 2002.

[35] Lee, P. M., H. M. O' Neill, "Ownership Structures and R&D Investments of U. S. and Japanese Firms: Agency and Stewardship Perspectives", *Academy of Management Journal*, Vol. 46, No. 2, 2003.

[36] Frederico Munari, "Does Ownership Affect Innovation: Assessing the Impact of Privatization Processes on Innovation Activities", *European Business Organization Law Review*, No. 4, 2003.

[37] Graves, S. B., "Institutional Ownership and Corporate R&D in the Computer Industy", *Academy of Management Journal*, Vol. 31, No. 2, 1988.

[38] Liddle, B. T., "Privatizaiton Decision and Civil Engineering Project", *Journal of Management in Engineering*, No. 3, 1997.

[39] John, E. G., "Management Commitment to Innovation and Esop Stock Concentration", *Journal of Business Venturing*, No. 15, 2000.

[40] Popov Alexander, Peter Roosenhoom, "Does Private Equity Investment Spur Innovation? Evidence from Europe", European Central Bank, WP 1063, 2009.

[41] Boone, A. L., Casares, Field, L., Karpoff, J. M., et al., "The Determinants of Corporate Board Size and Composition: An Empirical Analysis", *Journal of Financial Economics*, Vol. 85, 2007.

[42] Smith, Adam, *The Wealth of Nations*, Edited by Edwin Cannan, London: Methuen, 1904.

[43] Schumpeter, J. A., "The Instability of Capitalism", *Economic Journal*, Vol. 18, No. 4, 1986.

[44] Romer, P., "Endogenous Technological Change", *Journal of Political Economy*, Vol. 98, No. 5, 1990.

[45] Grossman, G. M., Helpman, E., "Trade, Innovation, and Growth", *The American Economic Review*, Vol. 80, No. 2, 1990.

[46] Aghion, Bolton, "An Incomplete Contracts Approach to Financial Contracting", *The Review of Economic Studies*, Vol. 59, No. 3, 1992.

[47] Marx Karl Capital, "A Critique of Political Economy", *Chicago*, Vol. 51, No. 1, 1867.

[48] Barker, V. L., Mueller, G. C., "CEO Characteristics and Firm R&D Spending", *Management Science*, Vol. 48, No. 6, 2002.

[49] Acs, Z. J., Audretsch, D. B., "Innovation, Market Structure, and Firm Size", *Review of Economics and Statistics*, Vol. 78, No. 6, 1987.

[50] Cohen., W. M., Levin, R. C., "Empirical Studies of Innovation and Market Structure", *Handbook of Industrial Organizaiton*, No. 2, 1989.

[51] Frenkel A., Shefer D., Koschalzky K., et al., "Firm Characteristics, Location and Regional Innovation: A Comparison Between Israeli and German Industrial Firm", *Regional Studies*, Vol. 35, No. 5, 2001.

[52] Yangling Wang, "Trade, Human Capital, and Technology Spillover: An Industrial-Level Analysis", *Journal of International Economics*, Vol. 15, No. 2, 2007.

[53] Borensztein E., Gregorio J. D, Lee J-W., "How Does Foreign Direct Investment Affect Economic Growth?", *Journal of International Economics*, No. 45, 1998.

[54] Damijan, J. P., Knell, M. &Majcen, B. Rojec, M., "The Role of FDI, R&D Accumulation and Trade in Transferring Technology to Transition Countries: Evidence from Firm Panel Data for Eight Transferring Technology to Transition Countries: Evidence from Firm Panel Data for Eight Transition Countries", *Economic Systems*, No. 27, 2003.

[55] Lankhuizen, M., "Catching Up, Absorption Capability and the Organzation of Human Capital", JEL Classification, 2001.

[56] Kinoshita, Yuko, "R&D and Technology Spillovers via FDI: Innovation and Absorptive Capacity", *William Davidson Institute*, *Working Papers Series*, Vol. 349, 2000.

[57] Kyung-Nam Kang, Hayoung Park, "Influence of Government R&D Subsidies and the Performance of High-tech Start-ups", *Economics Letters*, Vol. 112, No. 1, 2011.

[58] Martin, Stephen, John J. Scott, "The Nature of Innovation Market Falure and the Design of Public Support for Private Innovation", *Research Policy*, Vol. 29, 2000.

[59] Guangzhou Hu, A., "Ownership, Government R&D, Private R&D, and Productivity in Chinese Industry", *Journal of Comparative Economics*, Vol. 29, No. 1, 2001.

[60] Hewitt-Dundas, N., Roper, S., "Output Additionality of Public Support for Innovation: Evidence for Irish Manufacturing Plants", *European Planning Studies*, Vol. 50, No. 1, 2009.

[61] Lichtenberg, Frank R., "The Effect of Government Funding on Private Industrial Research and Development: A Re-assessment", *The Journal of Industrial Economics*, No. 36, 1987.

[62] Lichtenberg, Frank R., "The Private R&D Investment Response to Federal Design and Technical Competitions", *American Economic Review*, No. 78, 1988.

[63] Carpron, H., Van Pottelsbergue, B., "Public Support to Business R&D: A Survey and Some New Quantitative Evidence", OECD Working Paper, 1998.

[64] Gorg H., Strobl E., "The Effect of R&D Subsidies on Private R&D", *Economica*, No. 294, 2007.

[65] Lundvall, B. A. (Ed.), *National Systems of Innovation-Towards A Theory of Innovation and Interactive Learning*, London, 1986.

[66] Vytautas Snieskal, Vitalija Venckuviene, "The Rationality for Government Sponsored Venture Capital Funds In Lithuania: Innovation Perspective", *Economics and Management*, Vol. 17, No. 1, 2012.

[67] Kaplan, Stromberg, "Financial Contracting Theory Meets the Real World: Evidence from Venture Capital Contracts", *Review of Economic Studies*, No. 70, 2003.

[68] Josh Lerner, Brian Watson, "The Public Venture Capital Challenge: The Australian Case", *Venture Capital*, No. 1, 2008.

[69] Marco Da Rin, Giovanna Nicodano, Alessandro Sembenelli, "Public Policy and the Creation of Active Venture Capital Markets", *Journal of Public Economics*, Vol. 90, No. 9, 2006.

[70] Krists Avots, Rihards Strenga, Anders Paalzow, "Public Venture Capital in Latvia", *Baltic Journal of Econmics*, Vol. 13, No. 1, 2013.

[71] Branstetter, L. G., Fisman, R., Foley, C. F., "Do Stronger Intellectual Property Rights Increase International Technology Transfer? Empirical Evidence from US Firm-Level Panel Data", *The Quarterly Journal of Economics*, Vol. 121, No. 1, 2006.

[72] Lai, E. L. C., "International Intellectual Property Rights Protection and the Rate of Product Innovation", *Journal of Development Economics*, Vol. 55, No. 1, 1998.

[73] Chen, C. J., Li, Z., Su, Z., "Rent-seeking Incentives, Corporate Political Connections, and the Control Structure of Private Firms: Chinese Evidence", *Journal of Corporate Finance*, Vol. 17, No. 2, 2011.

[74] LéGer, A., "Intellectual Property Rights in Mexico: Do They Play a Role?", *World Development*, Vol. 33, No. 11, 2005.

[75] Lin, C., Lin, P., Song, F., "Property Rights Protection and Corporate R&D: Evidence from China", *Journal of Development Economics*, Vol. 93, No. 1, 2010.

[76] Qiu, L. D., Yu, H., "Does the Protection of Foreign Intellectual Property Rights Stimulate Innovation in the US?", *Review of International Economics*, Vol. 18, No. 5, 2010.

[77] Schneider, P. H., "International Trade, Economic Growth and Intel-

lectual Property Rights: A Panel Data Study of Developed and Developing Countries", *Journal of Development Economics*, Vol. 78, No. 2, 2005.

[78] Qian, Y., "Do National Patent Laws Stimulate Domestic Innovation in a Global Patenting Environment? A Gross-country Analysis of Pharmaceutical Patent Protection, 1978 - 2002", *The Review of Economics and Statistics*, Vol. 89, No. 3, 2007.

[79] Parello, C. P., "A North-South Model of Intellectual Property Rights Protection and Skill Accumulation", *Journal of Development Economics*, Vol. 85, No. 1, 2008.

[80] Futukawa, Y., "Intellectual Property and Innovaiton: An Inverted-U Relationship", *Economics Letters*, Vol. 109, No. 2, 2010.

[81] Spence, A. Michael, "Job Market Signalling", *Quarterly Journal of Economics*, Vol. 87, No. 3, 1973.

[82] Poyago Theotoky, J., " Equilibrium and Optimal Size of a Research Joint Venture in an Oligopoly with Spillovers", *Journal of Industrial Economics*, Vol. 43, 1998.

[83] Wang, X., H., "Fee Versus Royalty Licensing in a Cournot Duopoly Model", *Economics Letters*, Vol. 60, 2008.

[84] Nasierowski, Arcelus F. J., "On the Efficiency of National Innovation Systems", *Socio-Economic Planning Sciences*, No. 37, 2003.

[85] Michael Fritsch, "Cooperation and the Efficiency of Regional R&D Activities", *Cambridge Journal of Economics*, Vol. 28, No. 6, 2004.

[86] Hak Yeon Lee, Yong Tae Park, "An International Comparison of R&D Efficiency: DEA Approach", *Asian Journal of Technology Innovation*, Vol. 13, No. 2, 2005.

[87] Seema Sharma, V. J., "Thomas. Inter-Country R&D Efficiency Analysis: An Application of Data Envelopment Analysis", *Scientometrics*, Vol. 76, No. 3, 2008.

中文文献

[1] 安同良、周绍东、皮建:《R&D 补贴对中国企业自主创新的激励效应》,《经济研究》2009 年第 10 期。

[2] 安同良、施浩、Ludovico Alcorta:《中国制造业企业 R&D 行为模式的观测与实证: 基于江苏省制造业企业问卷调查的实证分析》,《经济研究》2006 年第 2 期。

[3] 白庆华:《产学研合作法律与政策瓶颈问题分析》,《科学学研究》2007 年第 2 期。

[4] 薄文广、马先标、冼国明:《外国直接投资对于中国技术创新作用的影响分析》,《中国软科学》2005 年第 11 期。

[5] 池仁勇、唐根年:《基于投入与绩效评价的区域技术创新效率研究》,《科研管理》2004 年第 7 期。

[6] 陈钰芬、陈劲:《开放式创新: 机理与模式》, 科学出版社 2008 年版。

[7] 陈德球、李思飞、王丛:《政府质量、终极产权与公司现金持有》,《管理世界》2011 年第 11 期。

[8] 陈振明:《政策科学》, 中国人民大学出版社 1998 年版。

[9] 陈振明、经纬:《政府工具研究的新进展》,《东南学术》2006 年第 6 期。

[10] 陈泽聪、徐钟秀:《我国制造业技术创新效率的实证分析》,《厦门大学学报》(哲学社会科学版) 2006 年第 6 期。

[11] 陈修德、梁彤缨: 《中国高新技术产业研发效率及其影响因素——基于面板数据 SFPF 模型的实证研究》, 《科学学研究》2010 年第 8 期。

[12] 陈保根:《经济转型与企业家才能配置的变迁过程》,《审计与经济研究》2005 年第 5 期。

[13] 陈庆江:《政府科技投入能否提高企业技术创新效率》,《经济管理》2017 年第 2 期。

[14] 陈晓红、王艳、关勇军:《财务冗余、制度环境与中小企业研发投资》,《科学学研究》2012 年第 3 期。

[15] 程华:《直接资助与税收政策优惠促进企业 R&D 比较研究》,《中国科技论坛》2006 年第 3 期。
[16] 杜伟:《激励企业技术创新的政策工具分析》,《科学管理研究》2001 年第 1 期。
[17] 杜斌、张治河、李斌:《健全技术创新的市场导向机制:动态最优、福利分配与补偿机制——弥合技术创新溢出效应的视角》,《经济管理》2017 年第 3 期。
[18] 杜伟、魏勇:《技术创新的不确定性与政府激励政策安排》,《科学学与科学技术管理》2001 年第 7 期。
[19] 胡代光:《西方经济学说的演变及其影响》,北京大学出版社 1998 年版。
[20] 陈劲、王飞绒:《创新政策:多国比较和发展框架》,浙江大学出版社 2005 年版。
[21] 冯宗宪、王青、侯晓辉:《政府投入、市场化程度与中国工业企业的技术创新效率》,《数量经济技术经济研究》2011 年第 4 期。
[22] 关志民、吴浩、陶瑾、曹忠鹏、杨洁、王帆:《产学研合作中政府支持作用与成功因素的探索性研究——基于辽宁省企业和高校/科研机构的调查数据》,《科技进步与对策》2014 年第 4 期。
[23] 郭斌:《知识经济下产学研合作的模式、机制与绩效评价》,科学出版社 2007 年版。
[24] 郭克莎:《我国技术密集型产业发展的趋势、作用和战略》,《产业经济研究》2005 年第 5 期。
[25] 顾建华、陈辉华、杨军将:《政府引导型产学研合作创新中政府对企业的激励——基于江苏省的统计数据》,《科技进步与对策》2014 年第 6 期。
[26] 葛建新:《对我国经济增长与技术进步关系的思考》,《中央财经大学学报》1999 年第 3 期。
[27] 黄泰岩、郑江淮:《企业家行为的制度分析》,《中国工业经济》1998 年第 2 期。
[28] 黄庆德、戴强、胡登峰:《基于政府角色定位的我国产学研合作促进机制研究》,《科技进步与对策》2012 年第 22 期。

[29] 胡珑瑛等:《大中型大工业企业技术创新分析》,《科学学与科学技术管理》2000 年第 12 期。

[30] 胡曙虹、黄丽、杜德斌:《全球科技创新中心构建的实践——基于三螺旋和创新生态系统视角的分析:以硅谷为例》,《上海经济研究》2016 年第 3 期。

[31] 何枫:《经济开放度对我国技术效率影响的实证分析》,《中国软科学》2004 年第 1 期。

[32] 何强、陈松:《创新发展、董事创新偏好与研发投入——基于中国制造业上市公司的经验证据》,《产业经济研究》2013 年第 6 期。

[33] 焦斌龙、冯文荣:《企业家转型与经济增长方式转变》,《当代经济研究》2007 年第 2 期。

[34] 陈劲、吴波:《开放式创新下企业开放度与外部关键资源获取》,《科研管理》2012 年第 3 期。

[35] 李博、李启航:《经济发展、所有制结构与技术创新效率》,《中国科技论坛》2012 年第 3 期。

[36] 李平、田朔:《出口贸易对技术创新影响的研究:水平溢出与垂直溢出——基于动态面板数据模型的实证分析》,《世界经济研究》2010 年第 2 期。

[37] 李友梅等:《面向全球科创中心的服务业态》,社会科学文献出版社 2016 年版。

[38] 李伟、余翔、蔡立胜:《政府科技投入、知识产权保护与企业研发投入》,《科学学研究》2016 年第 3 期。

[39] 李永、王砚萍、马宇:《制度约束下政府 R&D 资助挤出效应与创新效率》,《科研管理》2015 年第 10 期。

[40] 李程骅、郑琼洁:《中国服务业发展如何推动城市转型进程——给基于 SYS-GMM 的实证检验》,《学习与探索》2016 年第 11 期。

[41] 李程骅、郑琼洁:《现代服务业创新转型的政策效用:江苏证据》,《改革》2015 年第 2 期。

[42] 李晓钟、张小蒂:《外商直接投资对我国区域技术创新能力提升影响的分析》,《国际贸易问题》2007 年第 12 期。

[43] 李晓钟、张小蒂：《外商直接投资对我国技术创新能力影响及地区差异分析》，《中国工业经济》2008 年第 9 期。
[44] 林忠、鞠蕾、孙灵希：《中日韩中小企业技术创新环境比较研究》，《经济社会体制比较》2009 年第 6 期。
[45] 刘和东：《转轨时期地方政府行为与企业技术创新研究》，安徽人民出版社 2009 年版。
[46] 刘和东、梁东黎、耿修林：《技术创新绩效的“南北差异”分析——以我国西南和西北地区为对象的实证研究》，《经济体制改革》2003 年第 4 期。
[47] 刘凤朝、孙玉涛：《我国政府科技投入对其他科技投入的效应分析》，《研究与发展管理》2007 年第 6 期。
[48] 刘方：《“十三五”规划研究经济发展和深化改革》，经济科学出版社 2014 年版。
[49] 刘欣、陈飞：《R&D 活动与技术市场成交额的相关关系》，《当代经济》2013 年第 2 期。
[50] 刘顺忠：《区域创新系统创新绩效的评价》，《中国管理科学》2002 年第 1 期。
[51] 胡明勇、周寄中：《政府资助对技术创新的作用：理论分析与政策工具选择》，《科技管理》2001 年第 1 期。
[52] 简兆权、刘荣：《财政投入对企业创新的宏观效应研究——基于广东的案例》，《科学学与科学技术管理》2009 年第 8 期。
[53] 解维敏、唐清泉、陆姗姗：《政府 R&D 资助、企业 R&D 支出与自主创新——来自中国上市公司的经验证据》，《金融研究》2009 年第 6 期。
[54] 刘立：《科技政策学研究》，北京大学出版社 2011 年版。
[55] 刘剑雄：《企业家人力资本与中国私营企业制度选择和创新》，《经济研究》2008 年第 6 期。
[56] 刘怡芳、吴国萍：《我国政府 R&D 补助对技术创新的影响》，《当代经济研究》2016 年第 12 期。
[57] 刘伟、刘星：《高管持股对企业 R&D 支出的影响研究——来自 2002—2004 年 A 股上市公司的经验证据》，《科学学与科学技术

管理》2007 年第 10 期。
[58] 刘楠、杜跃平：《政府补贴方式选择对企业研发创新的激励效应研究》，《科技进步与对策》2005 年第 11 期。
[59] 刘穷志：《激励自主创新：公共支出效应与最优规模》，《数量经济技术经济研究》2007 年第 3 期。
[60] 刘穷志：《财政激励的理论模型与实证研究》，武汉大学出版社 2009 年版。
[61] 刘志阳、施祖留：《我国政府主导型风险投资机理分析——兼论与市场主导型的比较》，《经济体制改革》2006 年第 6 期。
[62] 吕晓军：《政府补贴与企业技术创新投入——来自 2009—2013 年战略性新兴产业上市公司的数据》，《软科学》2016 年第 12 期。
[63] 马宁、官建成：《影响我国工业企业技术创新绩效的关键因素》，《科学学与科学技术管理》2000 年第 3 期。
[64] 聂永有、殷凤等：《科创引领未来：科技创新中心的国际经验与启示》，上海大学出版社 2015 年版。
[65] 任海云：《股权结构与企业 R&D 投入关系的实证研究》，《中国软科学》2010 年第 5 期。
[66] 王锐淇、张宗益：《区域创新能力影响因素的空间面板数据分析》，《科研管理》2010 年第 5 期。
[67] 王任飞：《企业 R&D 支出的内部影响因素研究》，《科学学研究》2005 年第 2 期。
[68] 王燕妮：《高管激励对研发投入的影响研究——基于我国制造业上市公司的实证检验》，《科学学研究》2011 年第 7 期。
[69] 王战等：《转型升级的新战略与新对策——上海加快建设具有全球影响力的科技创新中心研究》，上海社会科学院出版社 2015 年版。
[70] 文芳：《股权集中度、股权制衡与公司 R&D 投资》，《南方经济》2008 年第 4 期。
[71] 吴延兵：《市场结构、产权结构与 R&D——中国制造业的实证分析》，《统计研究》2007 年第 5 期。
[72] 孙诚、冯之浚：《企业技术创新与企业家精神》，《中国科技论坛》

2006 年第 7 期。

[73] 孙早、宋炜:《企业 R&D 投入对产业创新绩效的影响——来自中国制造业的经验证据》,《数量经济技术经济研究》2012 年第 4 期。

[74] 魏后凯:《企业规模、产业集中与技术创新能力》,《经济管理》2002 年第 4 期。

[75] 许培源:《贸易结构与贸易溢出的技术创新效应》,《亚太经济》2012 年第 1 期。

[76] 夏后学、谭清美:《简政放权与政府补贴如何影响技术创新》,《财贸经济》2017 年第 5 期。

[77] 肖利平:《政府干预、产学研联盟与企业技术创新》,《科学学与科学技术管理》2016 年第 3 期。

[78] 徐伟民:《科技政策与高新技术企业的 R&D 投入决策:来自上海的微观实证分析》,《上海经济研究》2009 年第 5 期。

[79] 徐二明、张晗:《中国上市公司国有股权对技术创新方式的影响》,《经济管理》2008 年第 1 期。

[80] 杨刚:《政府科技研发投入激励机制研究》,《工业技术经济》2008 年第 5 期。

[81] 杨洵、师萍:《中国政府科技投入对企业研发支出的影响》,《云南社会科学》2006 年第 1 期。

[82] 杨建君、盛锁:《股权结构对企业技术创新投入影响的实证研究》,《科学学研究》2007 年第 8 期。

[83] 姚洋、章奇:《中国工业企业技术创新效率分析》,《经济研究》2001 年第 10 期。

[84] 闫冰、冯根福:《基于随机前沿生产函数的中国工业 R&D 效率分析》,《当代经济科学》2005 年第 6 期。

[85] 余官胜:《我国出口贸易和技术创新关系实证研究——基于联立方程组》,《科学学研究》2011 年第 2 期。

[86] 余秀江、胡冬生、何新闻等:《我国技术创新影响因素的动态分析——基于 SVAR 模型的实证研究》,《软科学》2010 年第 8 期。

[87] 余泳泽:《中国区域创新活动的“协同效应”与“挤占效应”——

基于创新价值链视角的研究》,《中国工业经济》2015 年第10 期。
[88] 袁建国、后青松、程晨:《企业政治资源的诅咒效应——基于政治关联与企业技术创新的考察》,《管理世界》2015 年第1 期。
[89] 张同斌、李金凯、周浩:《高技术产业区域知识溢出、协同创新与全要素生产率增长》,《财贸研究》2016 年第1 期。
[90] 张龙平、谭园园:《我国产业集聚升级路径及政府作用分析》,《经济研究》2011 年第8 期。
[91] 张群、孙志燕:《加快经济发展方式转变应着力转变政府职能》,《经济纵横》2013 年第6 期。
[92] 张雅娴、苏竣:《技术创新政策工具及其在我国软件产业中的应用》,《科研管理》2001 年第4 期。
[93] 朱有为、徐康宁:《中国高技术产业研发效率的实证研究》,《中国工业经济》2006 年第11 期。
[94] 周立群、邓路:《企业所有权性质与研发效率——基于随机前沿函数的高技术产业实证研究》,《当代经济科学》2009 年第4 期。
[95] 郑慕强:《FDI 技术外溢与本地企业技术创新:吸收能力的影响》,《科研管理》2011 年第3 期。
[96] 郑琼洁:《政府科技激励与技术创新效率研究——基于行业要素禀赋的分析视角》,《南方经济》2014 年第2 期。
[97] 郑琼洁:《基于博弈论的政府激励与技术创新机制研究》,《中国科技论坛》2015 年第6 期。
[98] 郑琼洁:《政府科技激励与技术创新效率研究》,《技术经济与管理研究》2014 年第9 期。
[99] 朱春生、郝群:《寻租与企业家精神》,《南方经济》2005 年第5 期。
[100] 庄子银:《创新、企业家活动配置与长期经济增长》,《经济研究》2007 年第8 期。
[101] 周经、刘厚俊:《国际贸易、知识产权与我国技术创新——基于1998—2009 年省际面板数据的实证研究》,《世界经济研究》2011 年第11 期。
[102] 周五七、聂鸣:《促进低碳技术创新的公共政策实践与启示》,

《中国科技论坛》2011 年第 7 期。
[103] 秦雪征、尹志锋、周建波、孔欣欣：《国家科技计划于中小型企业创新：基于匹配模型的分析》，《管理世界》2012 年第 4 期。
[104] 盛亚、孙津：《我国区域创新政策比较——基于浙、粤、苏、京、沪五省（市）的研究》，《科技进步与对策》2013 年第 6 期。
[105] 赵莜媛、苏竣：《基于政策工具的公共科技政策分析框架研究》，《科学学研究》2007 年第 1 期。
[106] 吴芸：《政府科技投入对科技创新的影响研究——基于 40 个国家 1982—2010 年面板数据的实证检验》，《科学学与科学技术管理》2014 年第 1 期。
[107] 史安娜、李兆明、黄永春：《工业企业研发活动与政府研发补贴理念转变——基于演化博弈视角》，《中国科技论坛》2013 年第 5 期。
[108] 赵建强：《中国地方政府科技投入行为研究》，中国社会科学出版社 2012 年版。
[109] 程华：《直接资助与税收政策优惠促进企业 R&D 比较研究》，《中国科技论坛》2006 年第 3 期。
[110] 夏力：《税收优惠能否促进技术创新：基于创业板上市公司的研究》，《中国科技论坛》2012 年第 12 期。
[111] 夏长杰、尚铁力：《技术创新与税收政策：理论分析、实证分析与对策建议》，《税务研究》2006 年第 6 期。
[112] 阎维洁：《浅析企业所得税对技术创新的激励作用》，《科学学与科学技术管理》2007 年第 10 期。
[113] 蒋建军、齐建国：《激励企业 R&D 支出的税收政府效应研究》，《中国软科学》2007 年第 8 期。
[114] 张景安：《风险投资与中小企业技术创新研究》，科学出版社 2009 年版。
[115] 朱欢：《我国金融发展对企业技术创新作用效果的实证分析》，《科技管理研究》2010 年第 14 期。
[116] 戚勇、丁刚、魏继鑫：《创业投资促进产业技术创新的实证研

究》,《中国科技论坛》2014 年第 1 期。
[117] 隋广军、陈和:《中国创业投资国有模式的缺陷及政策建议》,《科学学与科学技术管理》2006 年第 10 期。
[118] 黄国平、孔欣欣:《金融促进科技创新政策和制度分析》,《中国软科学》2009 年第 2 期。
[119] 李后建、张宗益:《金融发展、知识产权保护与技术创新效率——金融市场化的作用》,《科研管理》2014 年第 12 期。
[120] 公衍照:《技术创新的金融支持体系研究》,《科技管理研究》2009 年第 8 期。
[121] 曹麒麟、蒋维、吴红军:《创业投资对创业企业创新行为的影响分析——基于创业板上市企业研究数据》,《四川大学学报》(哲学社会科学版)2013 年第 1 期。
[122] 贺贵才、于永达:《知识产权保护与技术创新关系的理论分析》,《科研管理》2011 年第 11 期。
[123] 王华:《更严厉的知识产权保护制度有利于技术创新吗?》,《经济研究》2011 年第 S2 期。
[124] 史安娜、张慧君:《基于知识产权保护的区域技术创新研究与对策》,《山东社会科学》2012 年第 6 期。
[125] 龚荒:《后发地区创新体系中政府政策工具的选择》,《经济体制改革》2003 年第 4 期。
[126] 韩霞:《政府采购与高技术产业的发展》,《财贸经济》2003 年第 11 期。
[127] 贾明琪、朱亚宁、辛江龙、刘双双:《技术创新与政府采购关系实证研究——基于开放性视角》,《科技进步与对策》2014 年第 10 期。
[128] 叶伟薇、郑锦宜:《激发高技术企业自主创新的政府采购制度研究》,《科学学研究》2007 年第 25 期。
[129] 王丛虎:《论我国政府采购促进自主创新》,《科学学研究》2006 年第 6 期。
[130] 肖迪、郝云宏、吴波:《政府技术采购促进技术创新的模式研究》,《科技进步与对策》2010 年第 4 期。

[131] 吴勇、陈通:《产学研合作创新中的政策激励机制研究》,《科技进步与对策》2011 年第 9 期。

[132] 王雪原、王宏起:《政府引导下的产学研战略联盟运行机制及策略研究》,《科技进步与对策》2009 年第 3 期。

[133] 许庆瑞:《技术创新管理》,浙江大学出版社 1999 年版。

[134] 汪应洛:《充分发挥大学在技术创新中的作用》,《中国科技论坛》1990 年第 4 期。

[135] 柳卸林、简明钰:《如何通过国际兼并提高技术创新能力——京东方的并购与创新》,《中国软科学》2007 年第 12 期。

[136] 傅家骥等:《技术创新学》,清华大学出版社 1998 年版。

[137] 梁琦:《江苏省企业技术创新研究》,《江苏社会科学》1997 年第 5 期。

[138] 朱新轩等:《上海国有大型工业企业技术创新综合评价》,《华东科技》1998 年第 3 期。

[139] 王大洲、关士续:《我国国有大中型企业技术创新与制度创新现状分析》,《中国软科学》2000 年第 4 期。

[140] 秦宇:《中国工业技术创新经济分析》,科学出版社 2006 年版。

[141] 薛薇:《科技创新税收政策国内外实践研究》,经济管理出版社 2013 年版。

[142] 丁重:《政府干预与中国创造性破坏缺乏:理论和实证研究》,经济科学出版社 2013 年版。

[143] 胡卫:《研究与开发产出知识品与科技财政的职能定位》,《探索》2004 年第 1 期。

[144] 虞晓芬、李正卫、池仁勇、施鸣炜:《我国区域技术创新效率:现状与原因》,《科学学研究》2005 年第 2 期。

[145] 何枫、陈荣、何炼成:《SFA 模型及其在我国技术效率测算中的应用》,《系统工程理论与实践》2004 年第 5 期。

[146] 管建成、刘顺忠:《区域创新机构对创新绩效影响的研究》,《科学学研究》2003 年第 12 期。

[147] 时鹏将、许晓雯、蔡虹:《R&D 投入产出效率的 DEA 分析》,《科学学与科学技术管理》2004 年第 1 期。

[148] 周勇、张宗益:《基于 SFA 模型的我国区域技术创新效率的实证研究》,《软科学》2006 年第 12 期。
[149] 任胜刚、彭建华:《基于因子分析法的中国区域创新能力的评价及比较》,《系统工程》2007 年第 2 期。
[150] 史修松、赵曙东、吴福象:《中国区域创新效率及其空间差异研究》,《数量经济技术经济研究》2009 年第 3 期。
[151] 谢伟、胡玮、夏绍模:《中国高新技术产业研发效率及其影响因素分析》,《科学学与科学技术管理》2008 年第 3 期。
[152] 唐清泉、卢博科、袁莹翔:《工业行业的资源投入与创新效率——基于中国大中型工业部门的研究》,《数量经济技术经济研究》2009 年第 2 期。
[153] 朱平芳、徐伟民:《政府的科技激励政策对大中型工业企业 R&D 投入及其专利产出的影响——上海市的实证研究》,《经济研究》2003 年第 6 期。
[154] 柳卸林、陈璐:《我国工业的 R&D 与创新》,《数量经济技术经济研究》1995 年第 12 期。
[155] 郭国峰、温军伟、孙保营:《技术创新能力的影响因素分析——基于中部六省面板数据的实证研究》,《数量经济技术经济研究》2007 年第 9 期。
[156] 周经、刘厚俊:《国际贸易、知识产权与我国技术创新——基于 1998—2009 年省际面板数据的实证研究》,《世界经济研究》2011 年第 11 期。
[157] 余官胜:《我国出口贸易和技术创新关系实证研究——基于联立方程组》,《科学学研究》2011 年第 2 期。
[158] 许培源:《贸易结构与贸易溢出的技术创新效应》,《亚太经济》2012 年第 1 期。
[159] 江珂、卢现祥:《环境规制与技术创新——基于中国 1997—2007 年省际面板数据分析》,《科研管理》2011 年第 7 期。
[160] 周晨:《FDI 影响技术创新中间传导环节的实证分析——基于苏州地区 1995—2008 年的数据》,《管理评论》2011 年第 3 期。
[161] 王文治、扈涛:《FDI 导致中国制造业价格贸易条件恶化了

吗？——基于微观贸易数据的 GMM 方法研究》，《世界经济研究》2013 年第 1 期。

[162] 余东华、王青:《行政性垄断与区域自主创新能力——基于中国省域面板数据的分析》,《软科学》2009 年第 8 期。

[163] 樊琦、韩民春:《政府 R&D 补贴对国家及区域自主创新产出影响绩效研究——基于中国 28 个省域面板数据的实证分析》,《管理工程学报》2010 年第 3 期。

[164] 林毅夫:《新结构经济学——重构发展经济学的框架》，《经济学季刊》2010 年第 1 期。

[165] 盛斌、马涛:《中间产品贸易对中国劳动力需求变化的影响：基于工业部门动态面板数据的分析》,《世界经济》2008 年第 3 期。

后　记

本书是我在博士论文的基础上修改而成的。我于 2010 年从南京市社会科学院考入河海大学商学院攻读博士学位，有幸师从李程骅教授。读博以来，从论文的选题、构思、问卷调查到最后的写作修改，无不凝聚李老师的智慧和心血。从恩师身上，我学到的不仅仅是渊博的专业学识、严谨的治学态度、高屋建瓴把握全局的能力以及对学术孜孜不倦的追求精神，更多的是为人处世的基本原则和方法，这使我终生受益。在本书后续的修改中，恩师也给予了很多指导和关心。在此，谨向我的恩师致以最真挚的感谢！

借此机会，感谢南京市社会科学院叶南客院长为我提供了良好的学习和科研环境，并在本书写作中给予了悉心指导和帮助；感谢中国社会科学院城市与竞争力中心主任倪鹏飞研究员，长期以来一直关心和支持我，在书稿很多地方给予了宝贵意见，使我有“拨云见日”的感觉；感谢河海大学许长新教授在我写作过程中多次对我悉心指导和大力帮助，使我得到许多启示并开拓了思路。在此谨表示衷心的感谢！

同时，感谢南京市社会科学院黄南研究员、丰志勇研究员、陈燕研究员、任克强副研究员、王聪博士的指导和点拨，感谢河海大学宋胜帮博士，浙江大学余杨副教授、林高榜博士、潘家栋博士，东北师范大学石凯博士，山西大学郭沛博士的无私帮助。感谢中国社会科学出版社王茵主任、孙萍编辑为本书出版付出的辛劳。

最后，感谢我的家人长期以来对我的关心、理解与支持！我的每一次进步，都离不开父母对我殷切的希望和无私的付出。感谢我的妹妹郑培焰，和我一同在前期的数据收集和处理上花费数月的时间和精力。感谢我的爱人叶郑鹏先生，不论是在我本科、硕士到博士的求学路上，还是在工作岗位上，无不凝聚着他对我无微不至的照顾和呵护。感谢我的宝贝叶朔丞和叶芷丞，在见证他们成长的同时，分享了无限的快乐！

郑琼洁

2017 年 7 月于南京成贤街